汽车动力与驱动系统综合分析技术

主　编◎曾炜　黄勇　秦勇

西南交通大学出版社
·成　都·

图书在版编目（CIP）数据

汽车动力与驱动系统综合分析技术 / 曾炜，黄勇，秦勇主编. —成都：西南交通大学出版社，2021.11
ISBN 978-7-5643-8408-1

Ⅰ. ①汽… Ⅱ. ①曾… ②黄… ③秦… Ⅲ. ①汽车－动力系统－驱动机构－系统综合－综合分析 Ⅳ. ①U463

中国版本图书馆 CIP 数据核字（2021）第 239268 号

Qiche Dongli yu Qudong Xitong Zonghe Fenxi Jishu
汽车动力与驱动系统综合分析技术
主编　曾炜　黄勇　秦勇

责任编辑	刘　昕
封面设计	GT 工作室
出版发行	西南交通大学出版社 （四川省成都市金牛区二环路北一段 111 号 西南交通大学创新大厦 21 楼）
发行部电话	028-87600564　028-87600533
邮政编码	610031
网　址	http://www.xnjdcbs.com
印　刷	四川玖艺呈现印刷有限公司
成品尺寸	185 mm × 260 mm
印　张	15
字　数	345 千
版　次	2021 年 11 月第 1 版
印　次	2021 年 11 月第 1 次
书　号	ISBN 978-7-5643-8408-1
定　价	48.00 元

课件咨询电话：028-81435775
图书如有印装质量问题　本社负责退换

前言

PREFACE

汽车动力与驱动系统是汽车的核心，编者在进行典型工作任务分析的基础上开发了汽车动力与驱动系统综合分析技术课程。该课程是汽车检测与维修专业的一门核心课程，旨在培养学生利用现代诊断和检测设备进行汽车动力与驱动系统故障诊断、零部件检测及维修更换等专业能力。该课程主动对接“1+×”证书体系，在课证融通上做出了有益的探索。

本书具有教学理念先进、教学内容普适、对接职业岗位、衔接中职基础、表现形式简明、数字资源丰富等特色，有助于实现行动导向教学、个性化教学、分层次教学和自主学习，能够满足在校生、企业培训和社会学习者的学习要求。

本书主要介绍了汽车动力系统检查与综合保养、自动变速箱功能检查保养、传动与分动功能检查保养、动力与驱动功能检查保养 4 个项目下 17 个任务内容。所有技能项目均给出规范作业步骤，并对每个步骤提出明确的技术要求、操作安全注意事项、易发问题以及提供操作步骤图片，有机地将理论学习和技能训练融为一体，同时还给出了每个项目详细的考核要求。编者在编写过程中对各训练项目进行了反复操作，并查阅了大量的维修手册和维修资料。本书可作为汽车保养技术、汽车维修技术等专业的基本技能训练与考核课程通用教材，亦可作为汽车维修企业、汽车售后服务部门等企事业单位的售后服务专业技术人员及管理人员的培训教材和参考用书。

本书由重庆市黔江区民族职业教育中心曾炜、黄勇、秦勇共同主编，由刘杰、李学江、徐帅共同执笔完成。参编人员还有何欣荣、戚俊、汪龙、张玉庆、庞一桥。本书在编写过程中得到了广州华商职业技术学院朱文亮的悉心指导与大力支持，特此致谢！另外，本书还吸纳了刘俊柏、赵鹏飞、陈灿林的宝贵建议，在此一并致谢！

由于编者水平有限，疏漏之处在所难免，敬请广大读者批评指正。

编　者

2021 年 6 月

目录
CONTENTS

项目1 动力系统检查与综合保养

项目目标

（1）能认知并口述发动机结构及部件；
（2）会检查、清洁和更换空气滤清器；
（3）能完成进气系统积炭清洗；
（4）会更换火花塞；
（5）会检查、清洁和更换燃油滤清器；
（6）会检查排气管及吊耳；
（7）会检查和更换冷却液；
（8）能检查、更换发动机机油和机油滤清器。

项目任务

（1）汽车发动机结构认识；
（2）空气点火部件检查保养；
（3）燃油排气部件检查保养；
（4）冷却系统部件检查保养；
（5）润滑系统部件检查保养。

资源准备

动力系统检查与综合保养一体化教室，并准备如下实训设备、仪器设备、工量具等。

（1）设备：发动机台架或教学实训车辆、举升机（每小组一台，4～6人一组）。

（2）工量具、仪器：故障诊断仪、维修工具、接油盆、火花塞间隙规、冰点仪、冷却系统压力测试仪、燃油压力检测仪、量杯、气枪等。

（3）辅助工具：擦拭布、工具箱、回收桶、手电筒等。

（4）其他：清洗剂、维修手册、实训指导书、教学软件、教学微课等。

情境导入

一辆2012年产的小轿车，行驶里程为55 000 km，车主要求进行维护作业，并提出车辆加速无力，急踩加速踏板时出现放炮声。经过诊断，确定是燃油系统故障引起，需要检查燃油系统部件，如果你是一名汽车售后维修技术人员，应如何解决这个故障呢？

接车与填写接车问诊表

<table>
<tr><td colspan="3">接 车 问 诊 表</td></tr>
<tr><td colspan="3">车牌号：________　车架号：__________行驶里程：________（km）</td></tr>
<tr><td colspan="3">用户名：________　电话：__________　来店时间：________</td></tr>
<tr><td colspan="3">用户陈述及故障发生时的状况：车辆加速无力，急踩加速踏板时出现放炮声</td></tr>
<tr><td colspan="3">故障发生状况提示：行驶速度、发动机状态、发生频率、发生时间、部位、天气、路面状况、声音描述</td></tr>
<tr><td colspan="3">接车员检测确认建议：检查燃油系统</td></tr>
<tr><td colspan="3">车间检测确认结果及主要故障零部件：</td></tr>
<tr><td colspan="3">车间检查确认者：______</td></tr>
<tr><td rowspan="3">外观确认：
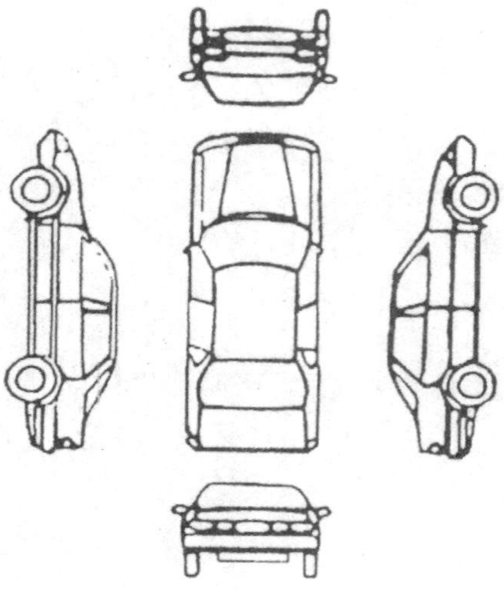
（请在有缺陷部位作标识）</td><td colspan="2">功能确认：（工作正常√；不正常×）
□音响系统　□门锁（防盗器）□全车灯光
□工具　□后视镜　□天窗　□座椅
□点烟器　□玻璃升降器　□玻璃</td></tr>
<tr><td colspan="2">物品确认：（有√；无×）</td></tr>
<tr><td>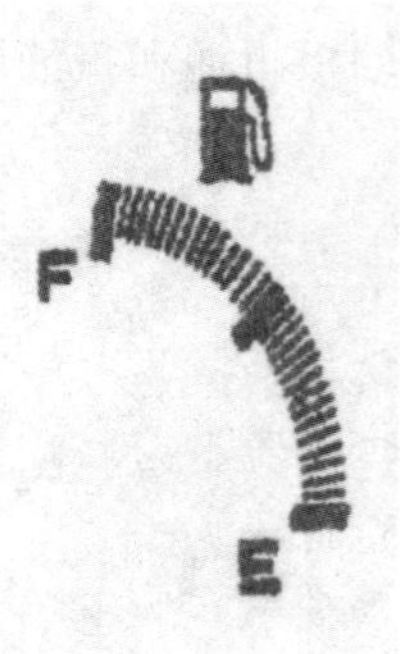
</td><td>□ 贵重物品提示
□工具　□备胎
□灭火器
□其他（　　　）
旧件是否交还用户
□是　□否
用户是否需要洗车
□是　□否</td></tr>
<tr><td colspan="3">• 检测费说明：本次检测的故障如用户在本店维修，检测费包含在修理费用内；如用户不在本店维修，请支付检测费。本次检测费：¥　　　元。
• 贵重物品：在将车辆交给我店检查修理前，已提示将车内贵重物品自行收起并保存好，如有遗失恕不负责。
接车员：____________　用户确认：__________</td></tr>
</table>

任务1　汽车发动机结构认识

一、信息分析

通读下面文字内容和信息，标记出发动机结构与工作原理关键内容。

（1）发动机由哪些机构和系统组成；

（2）这些机构和系统在车上的功用；

（3）发动机的工作原理。

二、信息来源

（1）汽车公司资料；
（2）公开出版资料；
（3）互联网查询；
（4）相关车型维修手册；
（5）法律规定。

三、信息收集

发动机是将某一种形式的能量转化为机械能并拖动某些机械进行工作的机器，是汽车最主要的总成之一、动力的来源，被称为汽车的“心脏”，如图 1-1-1 所示。发动机决定着汽车的动力性、经济性、稳定性和环保性。根据动力来源不同，汽车发动机可分为柴油发动机、汽油发动机、电动汽车电动机以及混合动力装置等。

图 1-1-1　汽油发动机

汽油发动机是在一个机体上安装两大机构和五大系统的装置，包括曲柄连杆机构、配气机构、燃料供给系统、润滑系统、冷却系统、点火系统和起动系统。柴油发动机则是四大系统，没有点火系统。

（一）发动机组成系统认识

发动机是一台由多种机构和系统组成的复杂机器。现代汽车发动机的结构形式很多，具体构造也多种多样，但其基本工作原理一致。

1. 曲柄连杆机构

曲柄连杆机构是发动机实现工作循环，完成能量转换的主要运动零件。它由机体组、活塞连杆组和曲轴飞轮组等组成，如图 1-1-2 所示。在做功行程中，活塞承受燃气压力在气缸内做直线运动，通过连杆转换成曲轴的旋转运动，并由曲轴对外输出动力。而在进气、压缩和排气行程中，飞轮释放能量又把曲轴的旋转运动转化成活塞的直线运动。

图 1-1-2　曲柄连杆机构

2．配气机构

配气机构的功用是根据发动机的工作顺序和工作过程，定时开启、关闭进气门和排气门，使可燃混合气或空气进入气缸，并使废气从气缸内排出，实现换气过程。配气机构大多采用顶置气门式配气机构，一般由气门组、气门传动组和气门驱动组组成，如图 1-1-3 所示。

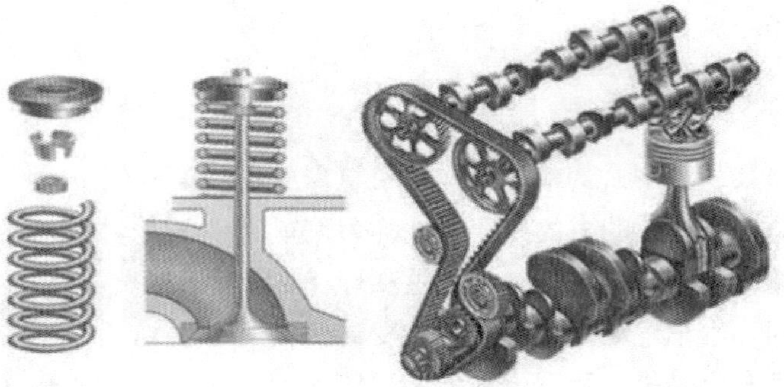

图 1-1-3　配气杆机构

3．燃料供给系统

汽油机燃料供给系统的功用是根据发动机的要求，配制出一定数量和浓度的混合气，供入气缸，并将燃烧后的废气从气缸内排出到大气中去，如图 1-1-4 所示。柴油机燃料供给系统的功用是把柴油和空气分别供入气缸，在燃烧室内形成混合气并燃烧，最后将燃烧后的废气排出。

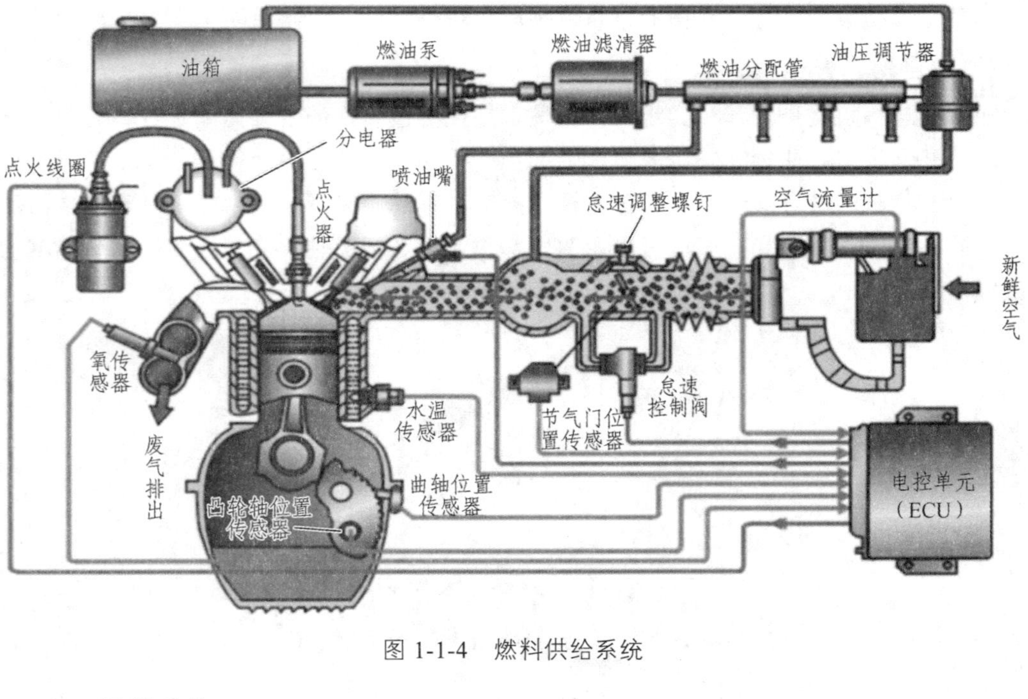

图 1-1-4　燃料供给系统

4．润滑系统

润滑系统的功用是向做相对运动的零件表面输送定量的清洁润滑油，以实现液体摩擦，从而减小摩擦阻力，减轻机件的磨损，并对零件表面进行清洗和冷却。润滑系统通常由润滑油道、机油泵、机油滤清器和一些阀门等组成，如图 1-1-5 所示。

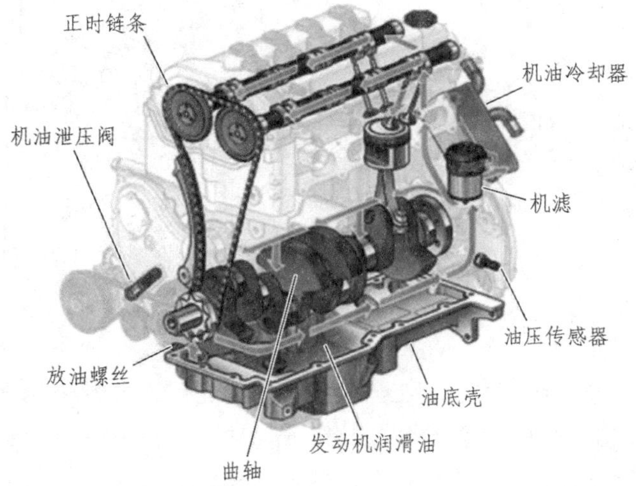

图 1-1-5　润滑系统

5．冷却系统

冷却系统的功用是将受热零件吸收的部分热量及时散发出去，保证发动机在最适宜的温度状态下工作。水冷发动机的冷却系统通常由冷却水套、水泵、风扇、水箱、节温器等组成，如图 1-1-6 所示。

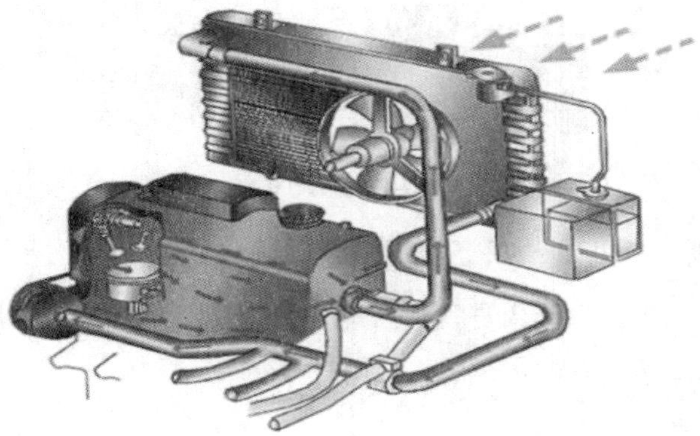

图 1-1-6　冷却系统

6．点火系统

在汽油机中，气缸内的可燃混合气是靠电火花点燃的，为此在汽油机的气缸盖上装有火花塞，火花塞头部伸入燃烧室内。能够按时在火花塞电极间产生电火花的全部设备称为点火系统，微机控制点火系统主要由电源、点火开关、点火线圈、点火控制器模块、电子控制单元和传感器等组成，如图 1-1-7 所示。

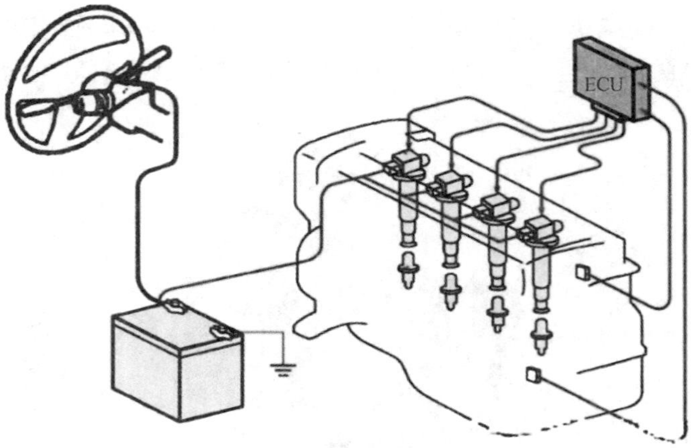

图 1-1-7　点火系统

7. 起动系统

要使发动机由静止状态过渡到工作状态，必须先用外力转动发动机的曲轴，使活塞做往复运动，气缸内的可燃混合气燃烧膨胀做功，推动活塞向下运动使曲轴旋转。这样，发动机才能自行运转，工作循环才能自动进行。因此，曲轴在外力作用下开始转动到发动机开始自动地怠速运转的全过程，称为发动机的起动。完成起动过程所需的装置，称为发动机的起动系统，如图 1-1-8 所示。

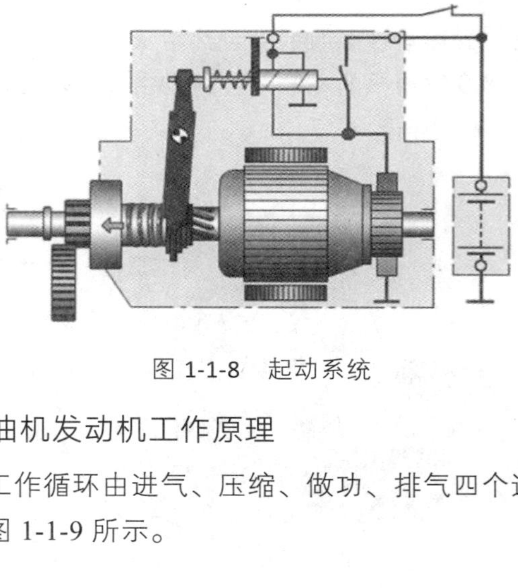

图 1-1-8　起动系统

（二）四冲程汽油机发动机工作原理

四冲程汽油机的工作循环由进气、压缩、做功、排气四个过程所组成。单缸四冲程汽油机工作循环如图 1-1-9 所示。

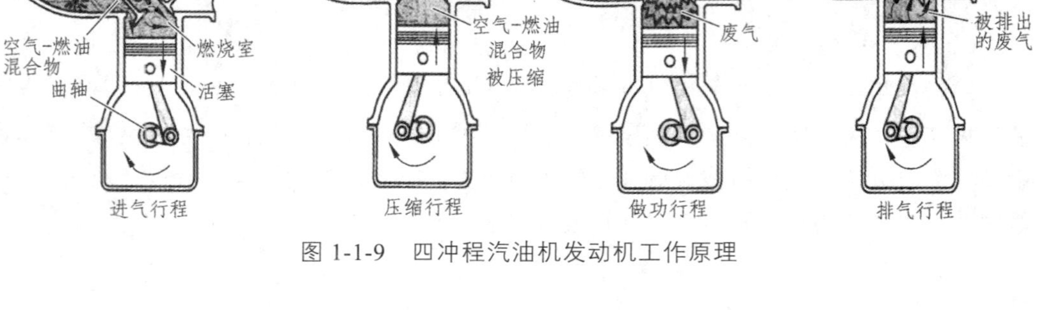

图 1-1-9　四冲程汽油机发动机工作原理

1. 进气行程

活塞由曲轴带动从上止点向下止点运动，此时，进气门开启，排气门关闭。在活塞向下移动的过程中，气缸内容积逐渐增大，形成一定真空度，于是空气和燃油的可燃混合气通过进气门被吸入气缸，直至活塞到达下止点时，进气门关闭，停止进气。

由于进气系统存在进气阻力，进气终了时气缸内气体的压力低于大气压力，为0.075 ~ 0.09 MPa。由于气缸壁、活塞等高温件及上一循环留下的高温残余废气的加热，气体温度升高到 370 ~ 400 K。

2. 压缩行程

为使可燃混合气迅速燃烧，达到改善发动机动力性能和经济性能的目的，必须在燃烧前对可燃混合气进行压缩，以提高可燃混合气的温度和压力。因此，在进气行程结束时立即进入压缩行程，活塞在曲轴的带动下，从下止点向上止点运动，由于进、排气门均关闭，气缸内容积逐渐减小，可燃混合气压力、温度逐渐升高。

压缩终了时，气缸内的压力为 0.6 ~ 1.2 MPa，温度为 600 ~ 700 K。

3. 做功行程

在压缩行程末，火花塞产生电火花点燃混合气并迅速燃烧，使气体的温度、压力迅速升高而膨胀，从而推动活塞从上止点向下止点运动，通过连杆使曲轴旋转做功，至活塞到达下止点时做功结束。

在做功行程中，开始阶段气缸内气体压力、温度急剧上升，瞬间压力可达 3 ~ 5 MPa，瞬时温度可达 2 200 ~ 2 800 K。随着活塞下行，气缸容积增大，气缸内压力、温度逐渐下降，做功终了时，压力为 0.3 ~ 0.5 MPa，温度为 1 300 ~ 1 600 K。

4. 排气行程

为使循环能够连续进行，须将燃烧产生的废气排出。在做功行程终了时，排气门打开，进气门关闭，曲轴通过连杆推动活塞从下止点向上止点运动，废气在自身剩余压力和活塞的推动下，被排出气缸，至活塞到达上止点时，排气门关闭，排气结束。

排气行程终了时，由于燃烧室容积的存在，气缸内还存有少量废气，气体压力也因排气阻力存在而略高于大气压力。此时，压力为 0.105 ~ 0.115 MPa，温度为 900 ~ 1 200 K。

（三）发动机机构及系统认识

操作发动机前，相关安全事项如下：

（1）使用发动机解剖实训台进行主要结构组成部件操作时，必须严格按照操作规程，不得违章操作，非必要不得带电进行操作；必须用三角块塞住车辆，非必要学生不得进入驾驶舱。

（2）在发动机机舱部件指认操作前，为了避免更换轮胎时车辆移动，必须拉紧驻车制动器并在车轮对角线位置垫三角木块。

（3）禁止在发动机盖顶部或燃油相关部件上放置重物或施加过大力。检查发动机室时，禁止接近火源。燃油、喷水器液等是易燃油液，可导致起火。接触蓄电池、点火高压线和电线前，应分离蓄电池“－”端子，否则容易受到电击。

（4）在实践操作过程中，禁止佩戴珠宝首饰或穿着宽松衣服，这些物品可能被卷入转动部件而造成人员伤害。

以某发动机总成安装为例，参照维修手册，完成发动机机构及系统认识（见表 1-1-1）。

表 1-1-1　发动机总成

<table>
<tr><th>序号</th><th>内　容</th><th>图　示</th></tr>
<tr><td>1</td><td>机本组：气门室盖、气缸盖、气缸垫、气缸体、油底壳等</td><td>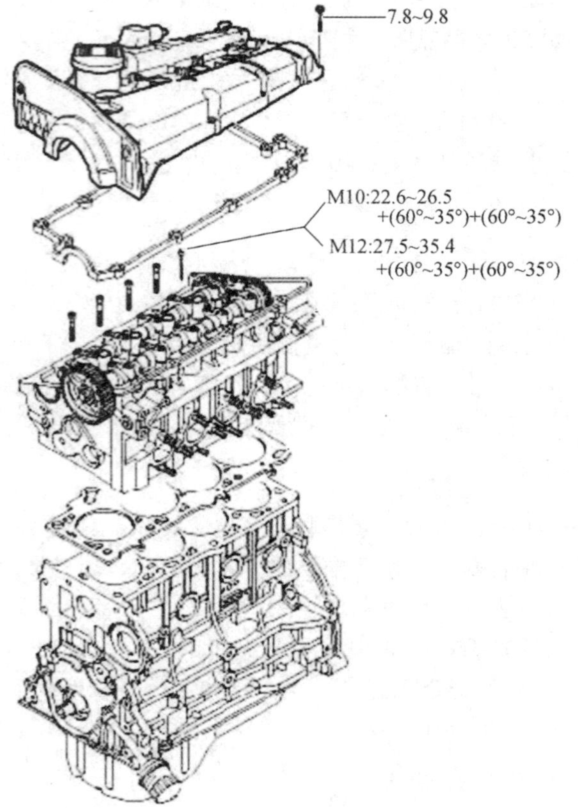

扭矩单位: N·m</td></tr>
<tr><td>2</td><td>曲柄连杆机构：活塞、活塞销、连杆、连杆轴承、曲轴、轴瓦、飞轮等</td><td>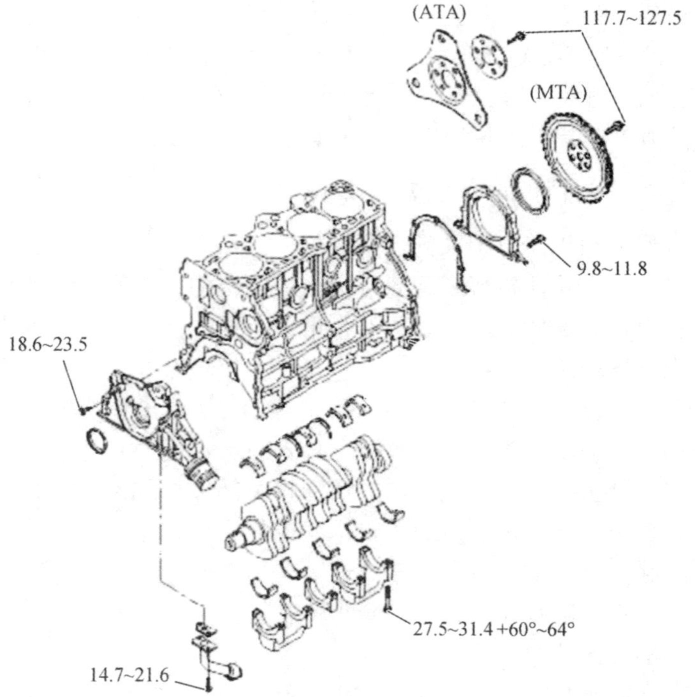
</td></tr>
</table>

续表

序号	内　容	图　示
2	曲柄连杆机构：活塞、活塞销、连杆、连杆轴承、曲轴、轴瓦、飞轮等	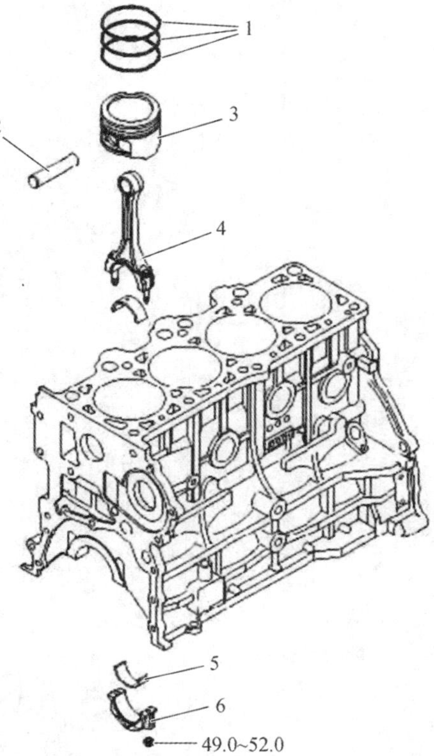 扭矩单位：N·m
3	配气机构：进气门、排气门、摇臂、凸轮轴、凸轮轴定时带轮等	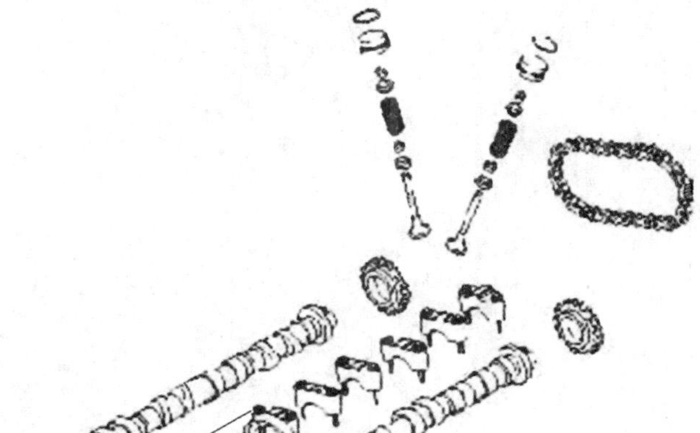 扭矩单位：N·m

续表

序号	内　容	图　示
4	燃料供给系统：燃油供给系统中的燃油泵、燃油滤清器、喷油器、压力调节器、油管等，进、排气系统中的空气滤清器、进气管、进气歧管、排气管、消声器等	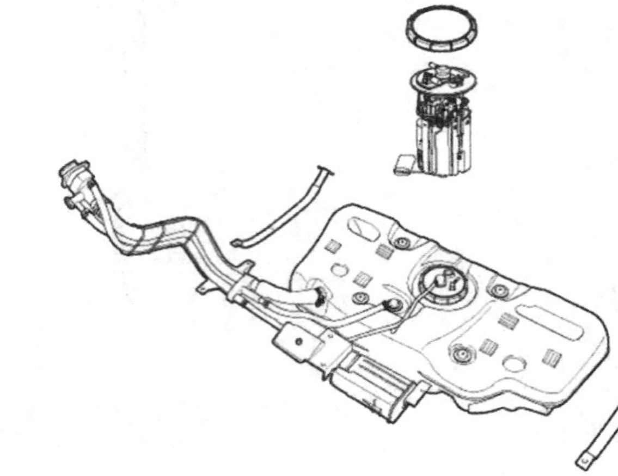 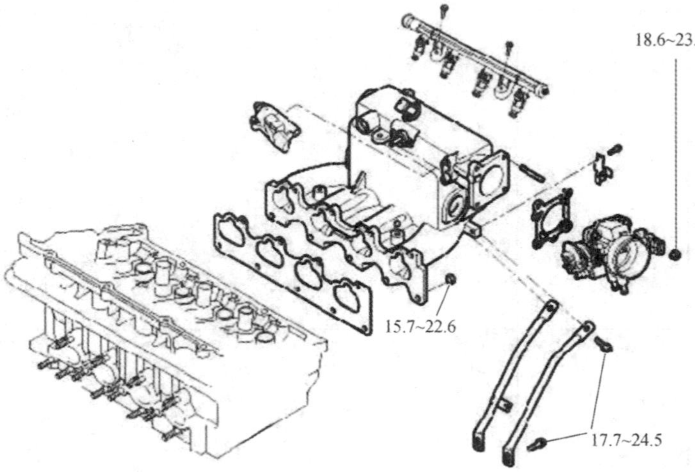 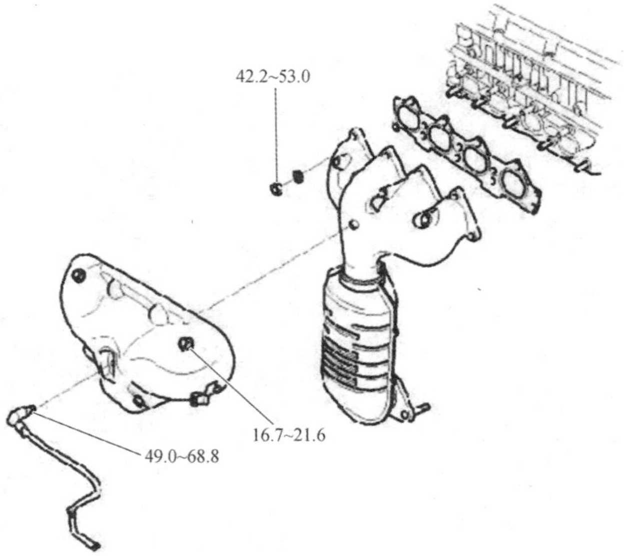 扭矩单位: N·m

续表

序号	内　容	图　示
5	点火系统：火花塞、点火线圈、点火控制模块、蓄电池、发电机、点火开关等	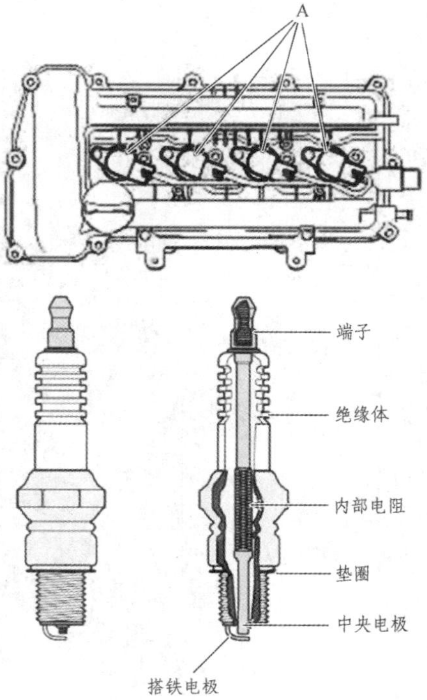
6	冷却系统：水泵、风扇、散热器、储水箱、节温器、分水管、水套等	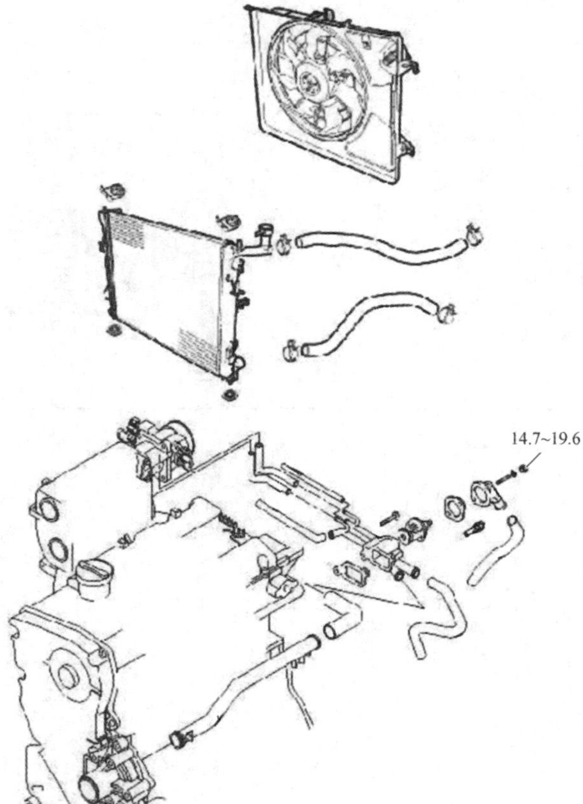 扭矩单位: N·m

续表

序号	内　容	图　示
7	润滑系统：集滤器、机油泵、机油滤清器、润滑油道、各种阀体等	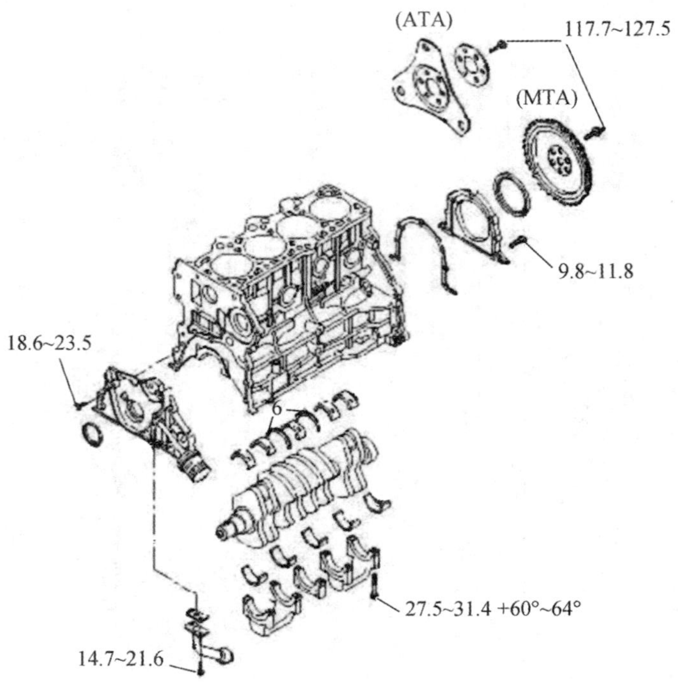 扭矩单位：N·m
8	起动系统：蓄电池、发动机、点火开关、起动机	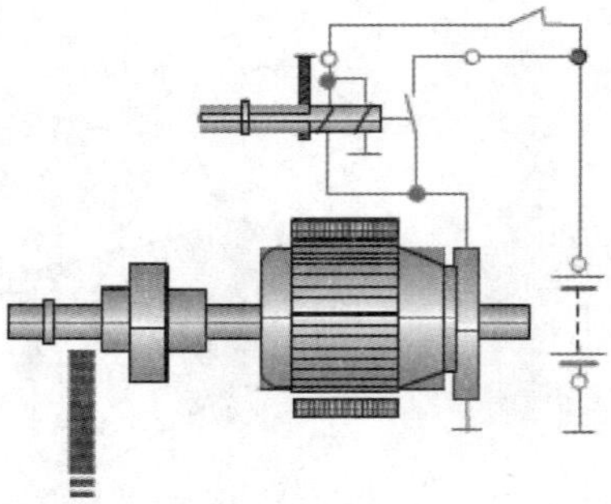

活页工单 1-1　汽车发动机结构认识

接受工作任务

根据给定车辆，进行发动机的主要部件认知。

收集信息

查阅相关维修资料，学习发动机结构与工作原理，完成以下内容：

（1）查阅资料，对照某发动机机舱（见图 1-1-10）的主要部件实物，指认图中序号的名称，并描述该部件的作用。

图 1-1-10　发动机机舱

（2）根据所学习的发动机系统结构，查阅资料，叙述 CVVT（连续可变气门正时机构）的结构特点和工作原理，如图 1-1-11 所示。

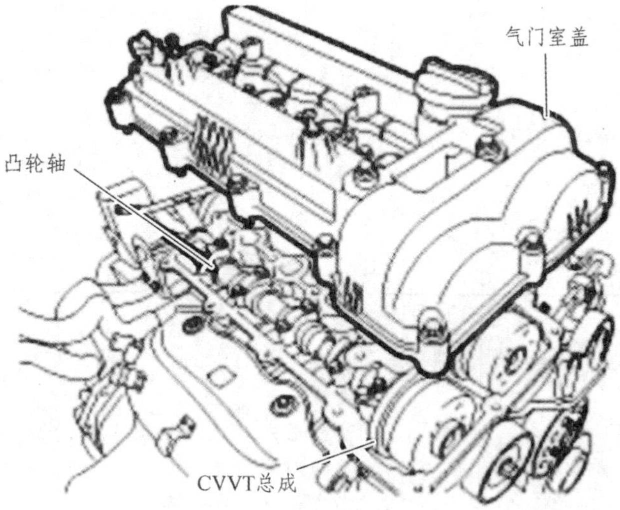

图 1-1-11　发动机 CVVT

（3）查阅资料，结合四冲程汽油发动机的工作原理，分析理解四冲程柴油机发动机的工作原理，对照图 1-1-12，口述四冲程柴油机发动机的工作原理。

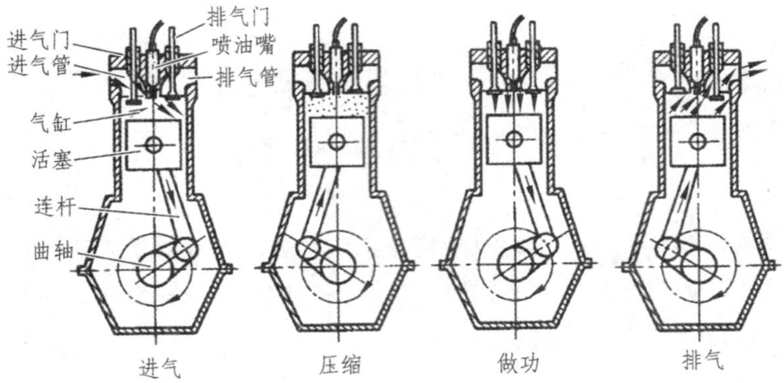

图 1-1-12　四冲程柴油机发动机工作原理

制定任务实施方案

分组查阅维修手册，认识发动机的结构及工作原理，为维护与保养做准备。

（1）任务分工：

（2）任务实施步骤：

（3）异常情况处理办法：

任务实施

指认发动机机舱主要部件（见表 1-1-2）。

表 1-1-2　发动机机舱主要部件

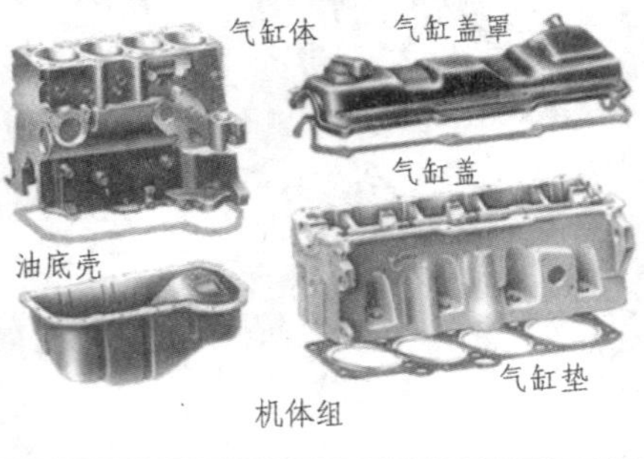	步骤 1　对发动机机舱内可视机体组主要部件进行指认 认知要求：准确指认出可视部件，口述其余部件的安装位置 完成情况：□准确 □不准确，原因：________

续表

 曲柄连杆机构	步骤 2　对发动机机舱内可视曲柄连杆机构主要部件进行指认 认知要求：准确指认出可视部件，口述其余部件的安装位置 完成情况：□准确 □不准确，原因：________
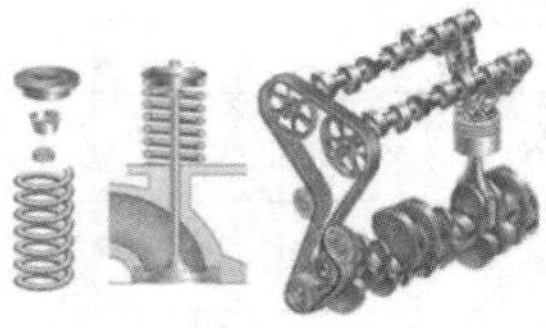 配气机构	步骤 3　对发动机机舱内可视配气机构主要部件进行指认 认知要求：准确指认出可视部件，口述其余部件的安装位置 完成情况：□准确 □不准确，原因：________
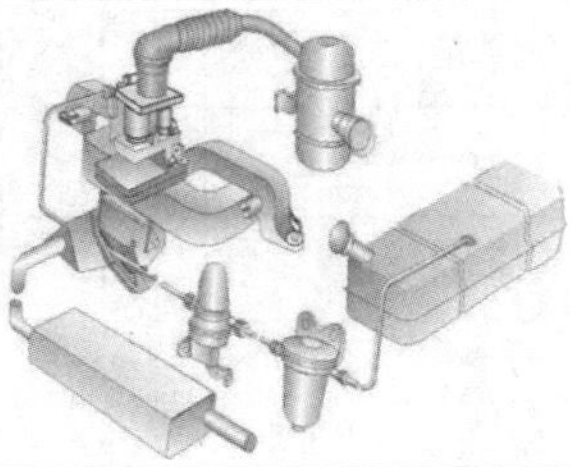	步骤 4　对发动机机舱内可视燃料供给系统主要部件进行指认 认知要求：准确指认出可视部件，口述其余部件的安装位置 完成情况：□准确 □不准确，原因：________
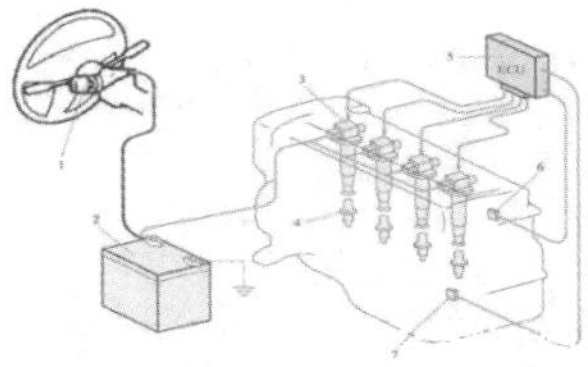	步骤 5　对发动机机舱内可视点火系统主要部件进行指认 认知要求：准确指认出可视部件，口述其余部件的安装位置 完成情况：□准确 □不准确，原因：________
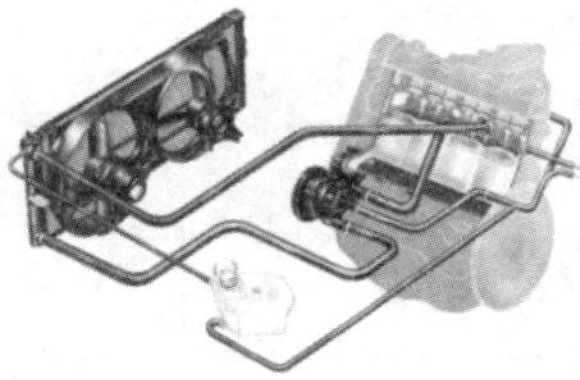	步骤 6　对发动机机舱内可视冷却系统主要部件进行指认 认知要求：准确指认出可视部件，口述其余部件的安装位置 完成情况：□准确 □不准确，原因：________
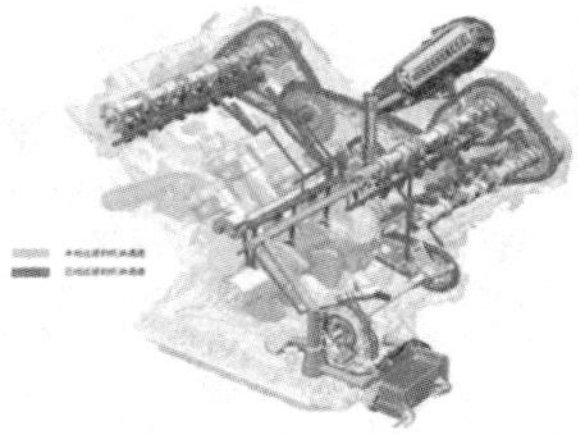	步骤 7　对发动机机舱内可视润滑系统主要部件进行指认 认知要求：准确指认出可视部件，口述其余部件的安装位置 完成情况：□准确 □不准确，原因：________
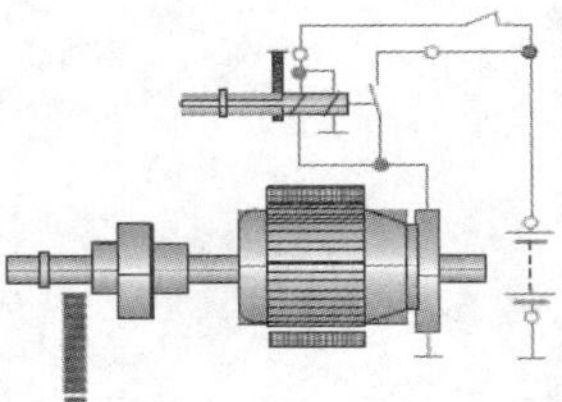	步骤 8　对发动机机舱内可视起动系统主要部件进行指认 认知要求：准确指认出可视部件，口述其余部件的安装位置 完成情况：□准确 □不准确，原因：________

评价总结

学习任务评价表

班级__________小组__________学号__________姓名__________

	主要测评项目	学生自评			
		A	B	C	D
关键能力总结	1. 遵守纪律，遵守学习场所管理规定，服从安排				
	2. 具有安全意识、责任意识、7S 管理意识，注重节约、节能与环保意识				
	3. 学习态度积极主动，能按时参加安排的实习活动				
	4. 具有团队合作意识，注重沟通，能自主学习及相互协作				
	5. 仪容仪表符合学习活动要求				
专业知识与能力总结	1. 能口述汽车发动机的结构、组成系统和工作原理				
	2. 能完成发动机机舱内可视部件的指认				
	3. 能口述两大机构、五大系统部件的安装位置和特点				
个人自评总结与建议					
小组评价					
教师评价		总评成绩			

教师签字/日期：

任务 2　空气点火部件检查保养

一、信息分析

通读下面文字内容和信息，标记出空气点火系统结构与工作原理关键内容。

（1）空气供给及点火系统由哪些元件组成及其功用；

（2）这些元件在车上的安装位置；

（3）空气供给及点火系统的保养检查；

（4）空气点火部件的更换。

二、信息来源

（1）汽车公司资料；

（2）公开出版资料；

（3）互联网查询；

（4）相关车型维修手册；

（5）法律规定。

三、信息收集

空气供给系统的主要功用是提供发动机气缸所需的新鲜空气或可燃混合气体，同时控制发动机进气量。作为汽油机发动机的主要组成部分，其工作是否正常与发动机的工作性能紧密相关。当该系统工作出现异常时，发动机会出现动力下降、排放恶化、油耗增加、工作不稳定等现象，甚至使发动机无法运行。因此我们必须对该系统进行必要的维护和保养。

点火系统的作用是将蓄电池或发电机的低电压转变成高电压（15～30 kV），再按照发动机的工作顺序适时地将高压电分送给需要点火的气缸火花塞，使其跳火，产生电火花以点燃可燃混合气。点火系统出现异常时会出现汽车起动困难甚至无法起动、发动机运转抖动、加速无力、油耗增加等现象。点火系统的维护一般以清洁、检查和调整作业为主。

（一）空气供给系统认识

空气供给系统是供给与发动机负荷相适应的清洁空气，主要由空气滤清器、空气流量传感器（L 型）或进气管压力传感器（D 型）、节气门体、怠速控制阀（ISCV）或空气阀、进气总管、进气歧管等部件组成，如图 1-2-1 所示。

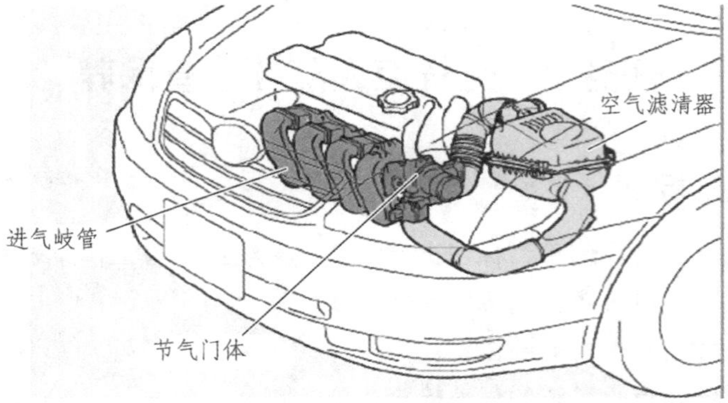

图 1-2-1　空气供给系统

（1）根据发动机怠速进气量的控制方式不同，供气系统分为旁通气道式和直接供气式两种，如图 1-2-2 所示。

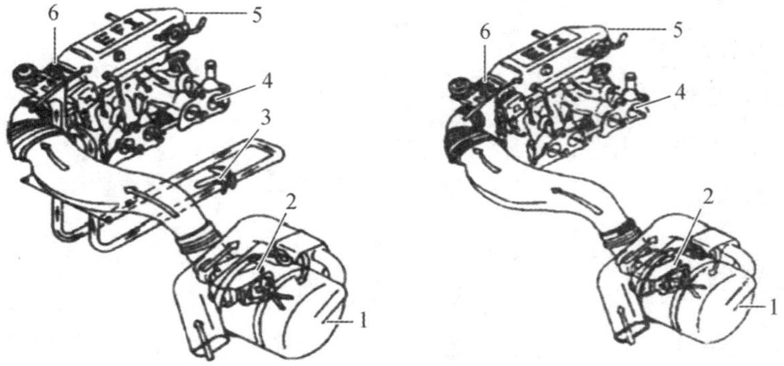

（a）旁通道式　　　　（b）直通式

1—空气滤清器；2—空气流量传感器；3—怠速控制阀；4—进气歧管；
5—动力腔；6—节气门体。

图 1-2-2　供气系统类型

（2）根据进气量的计量方式不同，空气供给系统可分为 D 型（见图 1-2-3）和 L 型（见图 1-2-4）。

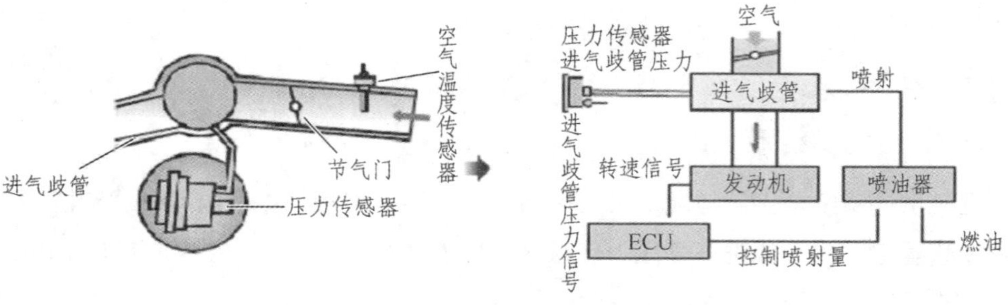

图 1-2-3　D 型空气供给系统

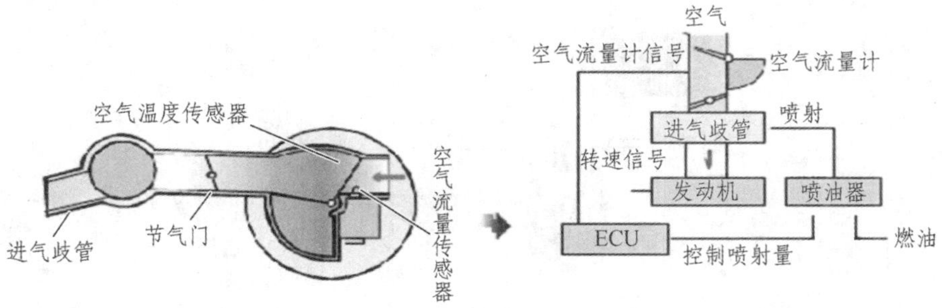

图 1-2-4　L 型空气供给系统

（二）点火系统认识

早在 20 世纪初，点火系统在汽车发动机上就已开始应用。点火系统是将汽车电源供给的低压电转变为高压电，在压缩行程终了时，及时地用电火花点燃，使汽油机顺利地实现从热能到机械能的转变。点火系统根据点火信号产生和点火控制方式不同，分为传统点火系统、普通电子点火系统和微机控制点火系统。

（1）传统点火系统由电源、点火开关、点火线圈、分电器（断电器、配电器、电容器、点火提前调节机构）、火花塞、高压导线以及附加电阻等组成，如图 1-2-5 所示。传统点火系统由于存在触点故障多、寿命短、火花能量提高受到限制、高速次级电压降低、对火花塞积炭和污染敏感、使用过程中须经常检查和维护等缺点，目前已被淘汰。

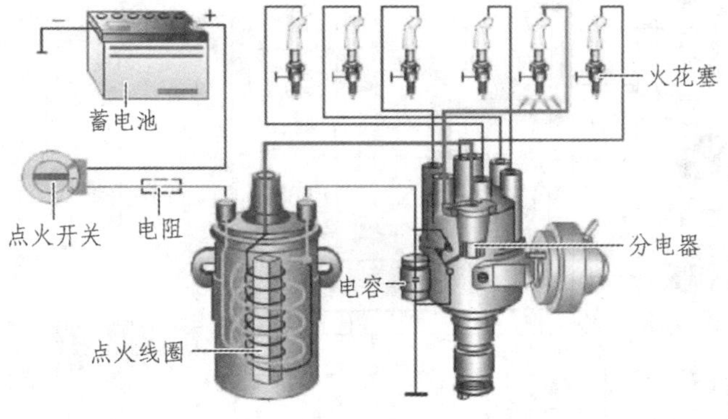

图 1-2-5　传统点火系统

（2）普通电子点火系统由电源、点火开关、点火线圈、点火控制器、分电器（信号发生器、配电器、点火提前调节机构）、火花塞、高压导线以及附加电阻等组成，如图 1-2-6 所示。普通电子点火系统与传统点火系统相比具有点火可靠、使用方便等优点，但随着发动机电控技术的发展，除在少部分车中使用外，近几年已经被微机控制点火系统取代。

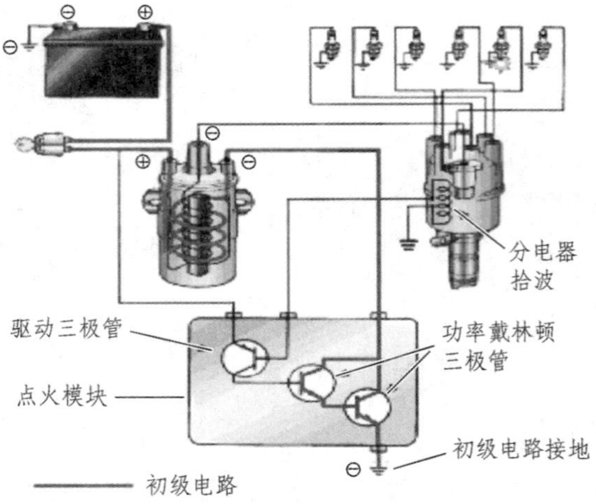

图 1-2-6　普通电子点火系统

（3）微机控制点火系统由电源、点火开关、点火线圈、点火控制器、电子控制单元、传感器、火花塞、高压导线以及附加电阻等组成，如图 1-2-7 所示。

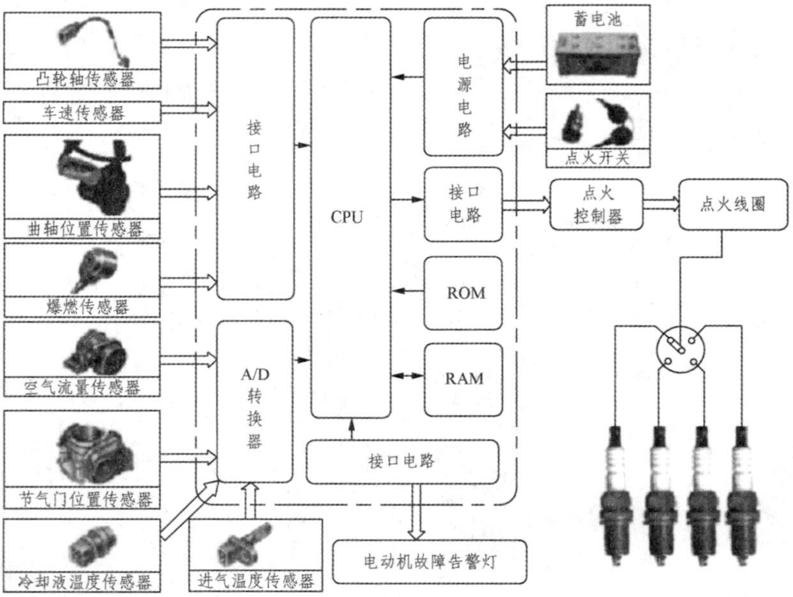

图 1-2-7　微机控制点火系统

（三）空气点火部件检查与保养

操作前相关安全事项如下：

（1）操作时请使用翼子板防护盖布，以免损坏车漆表面。

（2）在拆卸线束和软管前，要做好标记避免错接。

（3）拆下空气滤清器芯时，小心避免灰尘或脏物进入进气管，否则会导致损坏。

（4）使用实训台或实训车辆进行操作时，必须严格按照操作规程，不得违章操作，非必要不得带电进行操作，操作前必须用三角块塞住车辆，非必要学生不得进入驾驶舱。

（5）在拆下火花塞后，注意不要让污染物进入火花塞孔。

（6）安装部件和零件时，扭矩的大小需参考相关维修手册。

根据日常保养时间表检查、清洁和更换空气滤清器。参照维修手册，完成空气点火部件的检查与保养（见表 1-2-1）。

表 1-2-1　空气点火部件检查与保养

序号	内　容	图　示
空气滤清器的检查、清洁和更换		
1	安装位置确认及外部检查：一般在发动机舱右侧位置，检查空气滤清器总成和管路是否松动、连接可靠	
2	拆换空气滤清器：松开空气滤清器盖固定夹并打开盖，取出空气滤清器的滤芯，安装时注意滤芯方向，并安装到位	
3	清洁、检查：用压缩空气清洁空气滤清器滤芯，如发现滤芯脏污严重或到达更换周期则需更换，用拧干的湿布清洁空气滤清器壳体内壁（某空气滤清器更换周期为 1 年，在多灰尘、多沙路面，以及粗糙路面上行驶应缩短更换周期）	
进气系统主要部件积炭的清洗		
4	节气门体清洗：用节气门清洗剂喷入节气门体内部进行清洗，注意不要将清洗剂喷入电机及电路部分，等待数秒后，用干净的布擦干节气门体内部，如不干净则重复上面步骤，直至干净为止	

续表

序号	内　容	图　示
进气系统主要部件积炭的清洗		
5	怠速电机清洁：清洗时注意电机朝上，预防清洗液进入电机而损坏电机，清洗完毕，在橡胶圈上面抹少许润滑油，以提高密封性	
6	初始化操作：清洗完并完成装复后，必须进行节气门初始化操作	
火花塞、点火线圈的拆装和检查		
7	火花塞及喷油嘴连接器拆卸：拆下火花塞中间盖，拧下点火线圈锁紧螺栓，取出点火线圈总成，分离 4 个喷油嘴连接器	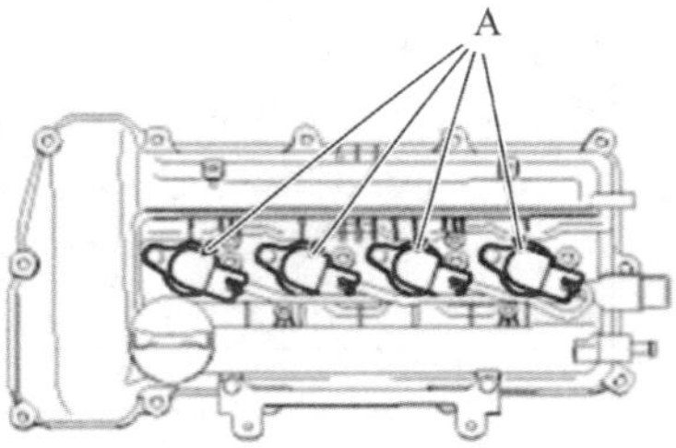
8	高压跳火试验：将火花塞接回点火模块，并搭铁到发动机上。观察发动机转动时是否在各火花塞处产生火花。发动机转动不要超过 5 s	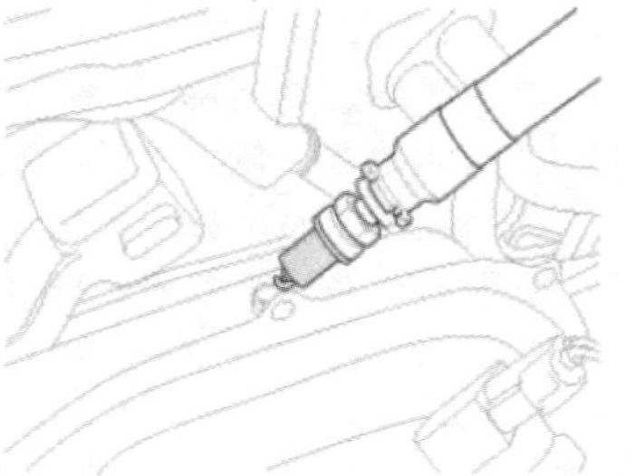
9	火花塞外观检查： （1）绝缘体是否破裂； （2）是否磨损电焊条； （3）是否积炭； （4）衬垫是否损坏或磨损； （5）火花塞尖部瓷器绝缘体的状态	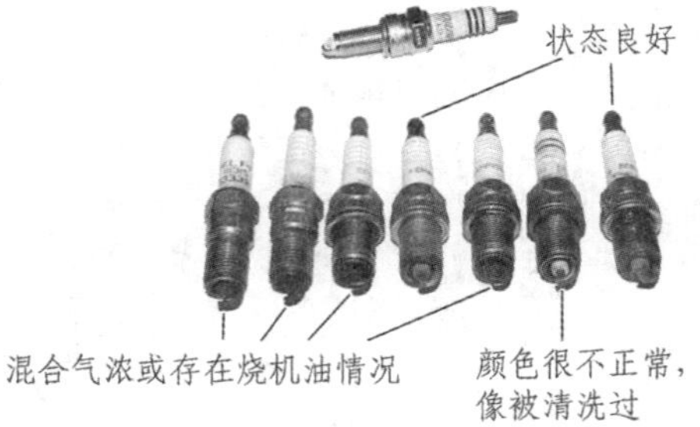

续表

<table>
<tr><th>序号</th><th>内　容</th><th>图　示</th></tr>
<tr><td colspan="3">火花塞、点火线圈的拆装和检查</td></tr>
<tr><td>10</td><td>火花塞清洁：用专用清洗器清洗火花塞表面油污，然后在专用的清洗器内通入一定压力的空气清洁火花塞，持续时间一般不大于 20 s</td><td>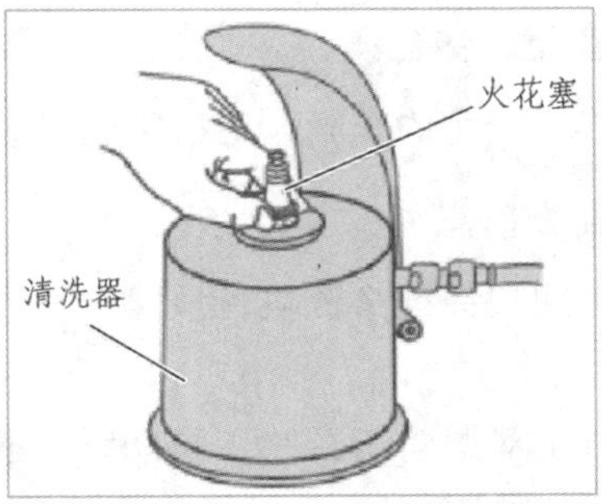
</td></tr>
<tr><td>11</td><td>电极检查：使用欧姆表测量绝缘电阻。如果电阻值小于规定值，更换火花塞。某型轿车应为 50 MΩ 或以上</td><td>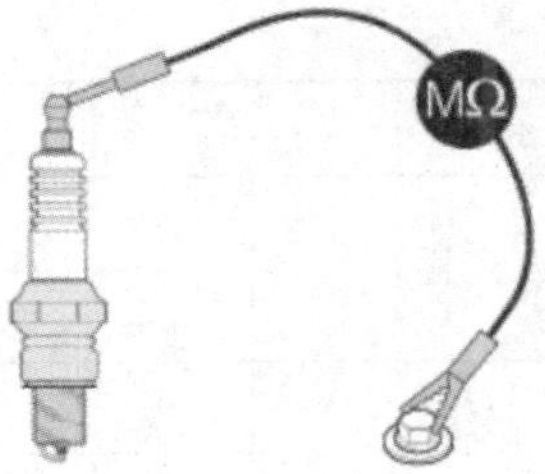
</td></tr>
<tr><td>12</td><td>火花塞电极间隙检查：如果间隙超出最大界限，更换火花塞。某型轿车火花塞电极间隙规格为 1.0 ~ 1.1 mm</td><td>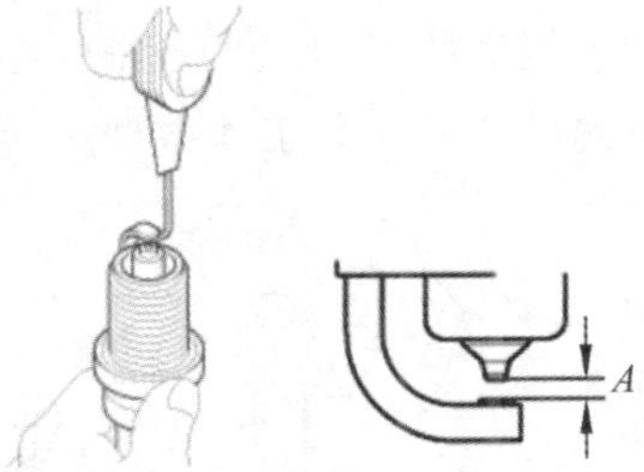
</td></tr>
<tr><td>13</td><td>点火线圈检查：测量点火线圈端子（+）和（−）之间的初级线圈电阻。某型轿车的标准值为 0.75×（1 ± 15%）Ω</td><td>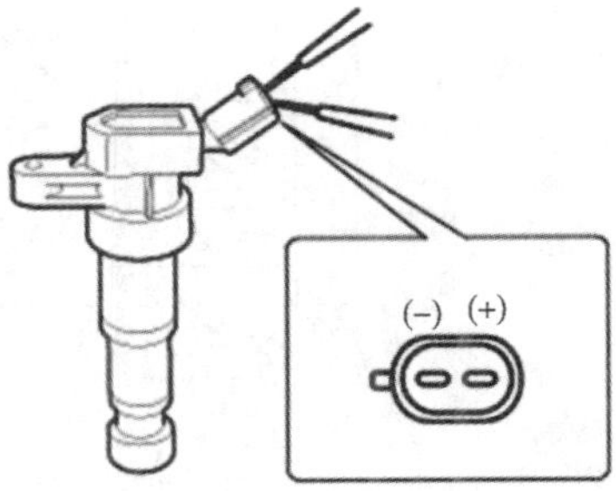
</td></tr>
</table>

活页工单 1-2　空气点火部件检查与保养

接受工作任务

根据给定的车辆，进行空气供给系统和点火系统部件检查与保养。

收集信息

查阅相关维修资料，学习空气供给系统和点火系统的结构和组成原理，完成以下内容。

（1）对照轿车实物，查阅维修手册等资料，熟悉表 1-2-2 中的标准值，在实物上找到相应的零件。

表 1-2-2　标准值

项　目		标准值
点火线圈	初级电阻	0.58×（1±10%）Ω
	次级线圈	8.8×（1±15%）kΩ
火花塞	电极间隙	1.0～1.1 mm
	绝缘电阻	10 MΩ 或以上

（2）根据所学习点火系统的结构和点火电路图（见图 1-2-8），查阅资料，叙述点火系统的结构特点和工作原理。

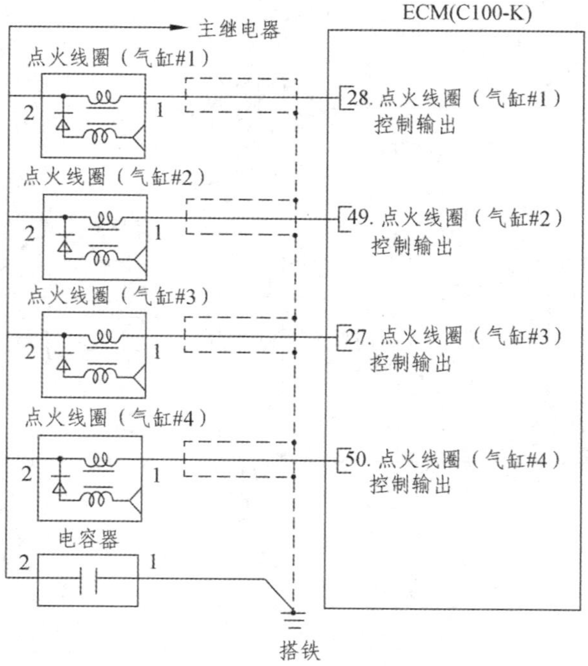

图 1-2-8　点火电路原理图

（3）查阅维修手册和资料，结合发动机工作原理和冷却系统，分析理解节气门体的作用和原理，对照图 1-2-9 口述节气门体上的水循环管路的功用。

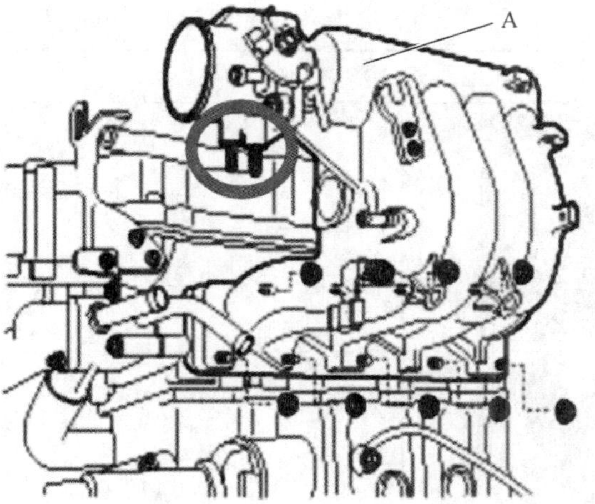

图 1-2-9　节气门体

制定任务实施方案

分组查阅维修手册，认识点火系统和空气供给系统的结构及工作原理，为维护与保养做准备。

（1）任务分工：

（2）任务实施步骤：

（3）异常情况处理办法：

任务实施

空气点火部件检查与保养如表 1-2-3 所示。

表 1-2-3　空气点火部件检查与保养

空气滤清器的检查、清洁和更换	
	步骤 1　确定空气滤清器的安装位置，并清洁表面 完成情况：□完成 □未完成，原因：________
	步骤 2　检查空气滤清器总成和管路是否松动、连接可靠 完成情况：□完成 □未完成，原因：________
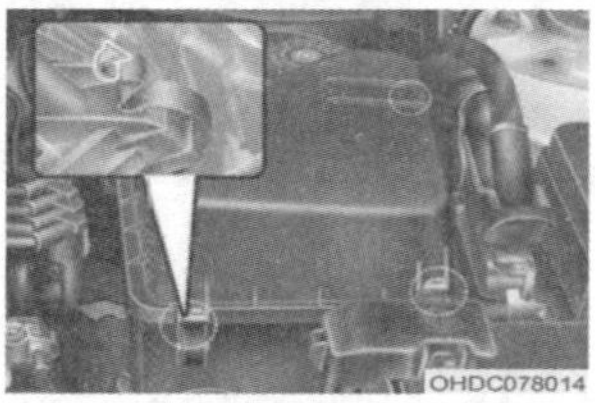	步骤 3　松开空气滤清器盖固定夹并打开盖 完成情况：□完成 □未完成，原因：________
	步骤 4　抬起空气滤清器上盖，取出空气滤清器的滤芯 完成情况：□完成 □未完成，原因：________
	步骤 5　使用压缩空气清洁空气滤清器滤芯，同时用拧干的湿布清洁空气滤清器壳体内壁 完成情况：□完成 □未完成，原因：________
	步骤 6　检查空气滤清器滤芯是否需要更换 完成情况：□完成 □未完成，原因：________
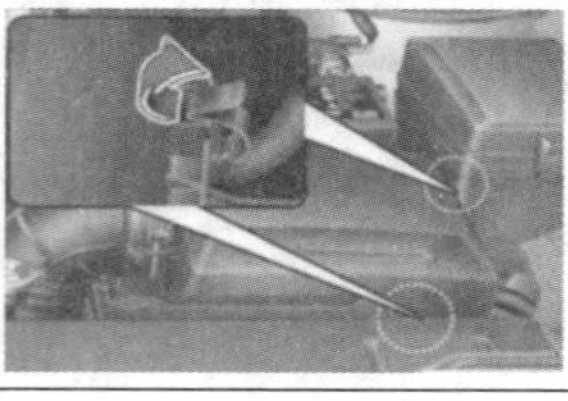	步骤 7　装复清洁干净或新的空气滤清器，安装时注意滤芯方向，并安装要到位 完成情况：□完成 □未完成，原因：________

续表

进气系统主要部件积炭的清洗	
	步骤 1　准备好清洗剂及干净的抹布 完成情况：□完成 □未完成，原因：________
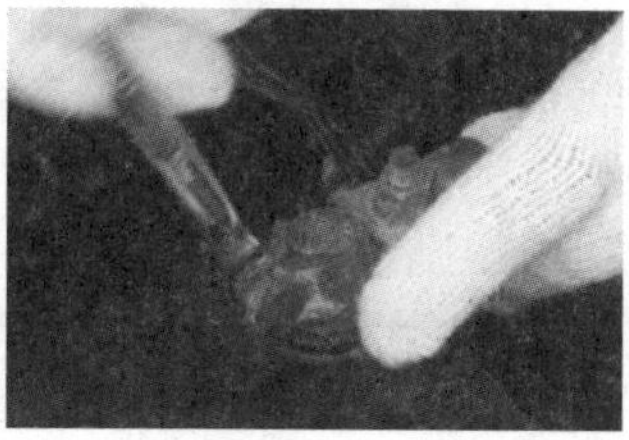	步骤 2　拆卸蓄电池负极连接线 完成情况：□完成 □未完成，原因：________
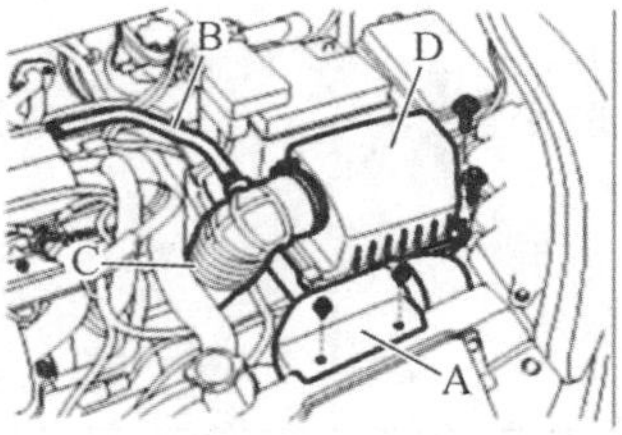	步骤 3　从空气滤清器软管上分离通风软管 B 完成情况：□完成 □未完成，原因：________
	步骤 4　松开进气管空气滤清器软管与空气滤清器盖连接卡扣 完成情况：□完成 □未完成，原因：________
	步骤 5　松开节气门体端的进气管卡扣，取下进气管 完成情况：□完成 □未完成，原因：________
	步骤 6　拆下节气门体连接线束插头 完成情况：□完成 □未完成，原因：________

续表

进气系统主要部件积炭的清洗	
	步骤 7　拆下节气门体上四颗固定螺栓 完成情况：□完成 □未完成，原因：________________
	步骤 8　移动节气门体处在可以操作部位即可，并用干净的抹布将总管接口堵上，以防脏东西进入（因节气门体连接有冷却水管，如不拆卸冷却水管采取此操作） 完成情况：□完成 □未完成，原因：________________
	步骤 9　用节气门清洗剂喷入节气门体内部进行清洗（注意不要将清洗剂喷入电机及电路部分） 完成情况：□完成 □未完成，原因：________________
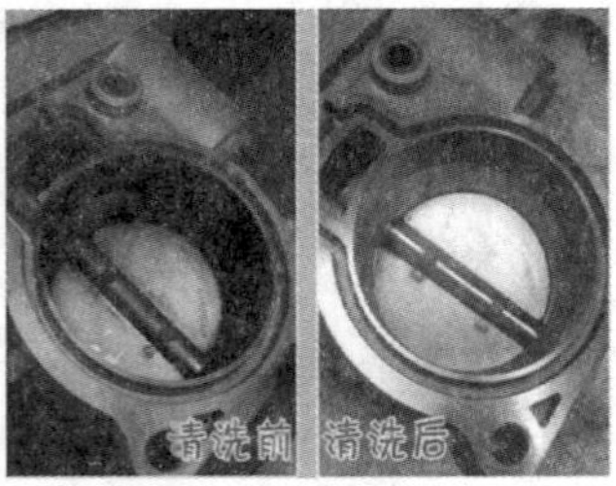	步骤 10　等待数秒后，用干净的布擦干节气门体内部，如不干净则重复上面步骤，并确认清洁干净为止 完成情况：□完成 □未完成，原因：________________
	步骤 11　对怠速电机进行清洗 完成情况：□完成 □未完成，原因：________________
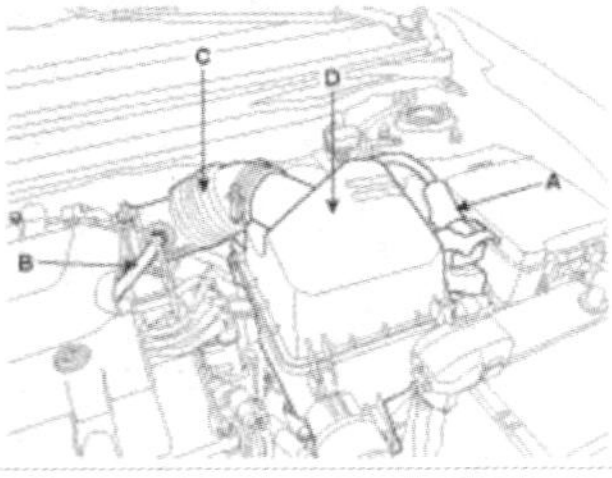	步骤 12　按先拆后装的顺序进行装复 完成情况：□完成 □未完成，原因：________________

续表

<table>
<tr><td colspan="2">进气系统主要部件积炭的清洗</td></tr>
<tr><td>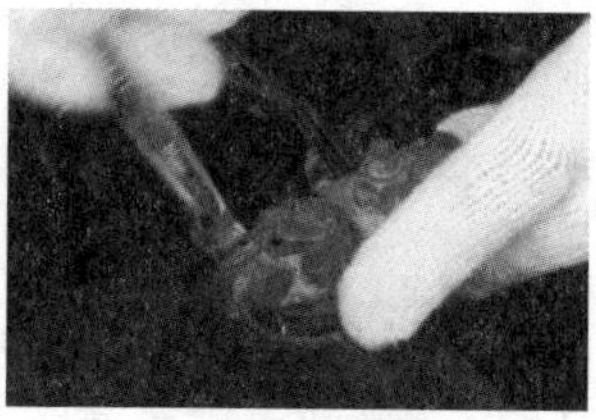</td><td>步骤 13　安装蓄电池负极连接线
完成情况：□完成
□未完成，原因：________________</td></tr>
<tr><td>
</td><td>步骤 14　用故障诊断仪进行节气门初始化操作
完成情况：□完成
□未完成，原因：________________</td></tr>
<tr><td colspan="2">火花塞、点火线圈的拆装和检查</td></tr>
<tr><td>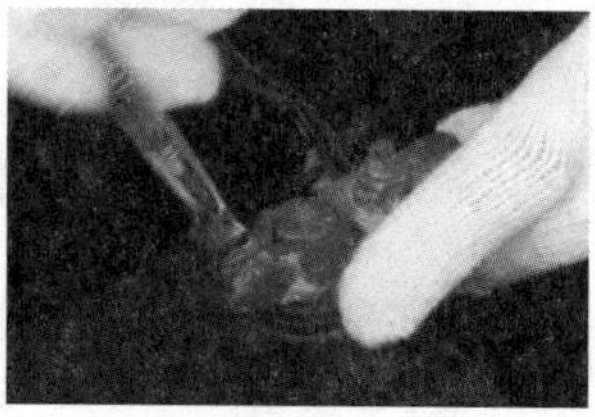</td><td>步骤 1　拆卸蓄电池负极连接线
完成情况：□完成
□未完成，原因：________________</td></tr>
<tr><td>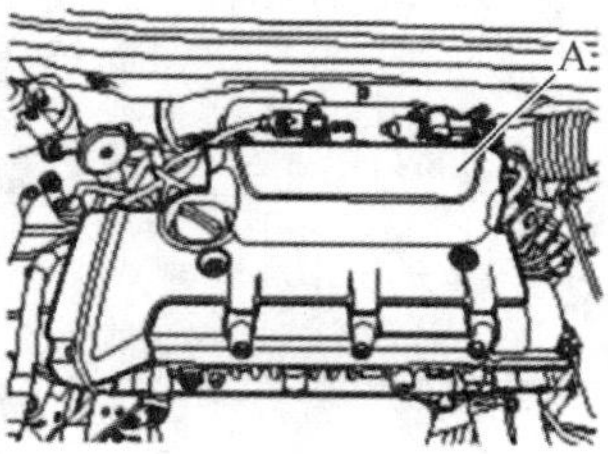
</td><td>步骤 2　拆卸发动机盖
完成情况：□完成
□未完成，原因：________________</td></tr>
<tr><td>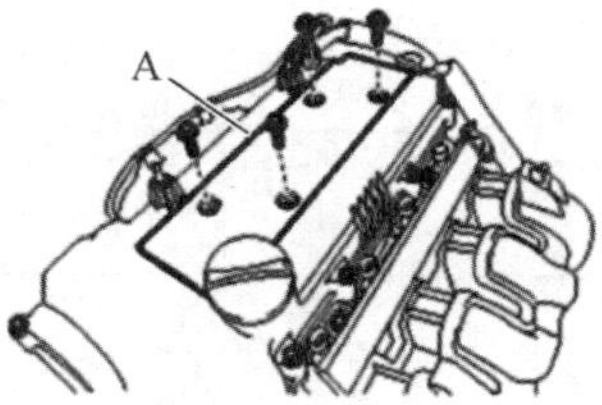
</td><td>步骤 3　拆卸中间盖
完成情况：□完成
□未完成，原因：________________</td></tr>
<tr><td>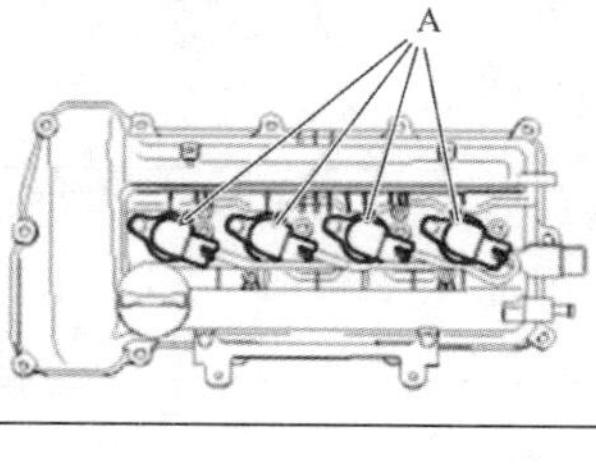
</td><td>步骤 4　拧下点火线圈锁紧螺栓后，取出点火线圈总成
完成情况：□完成
□未完成，原因：________________</td></tr>
</table>

续表

火花塞、点火线圈的拆装和检查	
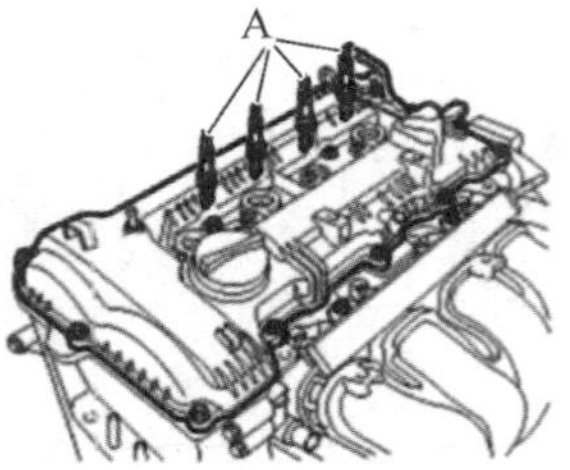	步骤 5　使用火花塞扳手拆卸火花塞 完成情况：□完成 □未完成，原因：________________
	步骤 6　分离 4 个喷油嘴连接器 完成情况：□完成 □未完成，原因：________________
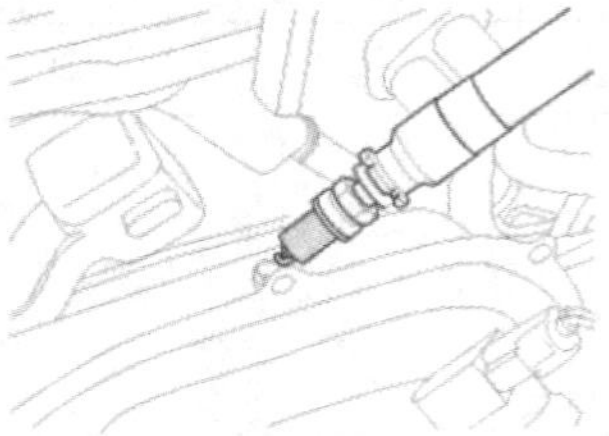	步骤 7　检查发动机转动时是否在各火花塞处产生火花 完成情况：□完成 □未完成，原因：________________
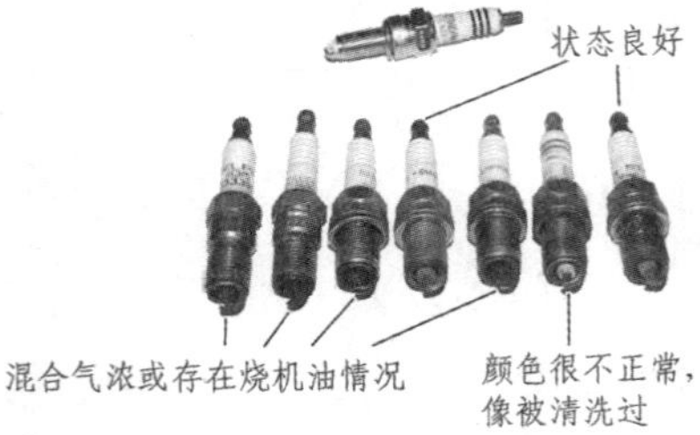	步骤 8　火花塞外观检查 完成情况：□完成 □未完成，原因：________________
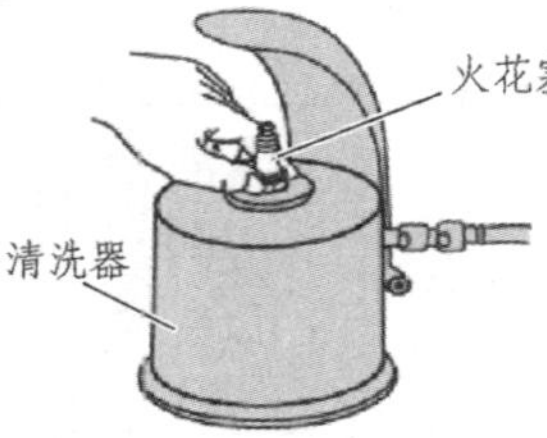	步骤 9　清洁火花塞 完成情况：□完成 □未完成，原因：________________
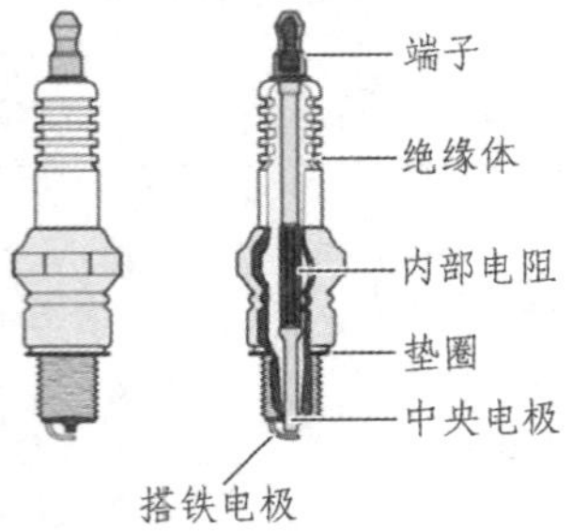	步骤 10　检查火花塞螺纹形状和绝缘体是否存在任何损坏 完成情况：□完成 □未完成，原因：________________

续表

火花塞、点火线圈的拆装和检查	
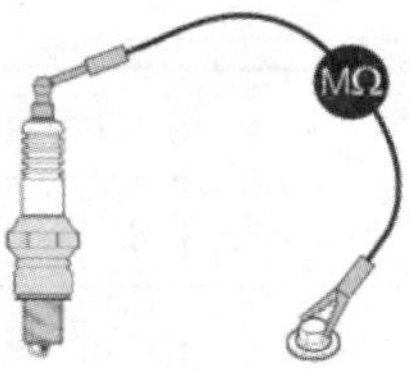	步骤 11　检查电极，使用欧姆表测量绝缘电阻，测量值为_____ 完成情况：□完成 □未完成，原因：____________________
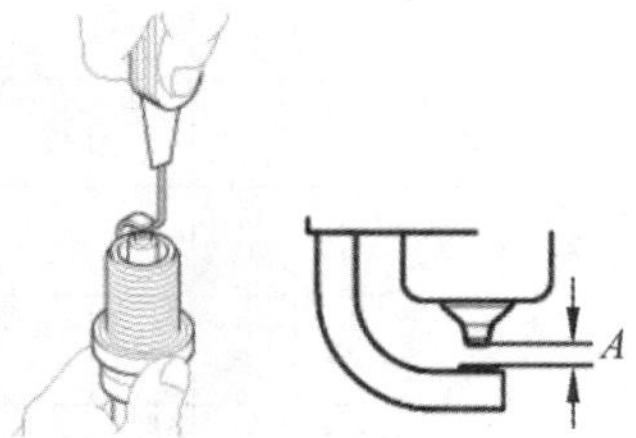	步骤 12　检查火花塞电极间隙 完成情况：□完成 □未完成，原因：____________________
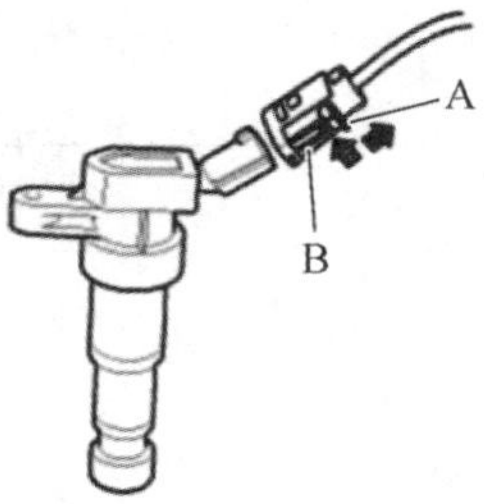	步骤 13　分离点火线圈连接器 完成情况：□完成 □未完成，原因：____________________
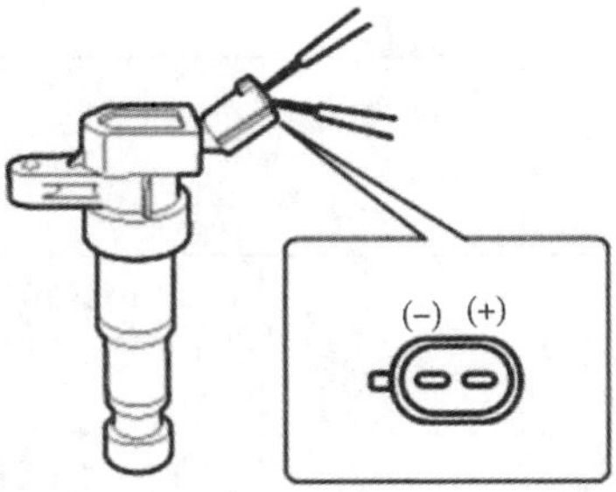	步骤 14　测量点火线圈初级线圈电阻，测量值为______ 完成情况：□完成 □未完成，原因：____________________
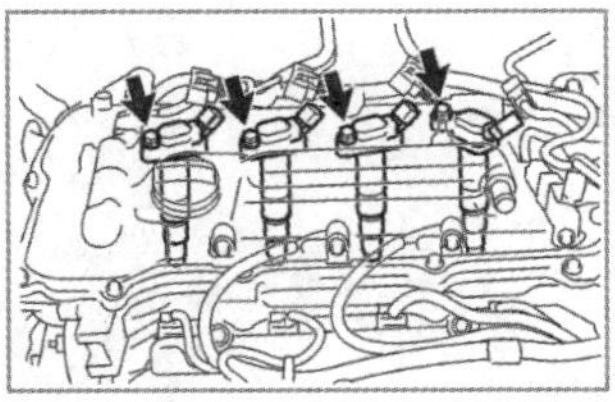	步骤 15　按先拆后装的顺序进行装复 完成情况：□完成 □未完成，原因：____________________
	步骤 16　完成 7S 作业 完成情况：□完成 □未完成，原因：____________________

评价总结

学习任务评价表

班级____________小组___________学号____________姓名______________

<table>
<tr><td rowspan="2"></td><td rowspan="2">主要测评项目</td><td colspan="4">学生自评</td></tr>
<tr><td>A</td><td>B</td><td>C</td><td>D</td></tr>
<tr><td rowspan="5">关键能力总结</td><td>1. 遵守纪律，遵守学习场所管理规定，服从安排</td><td></td><td></td><td></td><td></td></tr>
<tr><td>2. 具有安全意识、责任意识、7S 管理意识，注重节约、节能与环保意识</td><td></td><td></td><td></td><td></td></tr>
<tr><td>3. 学习态度积极主动，能按时参加安排的实习活动</td><td></td><td></td><td></td><td></td></tr>
<tr><td>4. 具有团队合作意识，注重沟通，能自主学习及相互协作</td><td></td><td></td><td></td><td></td></tr>
<tr><td>5. 仪容仪表符合学习活动要求</td><td></td><td></td><td></td><td></td></tr>
<tr><td rowspan="3">专业知识与能力总结</td><td>1. 能口述点火系统和空气供给系统的结构、组成部件和工作原理</td><td></td><td></td><td></td><td></td></tr>
<tr><td>2. 能完成空气滤清器的检查、清洁和更换</td><td></td><td></td><td></td><td></td></tr>
<tr><td>3. 能完成进气系统主要部件积炭的清洗操作</td><td></td><td></td><td></td><td></td></tr>
<tr><td>个人自评总结与建议</td><td colspan="5"></td></tr>
<tr><td>小组评价</td><td colspan="5"></td></tr>
<tr><td rowspan="2">教师评价</td><td rowspan="2"></td><td colspan="4">总评成绩</td></tr>
<tr><td colspan="4"></td></tr>
</table>

教师签字/日期：

任务 3　燃油排气部件检查保养

一、信息分析

通读下面文字内容和信息，标记出燃油排气系统结构与工作原理关键内容。

（1）燃油供给及排气系统由哪些元件组成及其功用；

（2）这些元件在车上的安装位置；

（3）燃油供给及排气系统的保养检查；

（4）燃油滤清器的更换。

二、信息来源

（1）汽车公司资料；

（2）公开出版资料；

（3）互联网查询；

（4）相关车型维修手册；

（5）法律规定。

三、信息收集

某型轿车燃油供给系统采用电子控制发动机燃油喷射系统，简称发动机电控燃油喷射系统，英文名称为 EFI，是利用安装在发动机不同部位上的各种传感器所测得的信号，按电子控制单元中设定的控制程序，通过对燃油喷射时间的控制，调节喷入进气管或气缸中的喷油量，从而改变混合气浓度，使发动机在各种工况下都能获得与所处工况相匹配的最佳混合气，发动机功率得到提高，降低燃油消耗，减少废气排放量，使汽车冷车起动更容易，暖机更迅速。燃油系统的性能直接影响发动机的工作性能，因此应定期对燃油系统进行维护和保养。

汽车排气系统主要是顺畅地排放发动机工作所产生的燃烧废气，同时尽可能地使废气污染减小，减小噪声。排气系统在使用过程中常出现管道松脱、断裂及橡胶吊耳老化等现象，因此应及时对排气系统进行检查和维护。

（一）燃油供给系统认识

燃油供给系统简称供油系统，其功用是向发动机提供混合气燃烧所需的燃油。燃油喷射式发动机供油系统主要由燃油箱、电动燃油泵、输油管、燃油滤清器、油压调节器、燃油分配管、喷油器和回油管等组成，如图 1-3-1 所示。燃油分配管又称为供油总管。

1．燃油供给系统的工作原理

当发动机工作时，进入发动机气缸的燃油流过的路径为汽油箱—汽油泵—输油管—汽油滤清器—燃油分配管—喷油器，如图 1-3-2 所示。当汽油泵泵入供油系统的燃油增多、油路中的油压升高时，油压调节器将自动调节燃油压力，保证供给喷油器的油压基本不变。

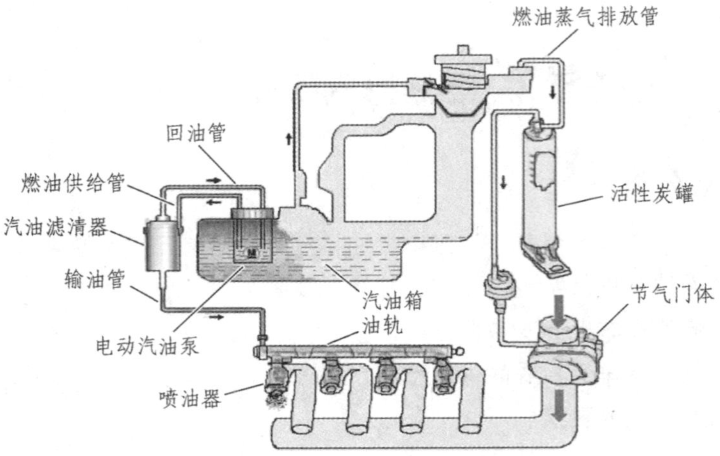

图 1-3-1　燃油供给系统

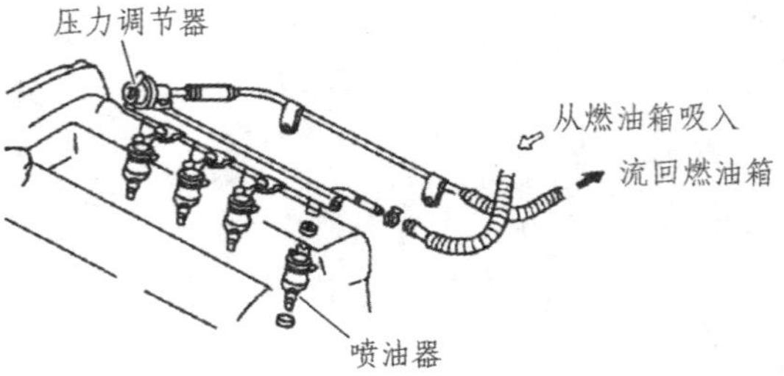

图 1-3-2　有回油管燃油系统

供油系统过剩的燃油由回油管流回油箱，回油路径为汽油箱—汽油泵—输油管—汽油滤清器—燃油分配管—油压调节器—回油管—油箱，如图 1-3-3 所示。部分新型汽油喷射发动机、压力调节器装在汽油箱内的电动汽油泵总成上，所以无回油管。

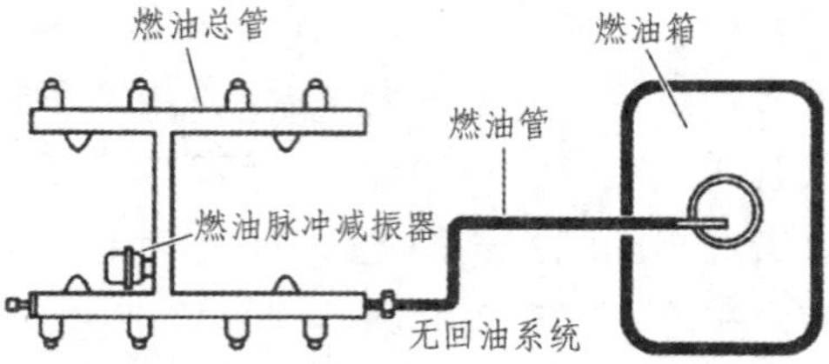

图 1-3-3　无回油管燃油系统

2．燃油系统的分类

（1）按燃油供给控制方式不同，发动机燃油喷射系统可分为机械控制式燃油喷射系统（已淘汰）、机电结合式燃油喷射系统（基本淘汰）和电子控制式燃油喷射系统（主流）三种类型。

（2）按喷油器喷射燃油的部位不同，发动机燃油喷射系统可分为缸内喷射系统和进气管喷射系统两种类型，如图 1-3-4 所示。

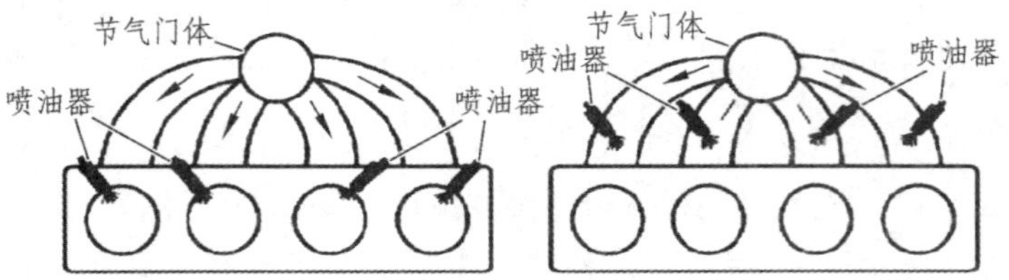

（a）缸内喷射　（b）进气管喷射

图 1-3-4　按喷射位置分类

（3）按进气量的检测方式不同，发动机燃油喷射系统分为速度密度控制型（D 型）和质量流量控制型（L 型）。D 型是通过检测进气歧管压力（真空度）和发动机转速，推算出吸入的空气量；L 型是由空气流量传感器直接测量进入进气歧管的空气量，其检测精度高于 D 型，故可更精确地控制空燃比。

（4）根据喷射燃油的时序不同，发动机燃油喷射系统又可分为同时喷射、分组喷射和顺序喷射系统，如图 1-3-5 所示。同时喷射：只在发动机运转时，所有喷油器同时开启或关闭，目前该类型已经淘汰。分组喷射：将喷油器分组，发动机工作时按顺序给各组喷油器喷射燃油，目前该类型基本淘汰，只在少部分老旧车辆上装配。顺序喷射：又称次序喷射，是指在发动机运转时，按发动机的工作顺序轮流喷射燃油。20 世纪 90 年代以后开发研制的燃油喷射系统基本上都采用顺序喷射。

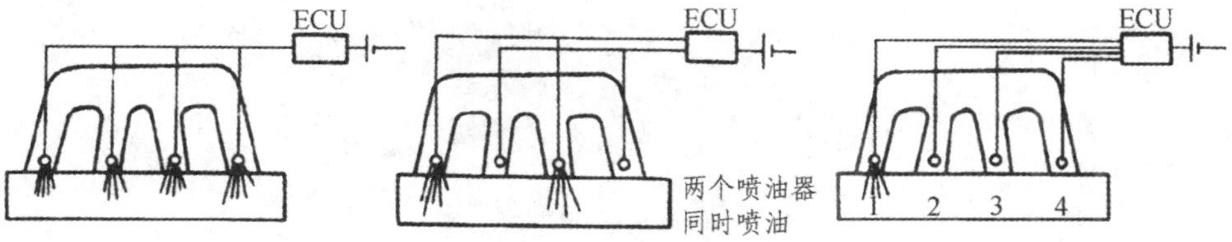

图 1-3-5　按喷射时序分类

（二）排气系统认识

汽车排气系统是指收集并且排放废气的系统，一般由排气歧管、排气管、催化转换器、排气温度传感器、汽车消声器和排气尾管等组成，如图 1-3-6 所示。

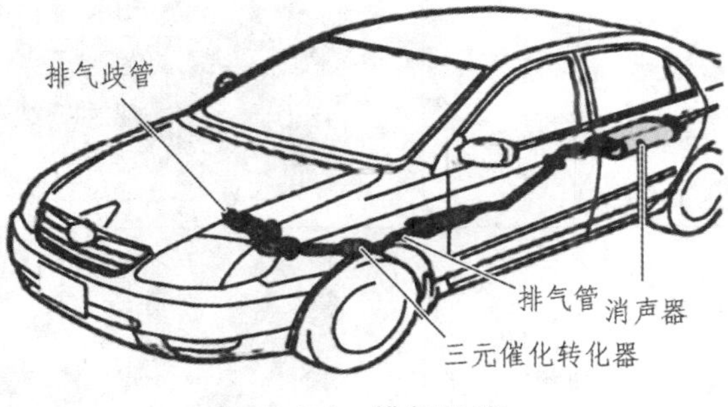

图 1-3-6　排气系统

如果排气管与消声器有损坏，将产生排气泄漏，加剧大气污染，增大排气噪声等影响，故其如有损坏，需及时更换相应的排气管或消声器。

（三）燃油排气部件检查与保养

1. 燃油部件检查与保养

燃油部件检查与保养安全事项如下：

（1）操作时请使用翼子板防护盖布，以免损坏车漆表面。

（2）在拆卸线束和软管前，要做好标记避免错接。

（3）在执行“释放燃油管路内剩余压力”操作后，可能仍然有剩余的压力，分离任何燃油连接点时用毛巾盖住软管连接处，防止剩余的燃油溢出。

（4）使用实训台或实训车辆进行操作时，必须严格按照操作规程，不得违章操作，非必要不得带电进行操作。使用举升机等设备必须按照操作流程进行。

（5）在燃油系统保养过程中严禁明火。

（6）安装部件和零件时，扭矩的大小需参考相关维修手册。

燃油滤清器集成油泵总成安装如图 1-3-7 所示，参照维修手册及日常保养时间表，进行检查和更换燃油滤清器工作任务（见表 1-3-1）。

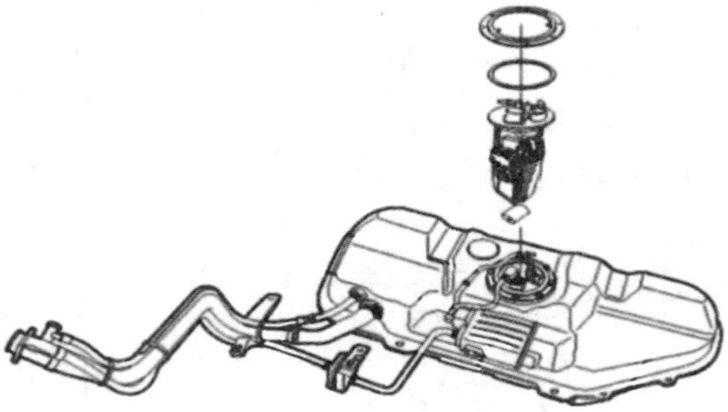

图 1-3-7　燃油滤清器集成油泵总成

表 1-3-1　燃油部件检查与保养

序号	内　容	图　示
燃油管路泄漏检查		
1	发动机机舱位检查：燃油管、燃油总管、喷油器等处	
2	车辆底盘位检查：燃油管路、活性炭罐连接管等处	
3	燃油系统泄压：在点火开关处于OFF 挡位时拆下中央配电盒内的电动燃油泵保险丝或继电器，起动发动机，然后等燃油管路内的燃油耗尽，发动机失速直到无着车迹象后，将点火开关置于“OFF”位置，从燃油总管上分离供油软管（注意：要用抹布堵住软管接头，防止因燃油管路内的残余压力作用导致燃油飞溅）	

续表

<table>
<tr><th>序号</th><th>内　容</th><th>图　示</th></tr>
<tr><td colspan="3">燃油管路泄漏检查</td></tr>
<tr><td>4</td><td>燃油压力测试：安装专用工具，起动发动机并测量怠速时的燃油压力，读取燃油压力，某型轿车正常的怠速燃油压力为 338～348 kPa，停止发动机，检查燃油压力表读数的变化。发动机停止后 5 min 内压力表读数应不变</td><td>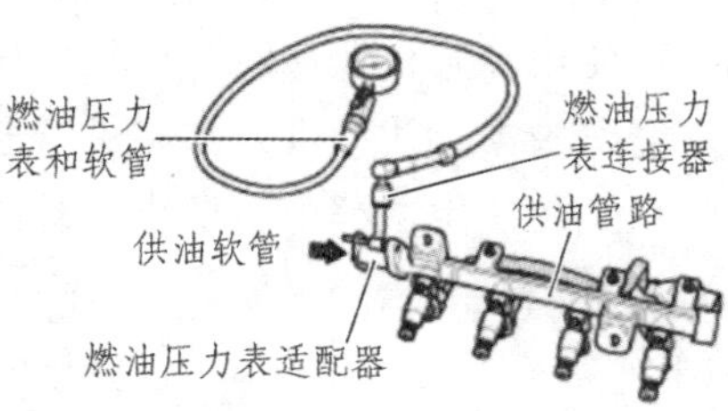
</td></tr>
<tr><td colspan="3">燃油滤清器的拆装和更换</td></tr>
<tr><td>5</td><td>位置确认：拆卸后座垫，找到燃油滤清器集成油泵总成安装位置</td><td>
</td></tr>
<tr><td>6</td><td>燃油滤清器集成油泵总成拆装：泄压后，分离燃油泵线路连接器、燃油供油管快接-连接器（A）、蒸气软管（B）和蒸气管快接-连接器（C），拆卸燃油泵安装螺母（D）并取出总成</td><td>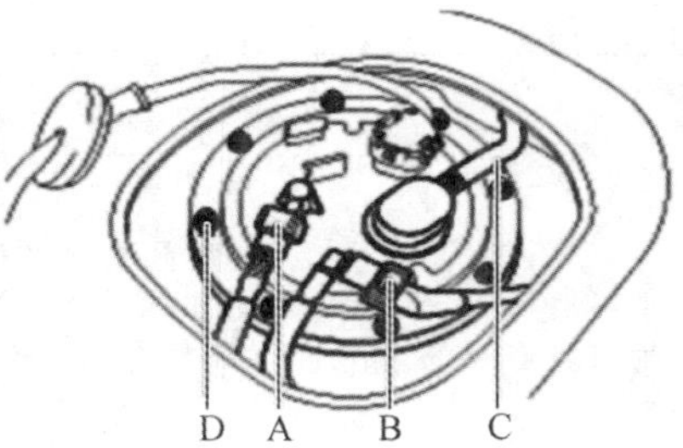
</td></tr>
<tr><td>7</td><td>燃油滤清器拆换：分解电动泵总成，取出燃油滤清器后装复新的燃油滤清器</td><td>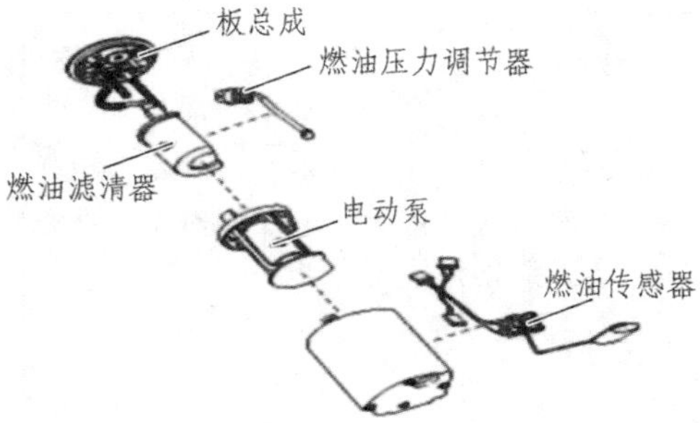
</td></tr>
<tr><td>8</td><td>安装完后，必须用故障解码仪进行故障码检测与清除</td><td></td></tr>
</table>

2．排气管及吊耳检查

排气管及吊耳检查安全事项如下：

（1）操作时请使用翼子板防护盖布，以免损坏车漆表面。

（2）当车辆刚运转停止时，排气系统为高温部件，操作过程中应做好安全防护工作。

（3）在使用举升机操作时，应严格按照操作流程进行，车辆举升到操作位置时必须上好安全防护锁，才能进入车底进行检查工作。

排气系统在使用过程中主要出现管路碰撞变形损坏和橡胶吊耳老化，根据排气系统的装配关系，参照维修手册及日常保养时间表完成排气管及吊耳检查工作任务（见表 1-3-2）。

表 1-3-2　排气管及吊耳检查

序号	内　容	图　示
1	检查排气歧管及隔热板是否松脱、断裂，连接锁紧螺母是否松动，是否有锈蚀和漏气	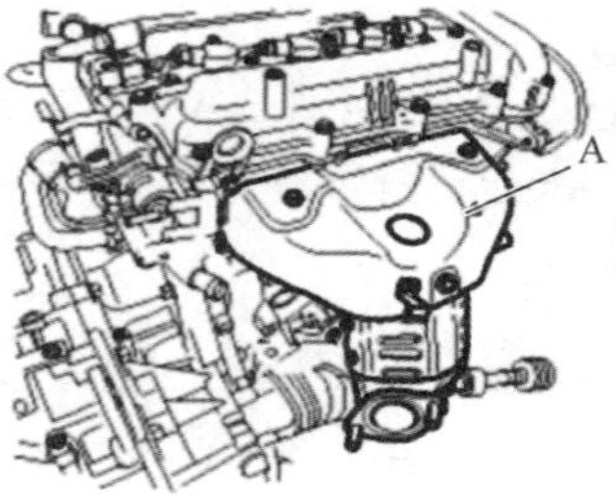
2	检查催化转化器、中央消声器、主消声器和后消声器是否松脱、断裂，连接锁紧螺母是否松动，是否有锈蚀和漏气	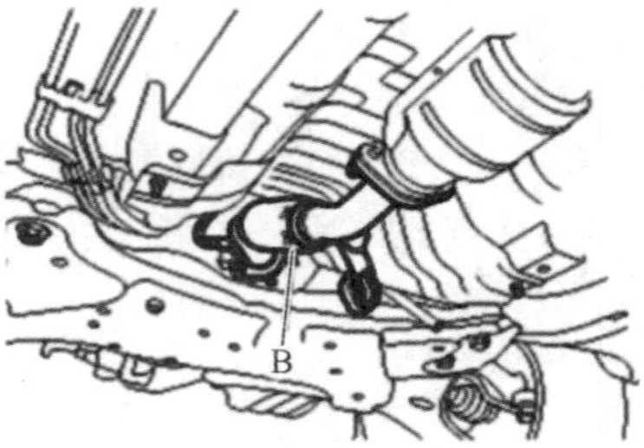
3	检查中间导管是否松脱、断裂，中间导管和主消声器管之间安装固定夹是否松动，是否有锈蚀、凹陷和漏气	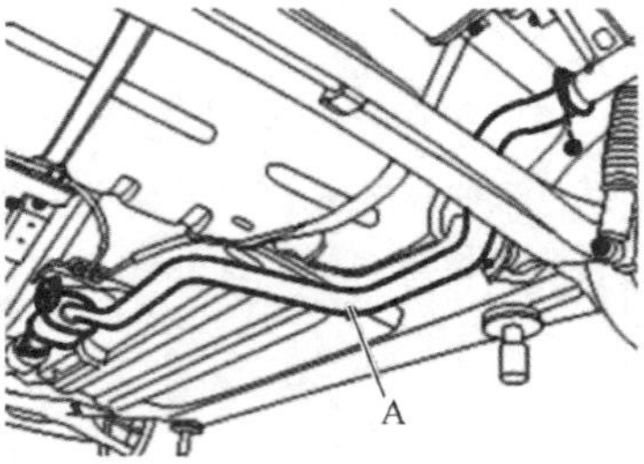
4	检查支架上的橡胶吊耳是否有脱落、老化或损坏	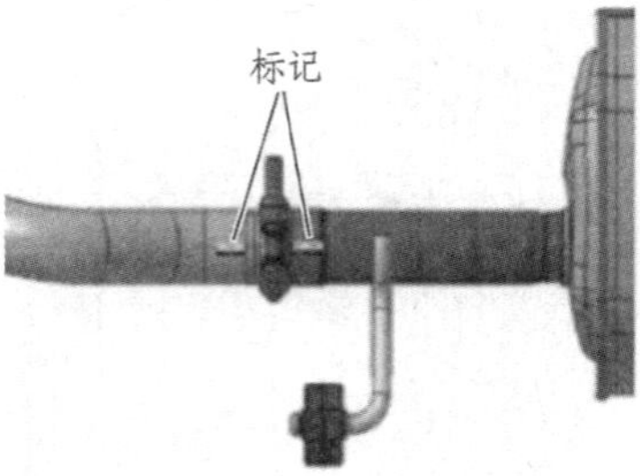

活页工单 1-3　燃油排气部件检查与保养

接受工作任务

根据给定的车辆，进行燃油系统和排气系统部件检查与保养。

收集信息

查阅相关维修资料，学习燃油供给系统和排气系统的结构和组成原理，完成以下内容：

（1）对照实物，查阅维修手册等资料，将所查阅的信息填入表 1-3-3 中。

表 1-3-3　汽车信息

准备演示	名　称	用　途
	轿车	完成燃油系统和排气系统部件检查与保养工作任务
	常用工具	拆卸部件
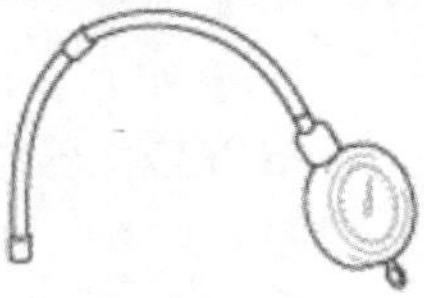	燃油压力表	测量燃油总管压力
	燃油压力表适配器	连接燃油总管与供油管路
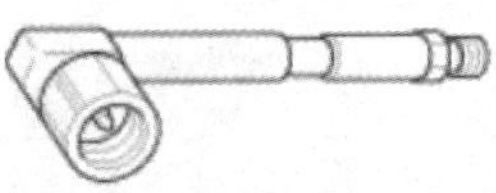	燃油压力表连接器	连接燃油压力表和燃油压力表适配器
	燃油泵板盖拆卸工具	拆卸低压燃油泵板盖
	故障解码仪	清除故障码

（2）根据所学排气系统的结构，查阅资料，并结合如图 1-3-8 所示的构造图叙述车辆三元催化转化器的结构特点和工作原理。

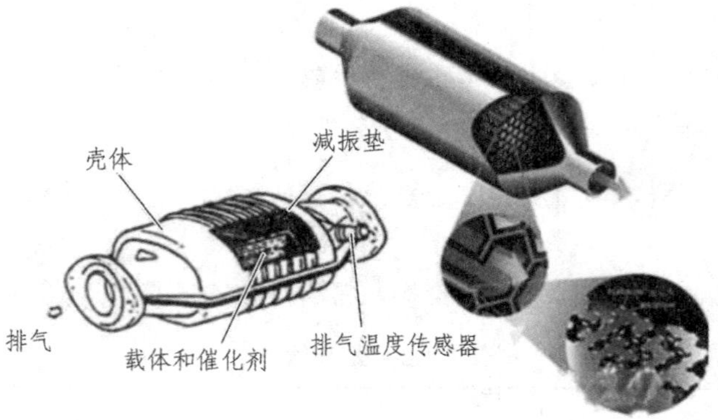

图 1-3-8　三元催化转化器

（3）查阅维修手册和资料，结合燃油系统的工作原理，分析燃油压力条件作用和原理，口述燃油压力的调节过程。

制定任务实施方案

分组查阅维修手册，认识燃油排气系统结构及工作原理，为维护与保养做准备。

（1）任务分工：

（2）任务实施步骤：

（3）异常情况处理办法：

任务实施

1．燃油部件检查与保养（见表 1-3-4）

表 1-3-4　燃油部件检查与保养

燃油管路泄漏检查	
	步骤 1　发动机机舱燃油系统管路外观检查 完成情况：□完成 □未完成，原因：________
	步骤 2　检查车辆底盘燃油系统管路外观 完成情况：□完成 □未完成，原因：________
	步骤 3　在点火开关处于 OFF 挡位时拆下中央配电盒内的电动燃油泵保险丝或继电器 完成情况：□完成 □未完成，原因：________
	步骤 4　起动发动机，然后等燃油管路内的燃油耗尽，发动机失速直到无着车迹象后，将点火开关置于“OFF”位置 完成情况：□完成 □未完成，原因：________
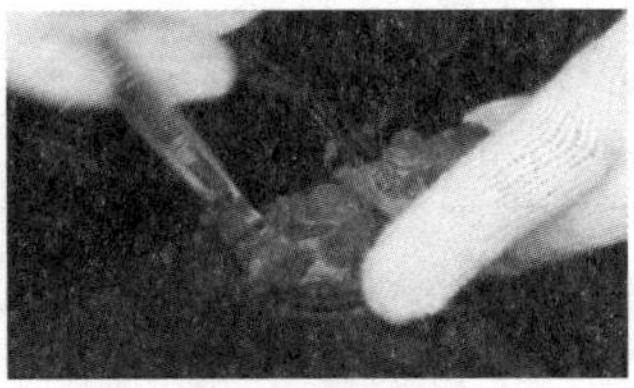	步骤 5　断开蓄电池负极连接线 完成情况：□完成 □未完成，原因：________
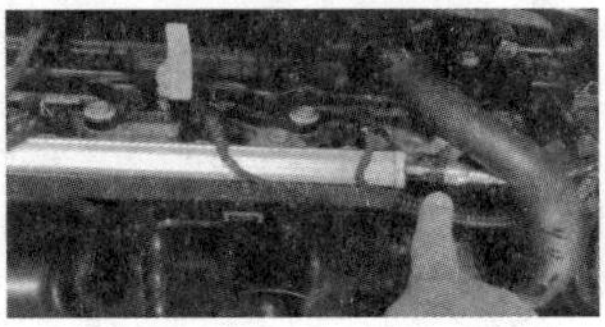	步骤 6　从燃油总管上分离供油软管(注意:要用________) 完成情况：□完成 □未完成，原因：________
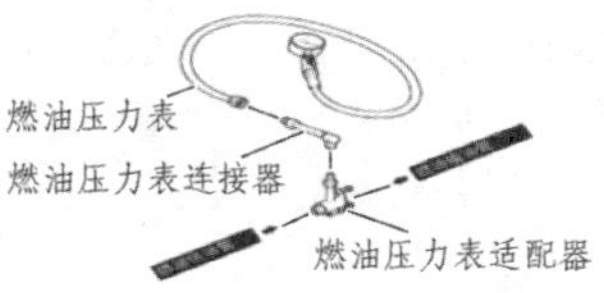	步骤 7　安装专用工具(在燃油总管和供油软管之间安装燃油压力表适配器，把燃油压力表连接器连接到燃油压力表适配器上。把燃油压力表和软管连接到燃油压力表连接器上） 完成情况：□完成 □未完成，原因：________

续表

燃油管路泄漏检查	
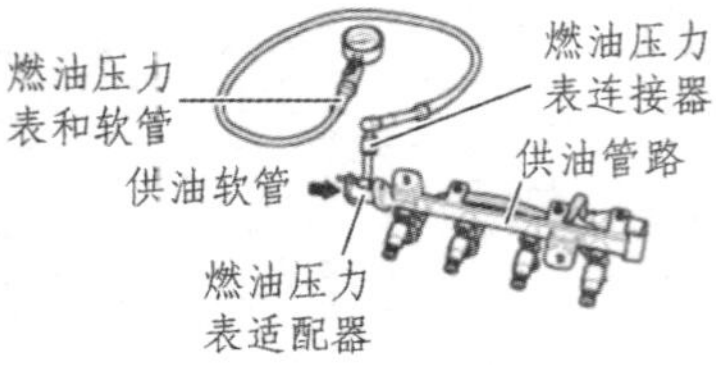	步骤 8　把供油软管连接到燃油压力表适配器上 完成情况：□完成 □未完成，原因：__________
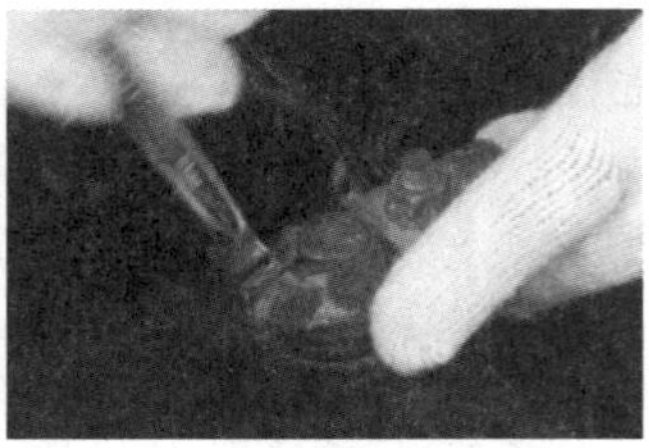	步骤 9　装复蓄电池负极连接线 完成情况：□完成 □未完成，原因：__________
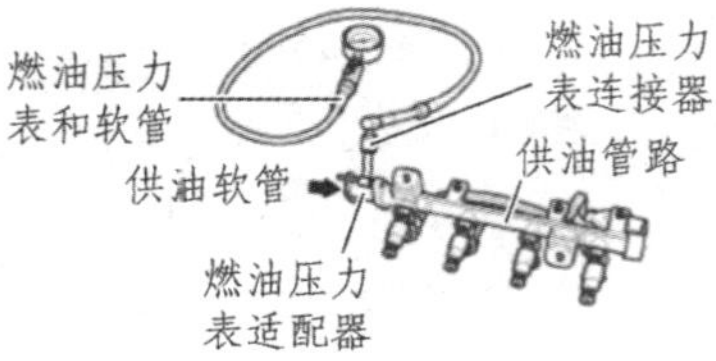	步骤 10　打开点火开关置于 ON 挡，检查供油管、输油管和专用工具部件连接处是否漏油 完成情况：□完成 □未完成，原因：__________
	步骤 11　起动发动机并测量怠速时的燃油压力，测量值为__________，停止发动机，检查燃油压力表读数的变化，测量值为__________ 完成情况：□完成 □未完成，原因：__________
	步骤 12　将点火开关转至 OFF 位，按照上述释放燃油管路内压力的步骤进行泄压 完成情况：□完成 □未完成，原因：__________
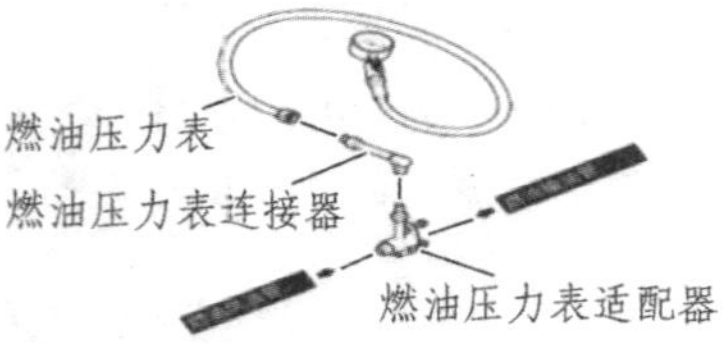	步骤 13　拆卸油压检测专用工具，并装复燃油管路 完成情况：□完成 □未完成，原因：__________

续表

燃油滤清器的拆装和更换	
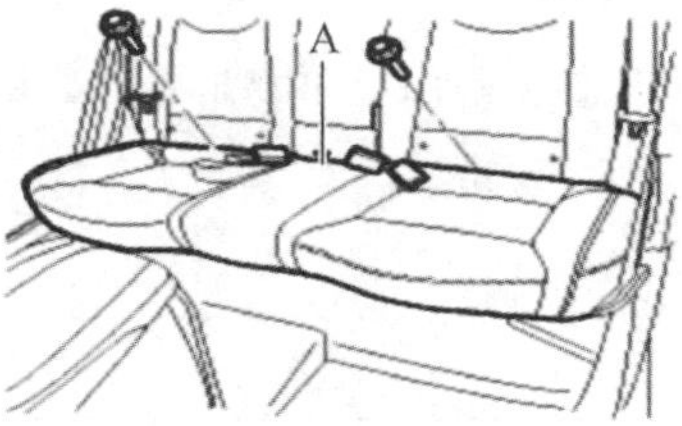	步骤 1　拆卸后座垫，并取出座垫 完成情况：□完成 □未完成，原因：________________
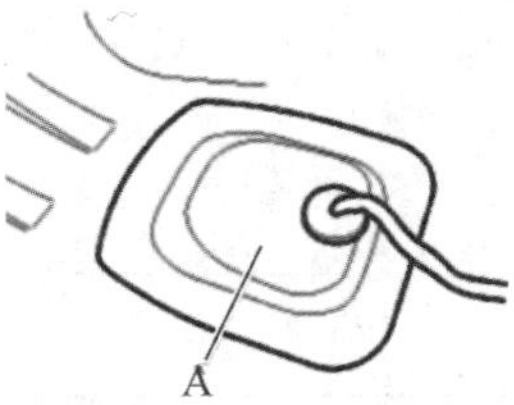	步骤 2　开启维护盖 完成情况：□完成 □未完成，原因：________________
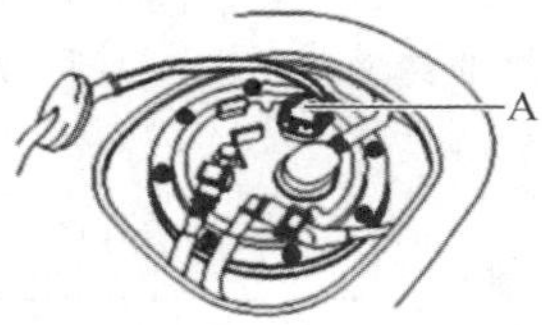	步骤 3　分离燃油泵连接器 完成情况：□完成 □未完成，原因：________________
	步骤 4　起动发动机，然后等燃油管路内的燃油耗尽，发动机失速直到无着车迹象后，将点火开关置于“OFF”位置 完成情况：□完成 □未完成，原因：________________
	步骤 5　拧下燃油箱盖释放燃油箱内压力 完成情况：□完成 □未完成，原因：________________
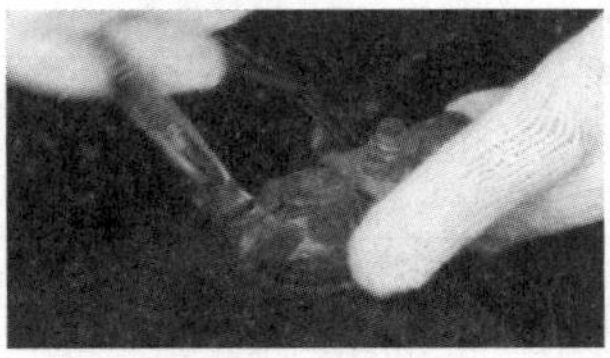	步骤 6　使用压缩空气清洁空气滤清器滤芯 完成情况：□完成 □未完成，原因：________________
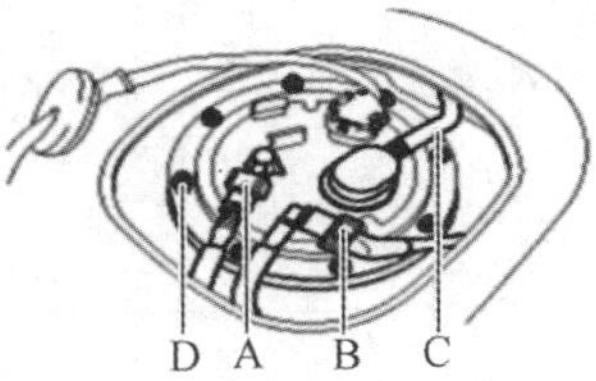	步骤 7　分离燃油供油管快接-连接器（A）、蒸气软管（B）和蒸气管快接-连接器（C） 完成情况：□完成 □未完成，原因：________________

续表

<table>
<tr><th colspan="2">燃油滤清器的拆装和更换</th></tr>
<tr><td></td><td>步骤 8　拆卸燃油泵安装螺母（D）并取出燃油滤清器集成油泵总成
完成情况：□完成
□未完成，原因：____________</td></tr>
<tr><td>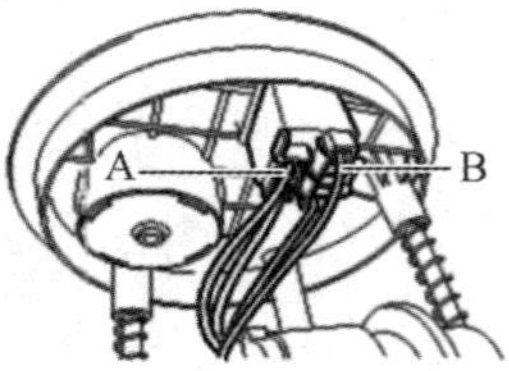</td><td>步骤 9　分离电动泵导线连接器（A）和燃油传感部导线连接器（B）
完成情况：□完成
□未完成，原因：____________</td></tr>
<tr><td>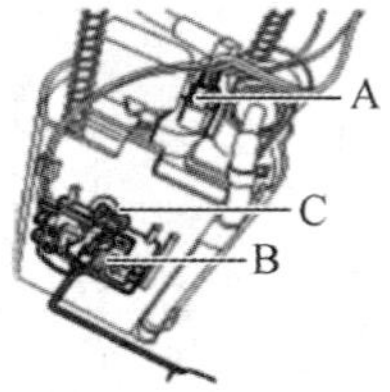</td><td>步骤 10　从电动泵上分离电动泵导线连接器（A）。释放锁（C）后向下滑动燃油传感部（B）以拆卸燃油传感部（B）
完成情况：□完成
□未完成，原因：____________</td></tr>
<tr><td>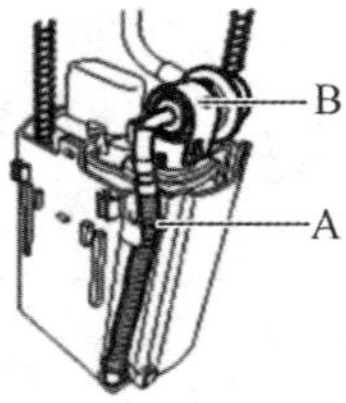</td><td>步骤 11　释放盖（B）后拆卸燃油压力调节器和软管总成（A）
完成情况：□完成
□未完成，原因：____________</td></tr>
<tr><td>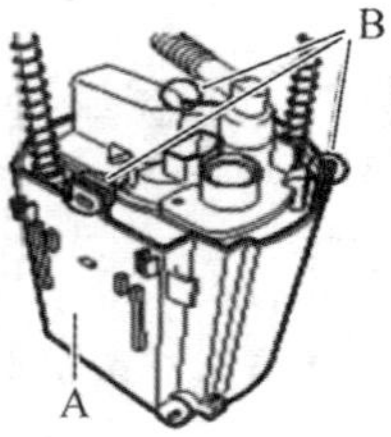</td><td>步骤 12　释放三个固定挂钩（B）后拆卸储液罐盖（A）
完成情况：□完成
□未完成，原因：____________</td></tr>
<tr><td>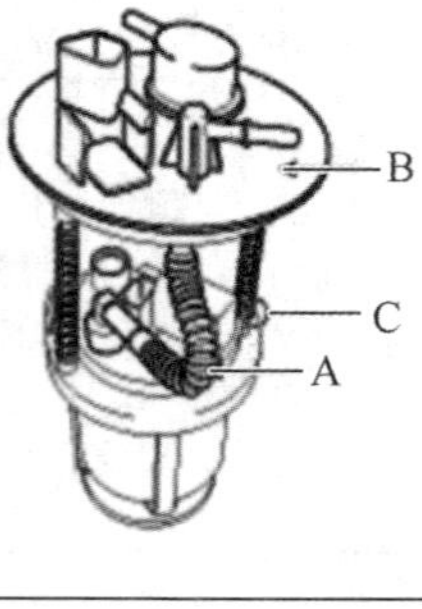</td><td>步骤 13　释放两个固定挂钩后从燃油滤清器上拆卸燃油供油管（A）。拆卸缓冲管固定夹（C）后拆卸板总成（B）
完成情况：□完成
□未完成，原因：____________</td></tr>
</table>

续表

<table>
<tr><th colspan="2">燃油滤清器的拆装和更换</th></tr>
<tr><td>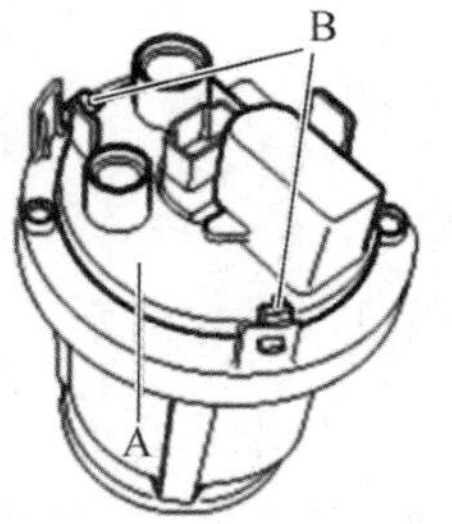</td><td>步骤 14　释放两个固定挂钩（B）后上提抽出燃油滤清器（A）
完成情况：□完成
□未完成，原因：________</td></tr>
<tr><td>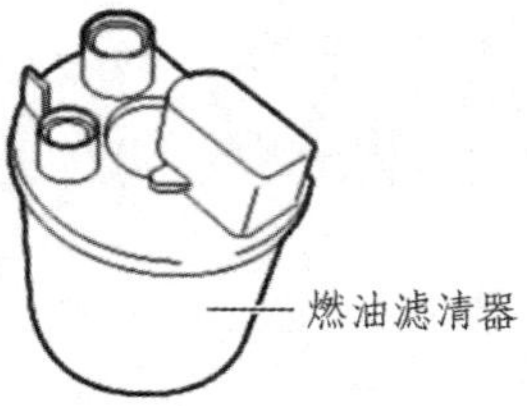</td><td>步骤 15　更换新的燃油滤清器
完成情况：□完成
□未完成，原因：________</td></tr>
<tr><td>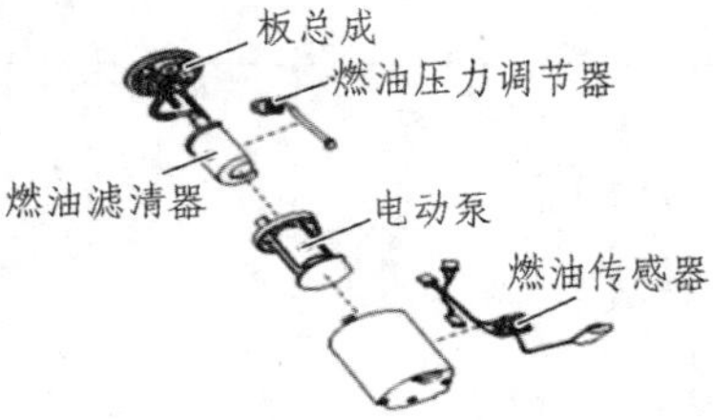</td><td>步骤 16　按先拆后装的顺序装配燃油滤清器集成油泵总成
完成情况：□完成
□未完成，原因：________</td></tr>
<tr><td>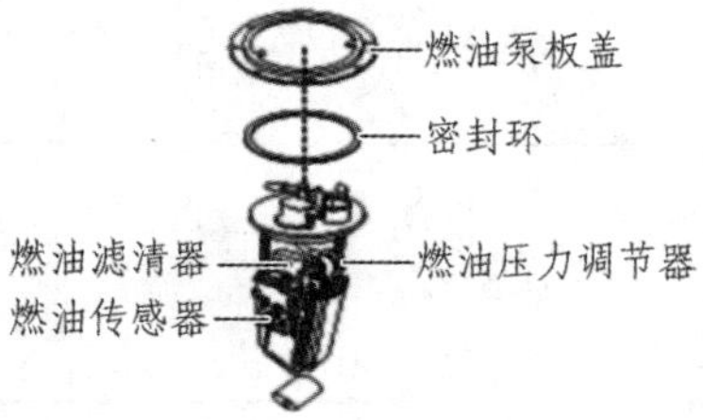</td><td>步骤 17　安装燃油滤清器集成油泵总成，小心不要缠住密封环
完成情况：□完成
□未完成，原因：________</td></tr>
<tr><td>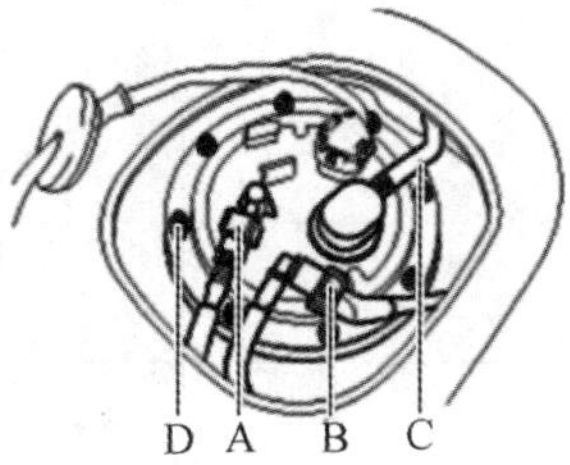</td><td>步骤 18　装复锁紧螺母 D、燃油泵连接器、燃油供油管快接-连接器 A、蒸气软管 B 和蒸气管快接-连接器 C
完成情况：□完成
□未完成，原因：________</td></tr>
<tr><td>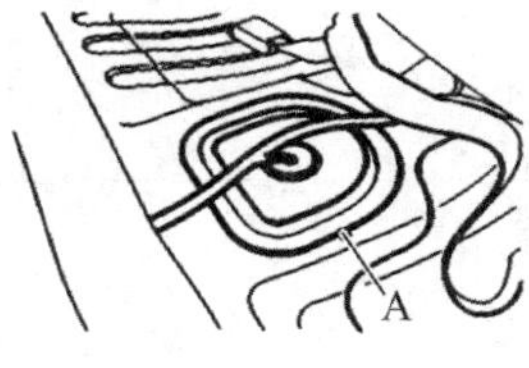</td><td>步骤 19　按先拆后装的顺序装复外部部件
完成情况：□完成
□未完成，原因：________</td></tr>
</table>

续表

燃油滤清器的拆装和更换	
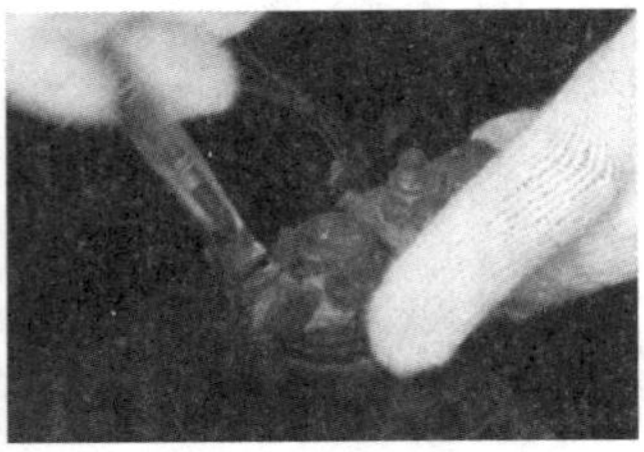	步骤 20　安装蓄电池负极连接线 完成情况：□完成 □未完成，原因：________________
	步骤 21　用故障解码仪进行故障码检测与清除 完成情况：□完成 □未完成，原因：________________
	步骤 22　完成 7S 作业 完成情况：□完成 □未完成，原因：________________

2．排气管及吊耳检查（见表 1-3-5）

表 1-3-5　排气管及吊耳检查

	步骤 1　将车辆驶入举升工位，使车辆举升到合适的高度 完成情况：□完成 □未完成，原因：________________
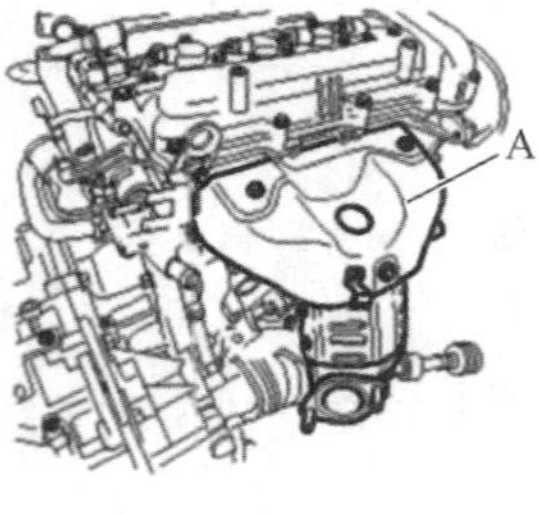	步骤 2　检查排气歧管及隔热板 完成情况：□完成 □未完成，原因：________________

续表

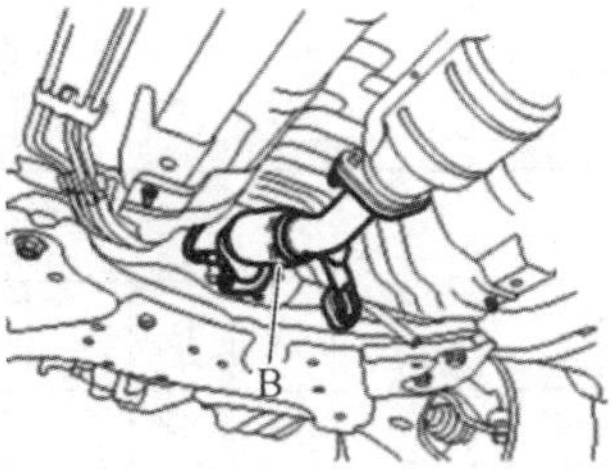	步骤 3　检查催化转化器 完成情况：□完成 □未完成，原因：＿＿＿＿＿＿＿＿
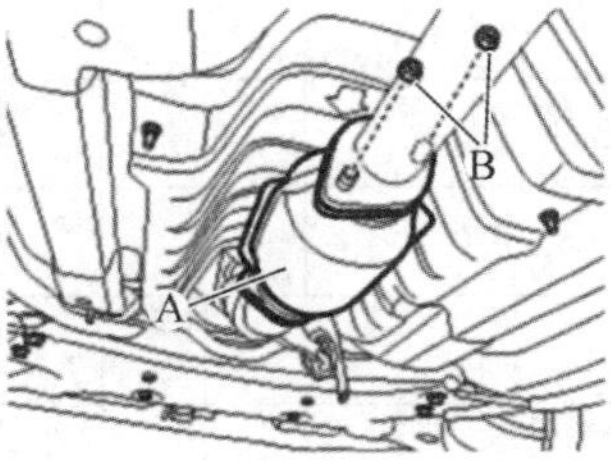	步骤 4　检查中央消声器 完成情况：□完成 □未完成，原因：＿＿＿＿＿＿＿＿
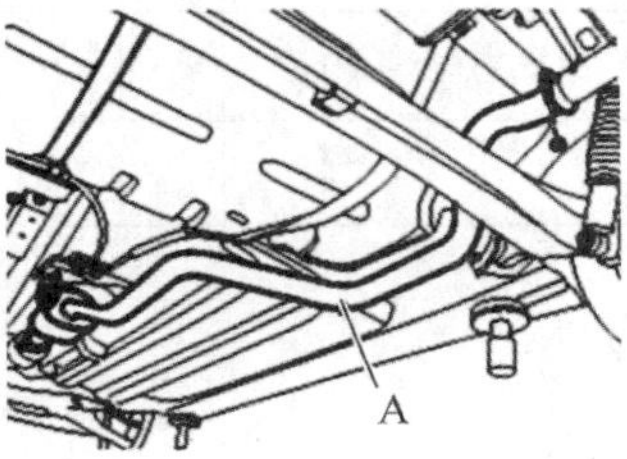	步骤 5　检查中间导管和主消声器 完成情况：□完成 □未完成，原因：＿＿＿＿＿＿＿＿
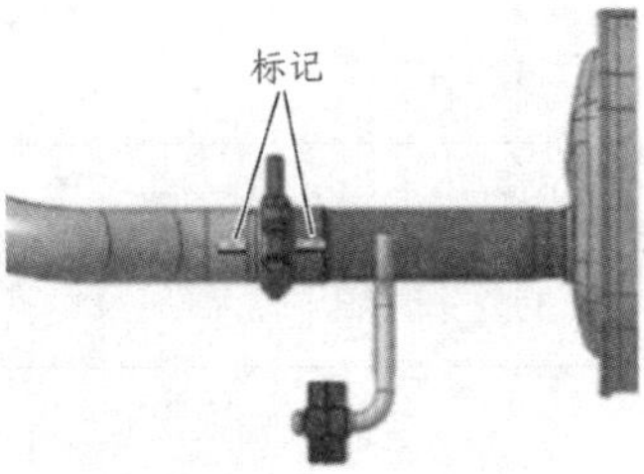	步骤 6　检查支架上的橡胶吊耳 完成情况：□完成 □未完成，原因：＿＿＿＿＿＿＿＿
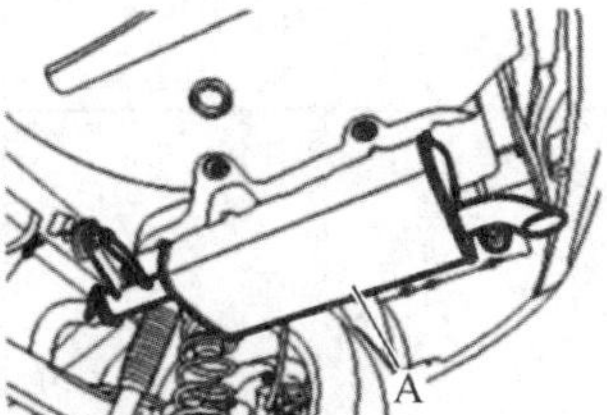	步骤 7　检查后消声器 完成情况：□完成 □未完成，原因：＿＿＿＿＿＿＿＿
	步骤 8　完成 7S 作业 完成情况：□完成 □未完成，原因：＿＿＿＿＿＿＿＿

评价总结

学习任务评价表

班级____________小组____________学号____________姓名______________

	主要测评项目	学生自评			
		A	B	C	D
关键能力总结	1. 遵守纪律，遵守学习场所管理规定，服从安排				
	2. 具有安全意识、责任意识、7S 管理意识，注重节约、节能与环保意识				
	3. 学习态度积极主动，能按时参加安排的实习活动				
	4. 具有团队合作意识，注重沟通，能自主学习及相互协作				
	5. 仪容仪表符合学习活动要求				
专业知识与能力总结	1. 能口述燃油供给系统和排气系统的结构、组成部件和工作原理				
	2. 能完成燃油系统泄漏检查，燃油滤清器拆装和更换				
	3. 能完成排气管及吊耳检查				
个人自评总结与建议					
小组评价					
教师评价		总评成绩			

教师签字/日期：

任务 4　冷却系统部件检查保养

一、信息分析

通读下面文字内容和信息，标记出冷却系统结构与工作原理关键内容。

（1）冷却系统由哪些元件组成及其功用；

（2）这些元件在车上的安装位置；

（3）冷却系统的保养检查；

（4）冷却液的更换。

二、信息来源

（1）汽车公司资料；

（2）公开出版资料；

（3）互联网查询；

（4）相关车型维修手册；

（5）法律规定。

三、信息收集

现代发动机的运行温度高，正常的工作温度上限值一般都超过 100 °C。以国产轿车正常的发动机工作时水的温度为例，北京现代悦动为 82 ~ 95 °C、上海桑塔纳为 90 ~ 105 °C、一汽捷达为 85 ~ 115 °C。因此，发动机的防冻液，必须具有防冻、防开锅、防腐蚀、防水垢、无泡沫的特点，并不受季节及地域的影响。其中，冰点和沸点是防冻液的基本指标。

（1）发动机过热。

充气效率降低，使发动机功率下降；早燃和爆燃的倾向加大，使零件因承受额外冲击性负荷而造成早期损坏；运动件的正常间隙被破坏，运动阻滞，磨损加剧，甚至损坏；润滑情况恶化，加剧了零件的摩擦磨损；零件的机械性能降低，导致变形或损坏。

（2）发动机过冷。

进入气缸的混合气（或空气）温度太低，可燃混合气品质差，使点火困难或燃烧迟缓，导致发动机功率下降，燃料消耗量增加；燃烧生成物中的水蒸汽易凝结成水而与酸性气体形成酸类，加重了对机体和零件的侵蚀作用；未汽化的燃料冲刷和稀释零件表面（气缸壁、活塞、活塞环等）上的油膜，使零件磨损加剧。

因此及时对发动机冷却系统维护与保养是防止以上故障的关键。

（一）冷却系统认识

冷却系统的功用是使发动机得到适度的冷却，并保持其在最适宜的温度范围内工作。目前汽车发动机广泛采用强制水冷却系统，主要由散热器、膨胀箱、水泵、风扇、冷却水套和温度调节装置等组成，如图 1-4-1 所示。

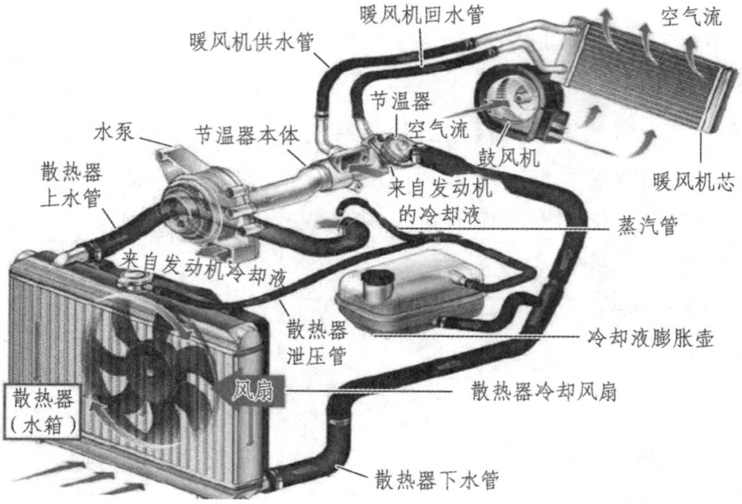

图 1-4-1　冷却系统

1．冷却系统的工作原理

冷却水在冷却系内的循环流动路线有两条：一条为大循环，另一条为小循环，如图 1-4-2 所示。大循环是冷却水经水泵—水套—节温器—散热器，又经水泵压入水套的循环，其水流路线长，散热强度大；而小循环就是冷却水经水泵—水套—节温器后不经散热器，而直接由水泵压入水套的循环，其水流路线短，散热强度小。

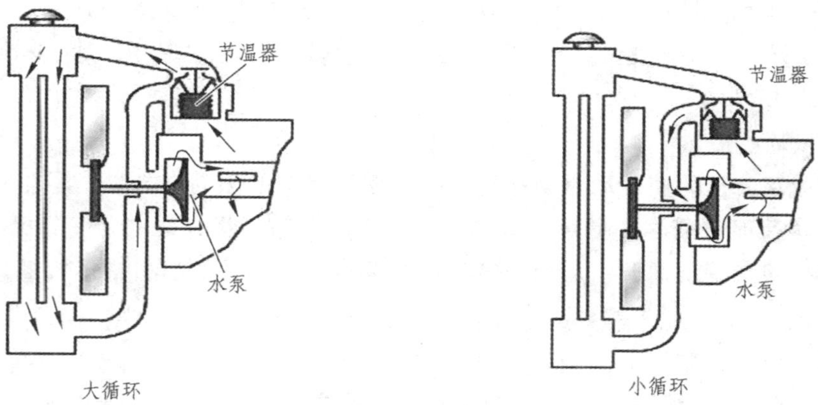

图 1-4-2　冷却系统的循环类型

当发动机在正常热状态下工作时，即水温高于 95 °C（不同的车型具体温度有所不同，这里以某型轿车为例），节温器阀门打开了通往散热器的通道，同时关闭了通往水泵的旁通管，冷却水全部流经散热器，形成大循环；

冷却水温低于 82 °C 时，节温器阀门关闭了通往散热器的通道，同时打开了通往水泵的旁通管，水套内的水只能由旁通孔流出经旁通管进入水泵，又被水泵压入发动机水套，此时冷却水并不流经散热器，只在水套与水泵之间进行小循环，从而防止发动机过冷。

当发动机的冷却水温在 82 ~ 95 °C，通往散热器的通道和通往水泵的旁通管则均处于半开闭状态，此时一部分水进行大循环，而另一部分水进行小循环。

2．冷却系统的分类

发动机的冷却系统有风冷和水冷之分。以空气为冷却介质，利用气流使散热片的热量散到大气中的冷却系称为风冷却系统，如图 1-4-3 所示；以“水”为冷却介质，通过冷却水的不断循环，把发动机水套中吸收多余的热量散发到大气中的冷却系称为水冷却系统，如图 1-4-4 所示。

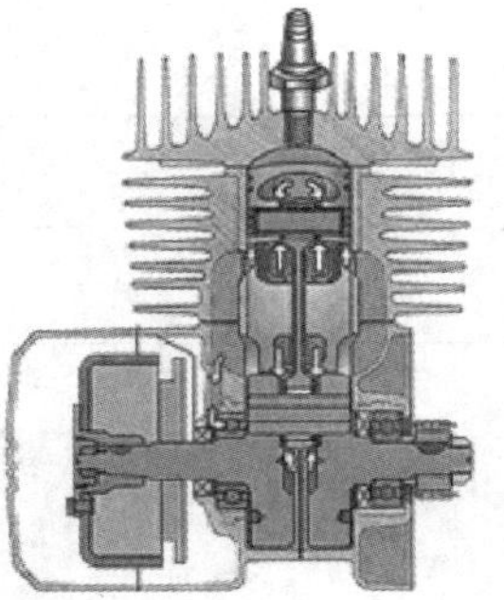

图 1-4-3　风冷却系统

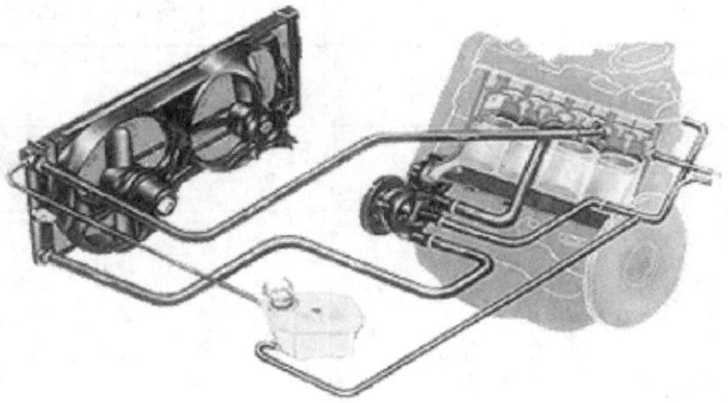

图 1-4-4　水冷却系统

（二）冷却系统部件检查与保养

冷却系统部件检查及保养安全事项如下：

（1）操作时请使用翼子板防护盖布，以免损坏车漆表面，冷却液不得触及汽车漆面及车身装饰，以免造成损坏。

（2）禁止在发动机运转或发动机热态时打开散热器盖。预防喷出的热水或蒸汽造成严重人员伤害，冷却液不慎入眼，应用大量清水冲洗，严重者前往医院就诊。

（3）停止发动机并等到发动机冷却。拆卸散热器盖时要特别小心，用厚布盖住散热器盖周围，缓慢逆时针转至第一个停止点，等待冷却系统内的释放压力后再拆下散热器盖。

（4）禁止在没有发动机冷却水状态下驾驶车辆，否则会导致水泵故障和发动机咬黏等。

（5）在冷却系统保养过程中严禁明火。

（6）安装拆卸部件和零件时，扭矩的大小需参考相关维修手册。

（7）冷却系统必须使用正品防冻冷却水；不要混合不同品牌的防冻液；不要使用额外的防锈剂或防锈产品。

冷却系统的安装如图 1-4-5 所示，参照维修手册口述序号部件及日常保养要求并进行冷却系统的检查和保养工作任务（见表 1-4-1）。

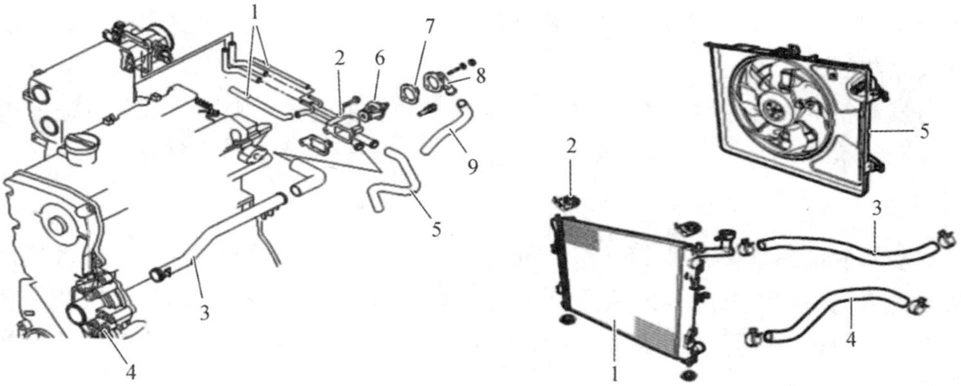

图 1-4-5　冷却系统的装配图

表 1-4-1　冷却系统部件检查与保养

序号	内　容	图　示
冷却液冰点及液面检查		
1	液面高度检查：在发动机冷却状态下观察副水箱液面高度，液面高度应在副水箱侧面的 F 和 L 标记之间（在使用过程中应每天检查冷却水位和泄漏）	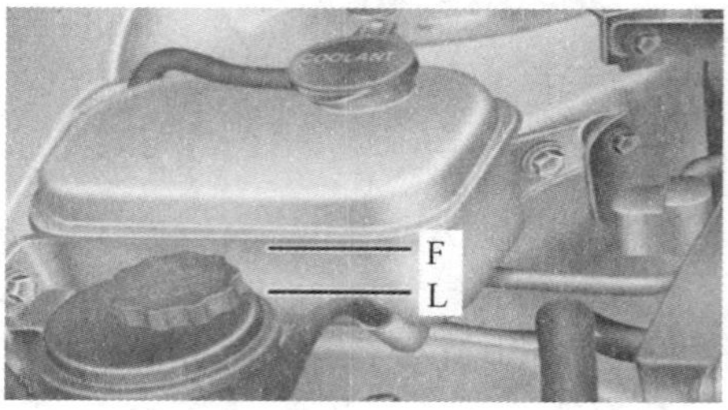
2	冷却液冰点检查：用试管取一滴冷却液滴在冰点检测仪镜片上，观察冰点检测仪上的数值是否符合规定	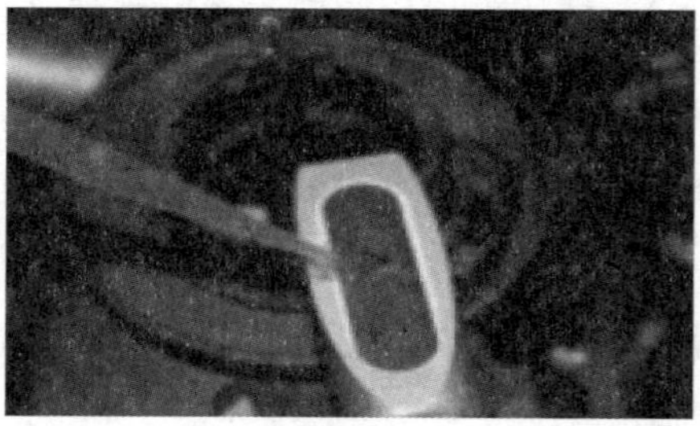
冷却系统泄漏检查		
3	冷却系统外部检查：外部连接软管及接头处、水箱、副水箱等是否有老化、破损和松脱等问题	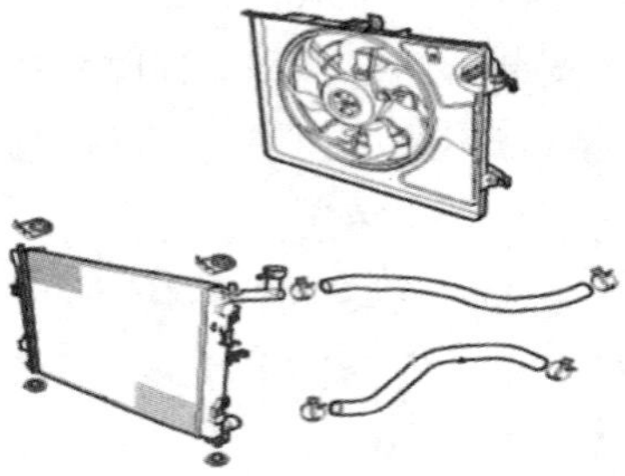

续表

序号	内　容	图　示
冷却系统泄漏检查		
4	散热器盖检查：在发动机冷却状态下拆卸散热器盖，用发动机冷却水弄湿散热器盖的密封件，并将散热器盖安装在压力测试器上，给测试器加压 93.16～122.58 kPa，观察压力是否下降。如果压力下降，更换散热器盖（在使用过程中应每天检查冷却水位和泄漏）	
5	冷却系统压力检测：在散热器盖口上安装压力测试器，施加 93.16～122.58 kPa 的压力，等待 5～10 min 观察压力应不下降	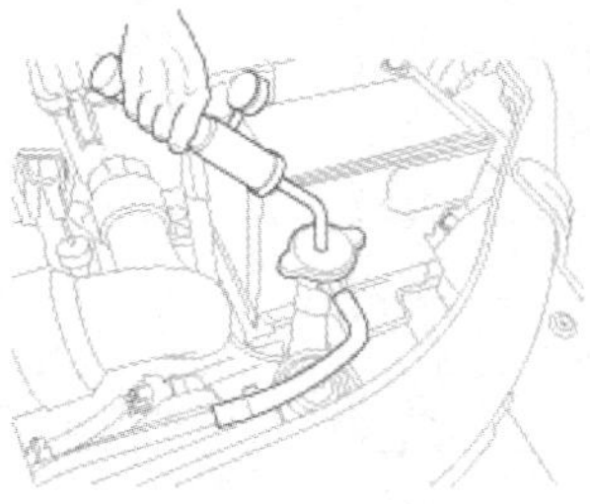
冷却系统的排放和加注		
6	冷却水排放：拆下发动机护板，拧下散热器下部的冷却液排放塞（A），排出冷却水，冷却液排放干净后，拧紧散热器冷却液排放塞	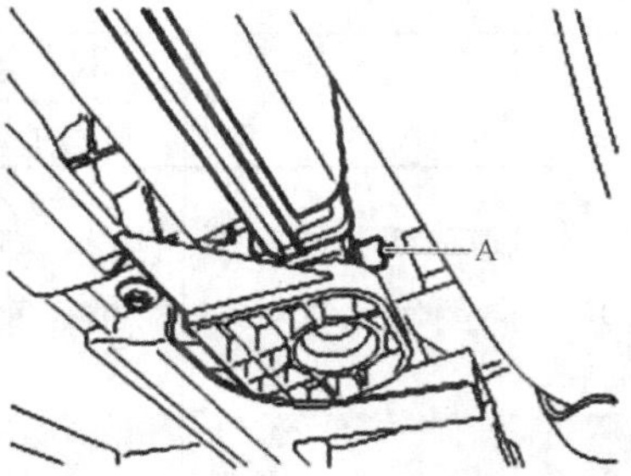
7	冷却系统清洗：通过散热器盖口向散热器内添加纯净水，拧紧散热器盖进行发动机暖机后，在无负荷状态进行加速，直到冷却风扇工作若干次为止，熄灭发动机，待冷机状态下排出水，反复此过程直到干净为止	
8	冷却水加注：添加新的冷却液后，起动发动机暖机至冷却风扇工作并循环冷却水时，在散热器盖口加注冷却水至标准刻度为止（某型轿车冷却液初次更换为 60 000 km 或 48 个月，之后为每 30 000 km 或 24 个月进行更换保养）	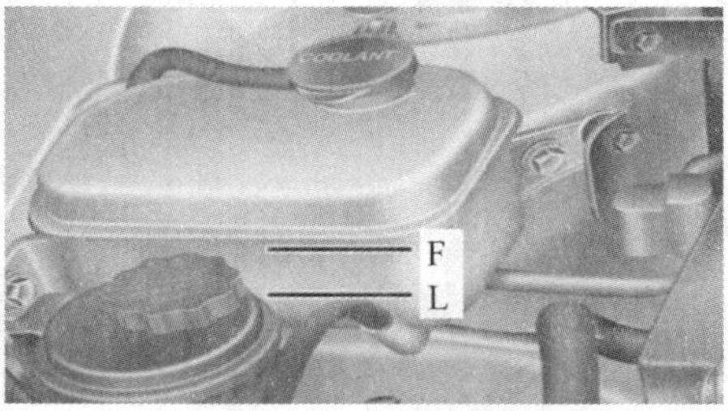

活页工单 1-4 冷却系统部件检查与保养

接受工作任务

根据给定的车辆，对冷却系统部件进行检查与保养。

收集信息

查阅相关维修资料，学习冷却系统的结构和组成原理，完成以下内容。

（1）对照轿车实物，查阅维修手册等资料，熟悉表 1-4-2 中的标准值，并在实物上找到相应的零件。

表 1-4-2 标准值

项 目		标准值/规格
发动机冷却方式		水冷却，增压，用电风扇强制循环
冷却系统的冷却水量		6.5～6.6 L
节温器类型		石蜡型微动阀
水泵类型		离心式压缩器
皮带类型		型肋状皮带
节温器	阀开温度	82 °C
	全开温度	95 °C

（2）根据所学冷却系统的结构，查阅资料，并结合冷却风扇电路图（见图 1-4-6），叙述冷却风扇的结构工作特点和原理。

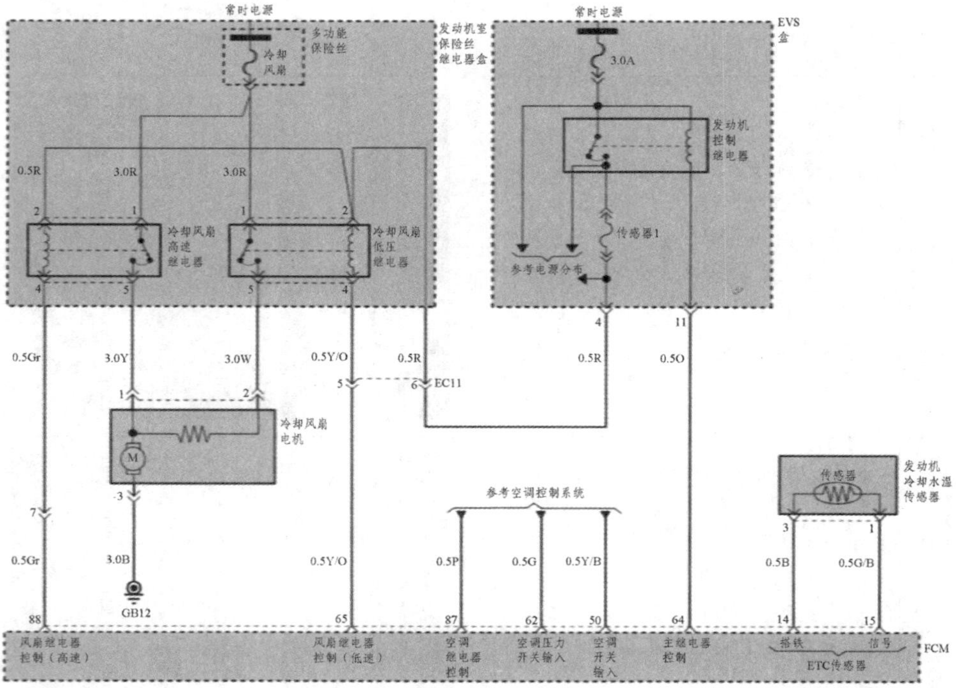

图 1-4-6 冷却风扇电路图

（3）查阅维修手册和资料，结合冷却系统的工作原理，调查冷却液的种类和使用情况，并分析在不同的环境条件下，应推荐使用什么类型的冷却液。

制定任务实施方案

分组查阅维修手册，认识冷却系统的结构及工作原理，为维护与保养做准备。

（1）任务分工：

（2）任务实施步骤：

（3）异常情况处理办法：

任务实施

冷却系统部件检查与保养（见表 1-4-3）。

表 1-4-3　冷却系统部件检查与保养

冷却液冰点及液面检查	
	步骤 1　将车辆驶入工位，拉紧手刹，车轮放置三角块，并安装翼子板防护盖布 完成情况：□完成 □未完成，原因：________

续表

冷却液冰点及液面检查	
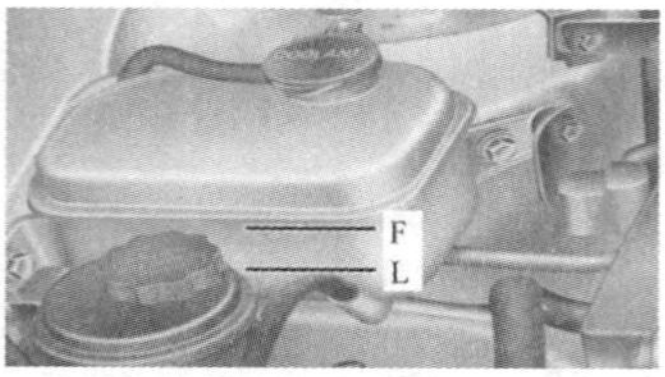	步骤 2　检查副水箱液面高度是否在 F 和 L 标记之间 完成情况：□完成 □未完成，原因：________________
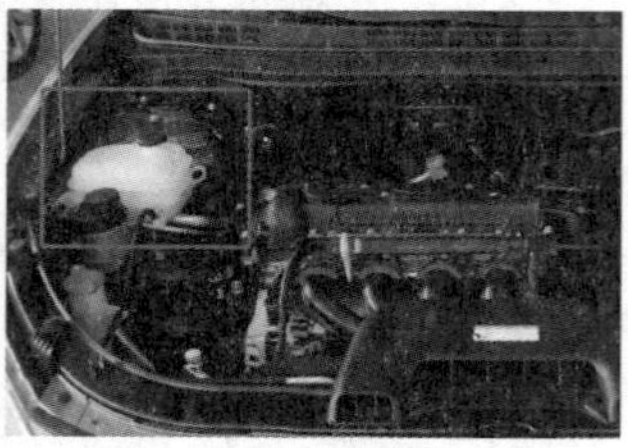	步骤 3　打开副水箱盖 完成情况：□完成 □未完成，原因：________________
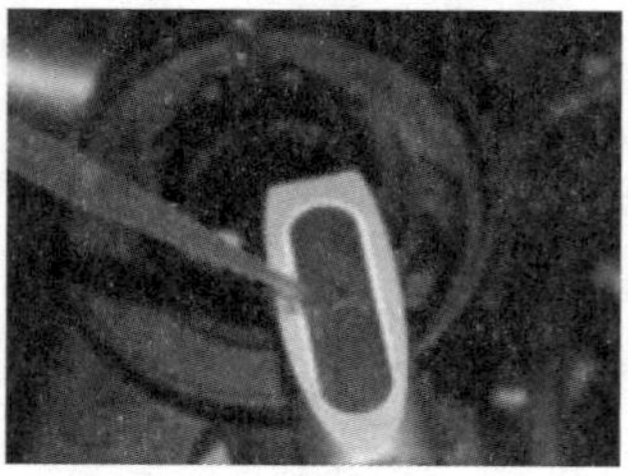	步骤 4　用试管取一滴冷却液滴在冰点检测仪镜片上 完成情况：□完成 □未完成，原因：________________
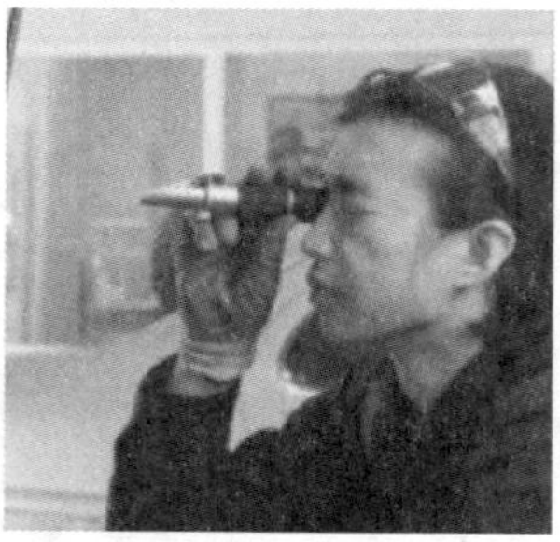	步骤 5　观察冰点检测仪上的数值是否符合规定 完成情况：□完成 □未完成，原因：________________
冷却系统泄漏检查	
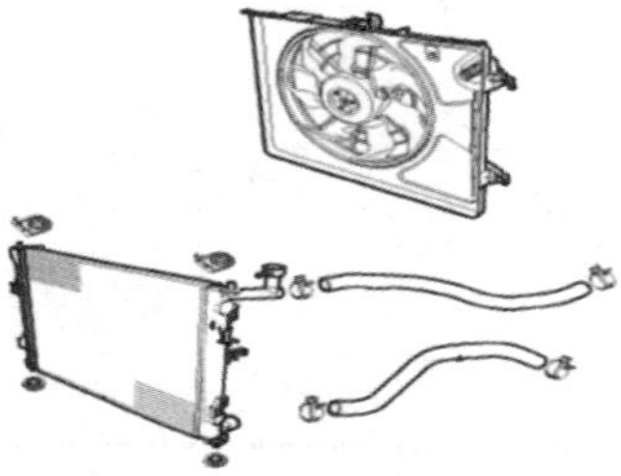	步骤 1　检查冷却系统的外部连接软管部件 完成情况：□完成 □未完成，原因：________________
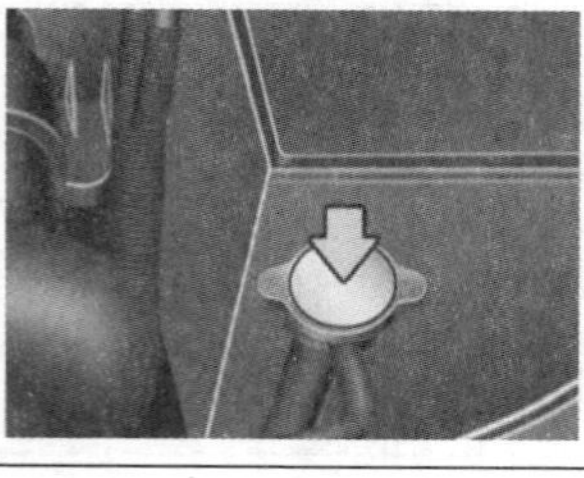	步骤 2　发动机在________状态下拧下散热器盖 完成情况：□完成 □未完成，原因：________________

续表

冷却系统泄漏检查	
	步骤 3　散热器盖泄漏检查，实测压力______________ 完成情况：□完成 □未完成，原因：______________________
	步骤 4　给测试器加压___________，观察压力是否下降 完成情况：□完成 □未完成，原因：______________________
	步骤 5　给散热器注满发动机冷却水 完成情况：□完成 □未完成，原因：______________________
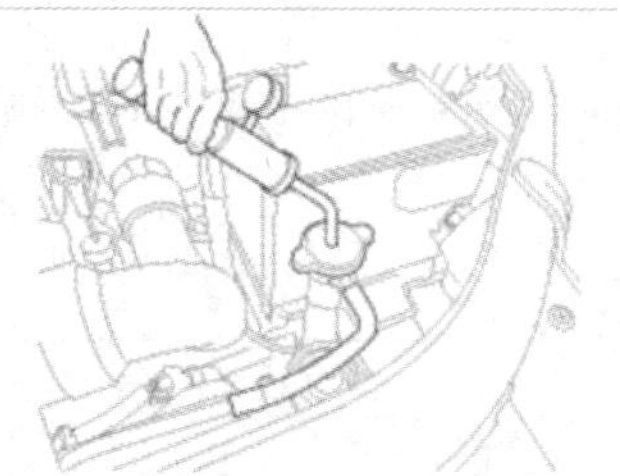	步骤 6　在散热器盖口上安装压力测试器，并加压 93.16～122.58 kPa，等待 5～10 min 观察压力是否下降 完成情况：□完成 □未完成，原因：______________________
冷却系统的排放和加注	
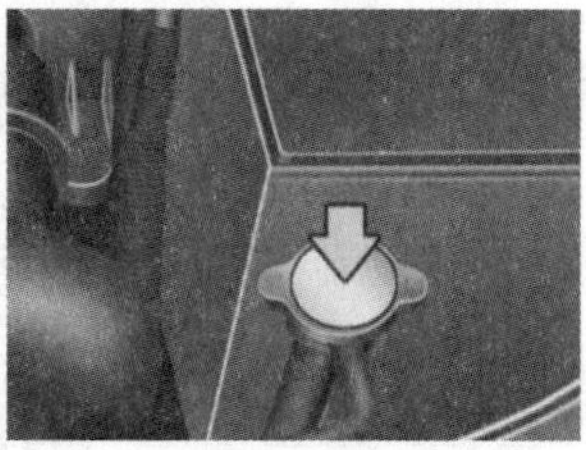	步骤 1　拆卸散热器盖 完成情况：□完成 □未完成，原因：______________________
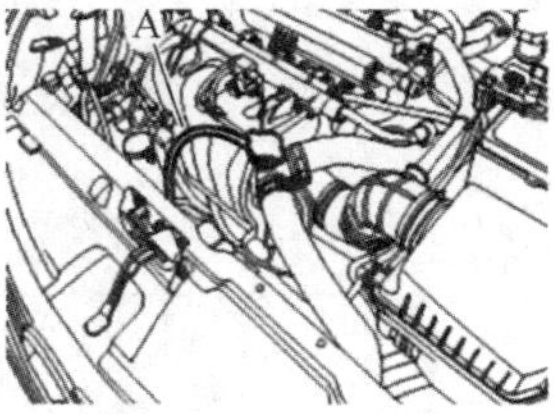	步骤 2　分离溢流软管 完成情况：□完成 □未完成，原因：______________________

续表

<table>
<tr><th colspan="2">冷却系统的排放和加注</th></tr>
<tr><td>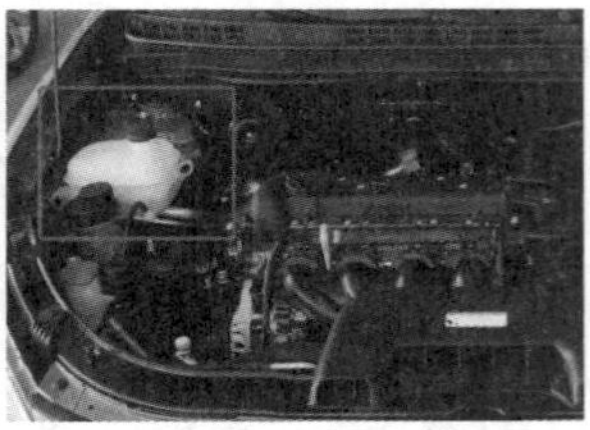</td><td>步骤 3　取出水副水箱（A），倒出冷却液并清洁
完成情况：□完成
□未完成，原因：________</td></tr>
<tr><td>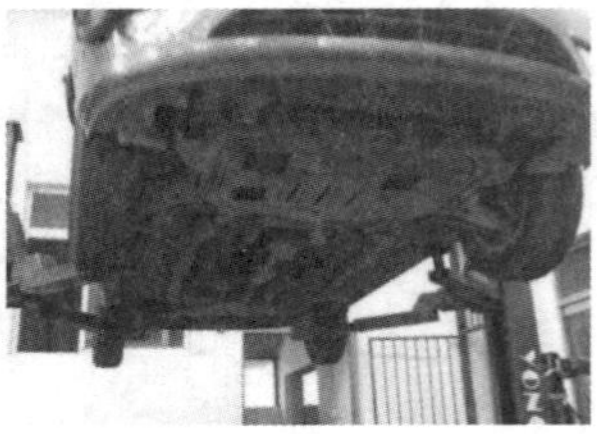</td><td>步骤 4　将车辆举升到合适的高度
完成情况：□完成
□未完成，原因：________</td></tr>
<tr><td>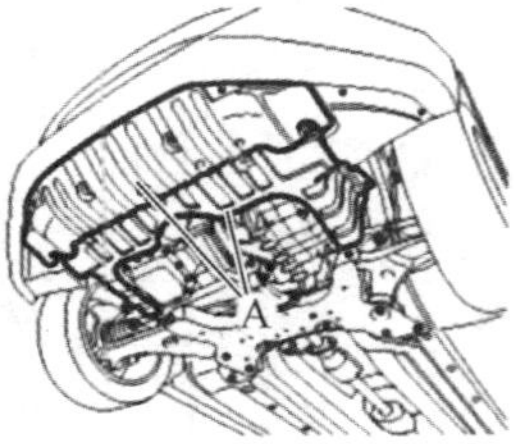</td><td>步骤 5　拆下发动机护板
完成情况：□完成
□未完成，原因：________</td></tr>
<tr><td>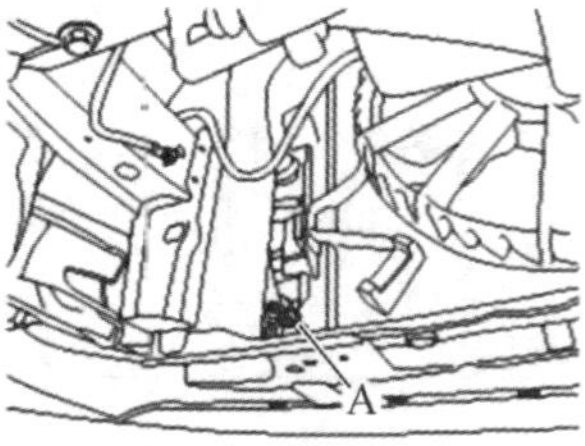</td><td>步骤 6　拧下散热器下部的冷却液排放塞（A），排出冷却水
完成情况：□完成
□未完成，原因：________</td></tr>
<tr><td>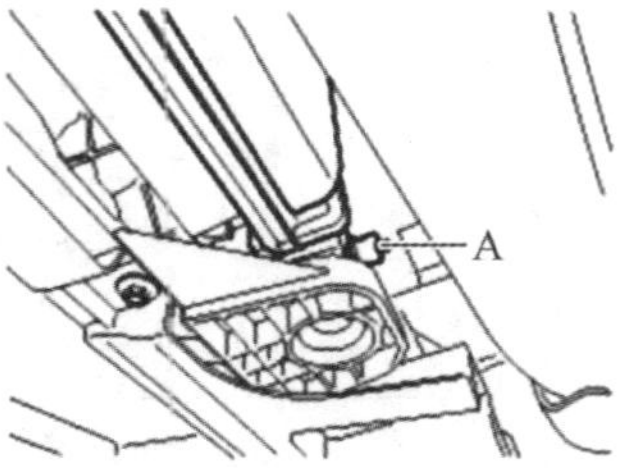</td><td>步骤 7　待冷却液排放干净后，拧紧散热器冷却液排放塞
完成情况：□完成
□未完成，原因：________</td></tr>
<tr><td>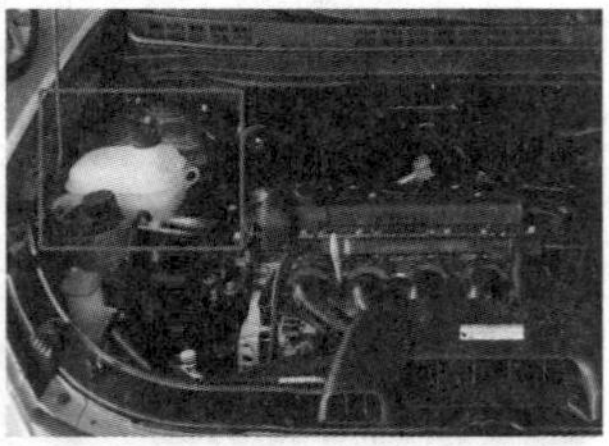</td><td>步骤 8　装复水副水箱
完成情况：□完成
□未完成，原因：________</td></tr>
</table>

续表

<table>
<tr><th colspan="2">冷却系统的排放和加注</th></tr>
<tr><td></td><td>步骤 9　加注纯净水，拧紧散热器盖
完成情况：□完成
□未完成，原因：＿＿＿＿＿＿＿＿</td></tr>
<tr><td></td><td>步骤 10　着车暖机后，在无负荷状态进行加速，直到冷却风扇工作若干次为止，熄灭发动机，待冷机状态下排出水，反复此过程直到干净为止
完成情况：□完成
□未完成，原因：＿＿＿＿＿＿＿＿</td></tr>
<tr><td></td><td>步骤 11　添加新的冷却液
完成情况：□完成
□未完成，原因：＿＿＿＿＿＿＿＿</td></tr>
<tr><td>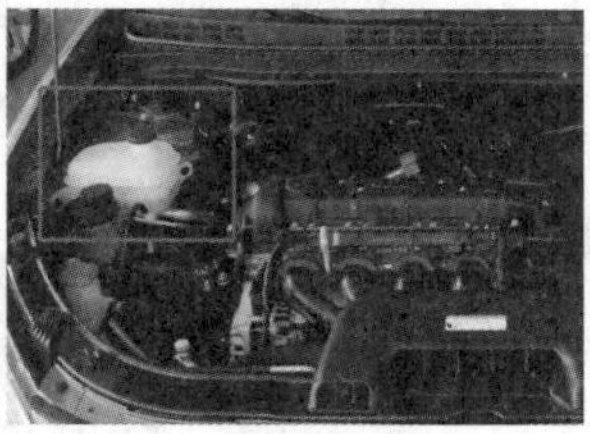</td><td>步骤 12　给副水箱加注冷却液至规定刻度
完成情况：□完成
□未完成，原因：＿＿＿＿＿＿＿＿</td></tr>
<tr><td>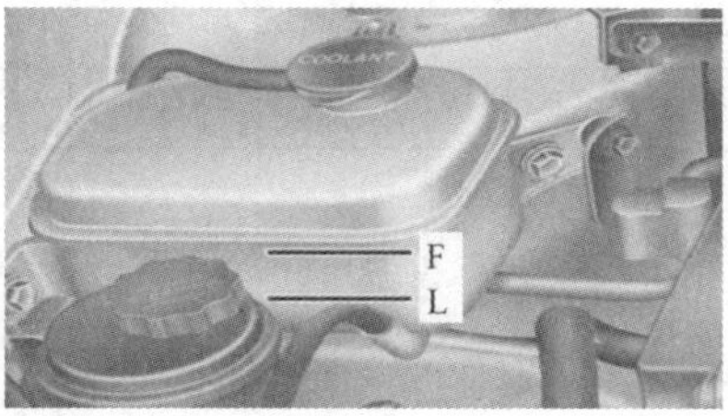</td><td>步骤 13　补充加注至标准刻度为止
完成情况：□完成
□未完成，原因：＿＿＿＿＿＿＿＿</td></tr>
<tr><td>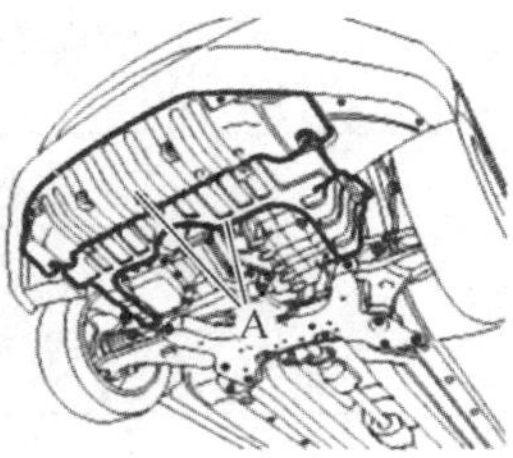</td><td>步骤 14　装复发动机护板
完成情况：□完成
□未完成，原因：＿＿＿＿＿＿＿＿</td></tr>
</table>

续表

冷却系统的排放和加注	
	步骤 15　放下车辆，复位 完成情况：□完成 □未完成，原因：__________
	步骤 16　完成 7S 作业 完成情况：□完成 □未完成，原因：__________

评价总结

学习任务评价表

班级__________小组__________学号__________姓名__________

	主要测评项目	学生自评			
		A	B	C	D
关键能力总结	1. 遵守纪律，遵守学习场所管理规定，服从安排				
	2. 具有安全意识、责任意识、7S 管理意识，注重节约、节能与环保意识				
	3. 学习态度积极主动，能按时参加安排的实习活动				
	4. 具有团队合作意识，注重沟通，能自主学习及相互协作				
	5. 仪容仪表符合学习活动要求				
专业知识与能力总结	1. 能口述冷却系统的结构、组成部件和工作原理				
	2. 能完成冷却液冰点及液面检查、冷却系统泄漏检查操作				
	3. 能完成冷却系统的排放和加注操作				
个人自评总结与建议					
小组评价					
教师评价		总评成绩			

教师签字/日期：

任务 5　润滑系统部件检查保养

一、信息分析

通读下面文字内容和信息，标记出润滑系统结构与工作原理关键内容。

（1）润滑系统由哪些元件组成及其功用；

（2）这些元件在车上的安装位置；

（3）润滑系统的保养检查；

（4）机油和机油滤清器的更换。

二、信息来源

（1）汽车公司资料；

（2）公开出版资料；

（3）互联网查询；

（4）相关车型维修手册；

（5）法律规定。

三、信息收集

发动机高速运转时，相互配合的运动零件在很小的间隙下做高速相对运动，它们之间产生强烈的摩擦，金属表面之间的干摩擦不仅增加发动机功率的消耗，加速零件表面的磨损，还可能因摩擦产生的热将零部件工作表面烧损致使发动机无法运转。因此，为了减轻磨损，减小摩擦阻力，延长使用寿命，发动机上都设置了润滑系统。

在发动机工作时连续不断地把数量足够、温度适当的洁净机油输送到全部传动件的摩擦表面，并在摩擦表面之间形成油膜，实现液体摩擦，从而减小摩擦阻力、降低功率消耗、减轻机件磨损，以达到提高发动机工作可靠性和耐久性的目的。因此要保证发动机的正常工作必须按规定要求对润滑系统进行维护和保养。

（一）润滑系统认识

发动机润滑系统主要由油底壳、机油泵、机油集滤器、机油滤清器、安全阀、油管、气缸体上润滑油道以及机油压力表、温度表和机油管道等组成，如图 1-5-1 所示。

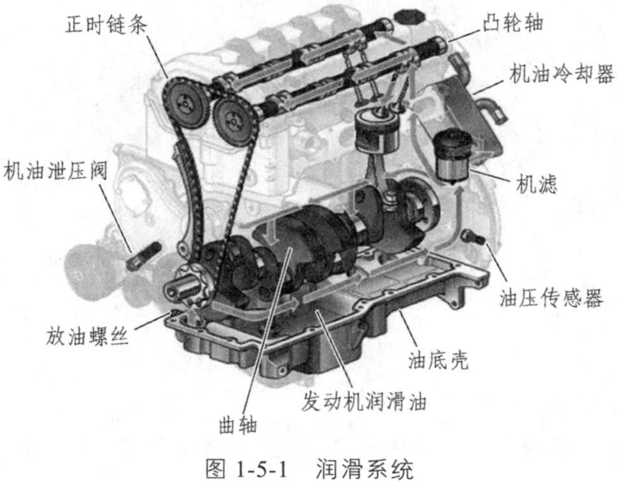

图 1-5-1　润滑系统

1．润滑油的功用

发动机润滑系统的工作主要由发动机润滑油实现，发动机润滑油简称“机油”，它是汽车发动机最重要的运行材料。发动机润滑油具有润滑、冷却、清洗、密封、防锈、液压、减振缓冲等功能。

润滑：润滑油在运动零件的所有摩擦表面之间形成连续的油膜，以减小零件之间的摩擦。

冷却：润滑油在循环过程中流过零件工作表面，可以降低零件的温度。

清洗：润滑油可以带走摩擦表面产生的金属碎末并冲洗掉沉积在气缸、活塞、活塞环及其他零件上的积炭。

密封：附着在气缸壁、活塞及活塞环上的油膜，可起到密封防漏的作用。

防锈：润滑油有防止零件发生锈蚀的作用。

液压：润滑油可用作液压油，起液压作用，如液压挺柱。

减振缓冲：在运动零件表面形成油膜，吸收冲击并减小振动，起减振缓冲作用。

2．润滑系统的功用

当发动机工作时，机油泵经固定式集滤器从油底壳中吸取机油，这样可以防止大的机械杂质进到机油泵内，被机油泵压出的机油分成两路：大部分的机油，经机油粗滤油器（全流纸质滤清器）滤去较大的机械杂质，流入纵向的主油道，执行润滑任务；另有一小部分机油，经进油限压阀流入机油细滤器（离心式机滤清器）内，滤去较细的机械杂质和胶质后流回油底壳。由此可知，机油细滤器与机油粗滤器及主油道是关联的。这是考虑到细滤油器的阻力较大，如果与主油道串联，则难以保证主油道的畅通，并使发动机耗于驱动机油泵的功率增加。采取并联的方案，如图 1-5-2 所示，虽每次经细滤器的油量少，但机油经过不断的循环流动仍可取得良好的滤清效果。

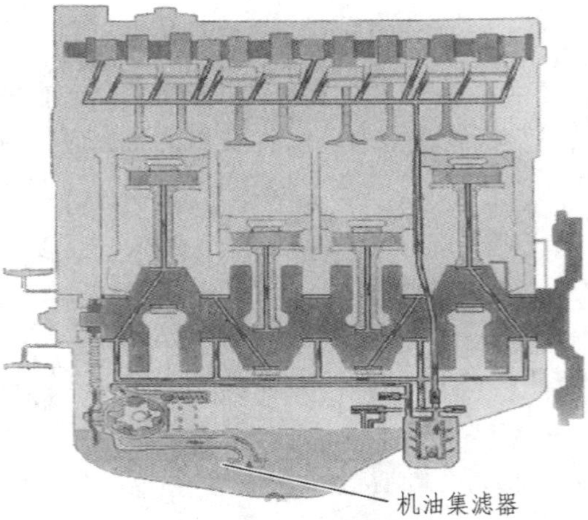

图 1-5-2　润滑油路

3．润滑方式

对负荷及相对运动速度不同的传动件采用不同的润滑方式。

① 压力润滑。压力润滑是以一定的压力把润滑油供入摩擦表面的润滑方式。这种方式主要用于主轴承、连杆轴承及凸轮轴承等负荷较大的摩擦表面的润滑。

② 飞溅润滑。利用发动机工作时运动件溅泼起来的油滴或油雾润滑降擦表面的润滑方式，称为飞溅润滑。该方式主要用来润滑负荷较轻的气缸壁面和配气机构的凸轮、挺柱、气门杆以及摇臂等零件的工作表面。

③ 润滑脂润滑。通过润滑脂嘴定期加注润滑脂来润滑零件的工作表面，如水泵及发电机轴承等。

（二）润滑系统部件检查与保养

润滑系统部件检查与保养安全事项如下：

（1）操作时请使用翼子板防护盖布，以免损坏车漆表面。保养过程中严禁明火。

（2）在检查或排放润滑油前，确定将加油口塞、排油塞或油尺的四周清洁干净，操作过程中小心不要碰触散热器软管，预防烫伤，在润滑系统的保养后应及时用肥皂和温水彻底洗手，保护皮肤，因皮肤持续长时间接触使用过的机油，可能导致皮肤过敏等伤害。

（3）擦拭油尺时，必须使用干净抹布擦拭，以免导致发动机损坏。

（4）使用实训台或实训车辆进行操作时，必须用三角块塞住车辆，严格按照操作规程，不得违章操作，非必要不得带电进行操作，非必要学生不得进入驾驶舱。

（5）安装拆卸部件和零件时，扭矩的大小需参考相关维修手册，不要将发动机机油注满至“F”标记以上，否则会损坏发动机。

（6）为了保护环境，只能在指定的处理地点处理废机油和废机油滤清器，处理废机油是一项专业性很强的工作，必须配备必要的专用工具和具备一定的专业知识，切勿将机油倒入下水道或随意倒在地上。

润滑系统的结构装配如图 1-5-3 所示，参照维修手册口述序号部件，并结合日常保养要求进行润滑系统的检查和保养工作任务（见表 1-5-1）。

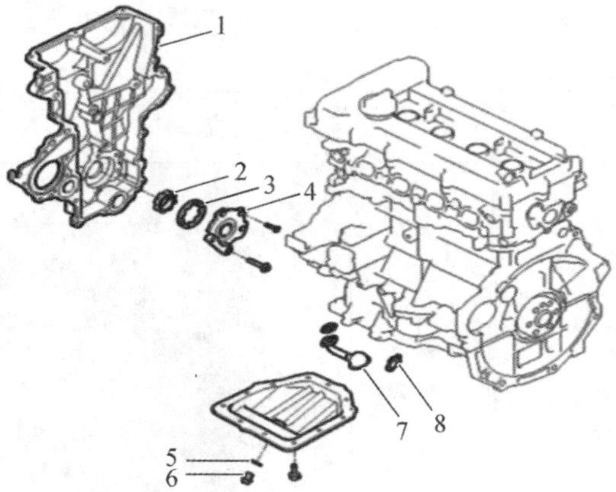

图 1-5-3　润滑系统部件装配图

表 1-5-1　润滑系统部件检查与保养

序号	内　容	图　示
润滑油油位和油品质量检查		
1	暖机：起动发动机并让发动机达到正常工作温度，停止发动机并等待几分钟（约 5 min），使机油流回油底壳	
2	检查油量：拉出油尺清洁纱布擦干净，然后完全插回去，再拉出油尺检查油量。油量应在 F 与 L 之间	
3	油品检查：拔出机油尺，将机油滴在检测滤纸上，放置一段时间后观察油滴的扩散情况和油斑中心颜色	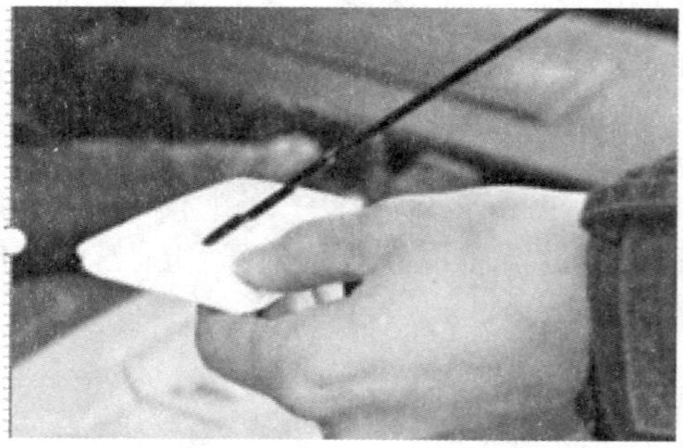
润滑油泄漏检查		
4	上部检查：打开发动机机舱盖，检查气门室盖衬垫密封处是否漏油	

续表

序号	内容	图示
	润滑油泄漏检查	
5	前端检查：检查曲轴前油封是否漏油	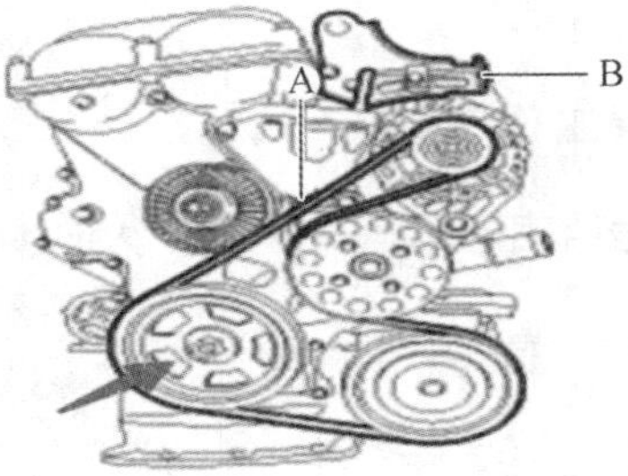
6	底部、后端检查：检查曲轴后油封是否损坏漏油，检查机油滤清器底座、油压力传感器处是否漏油	
	润滑油及机油滤清器的更换	
7	排放机油：拆卸机油排放塞，并将机油排入机油收集容器中	
8	拆卸和安装机油滤清器：用专用工具拆卸机油滤清器，并将机油滤清器口流出的机油收集容器中，装复机油滤清器的规定力矩（某型轿车规定扭矩为 11.8～15.7 N · m）	
9	加注新机油：注入新机油（某型轿车加注量为 4.0 L）至规定刻度，检查机油滤清器和排放塞等处是否有泄漏	

活页工单 1–5　润滑系统部件检查与保养

接受工作任务

根据给定的车辆，对润滑系统部件进行检查与保养

收集信息

查阅相关维修资料，学习润滑系统的结构和组成原理，完成以下内容：

（1）发动机机油的黏度（密度）影响燃油经济性和寒冷天气下的操纵性（发动机起动及发动机机油流动能力）。黏度较低的发动机机油可使发动机省油且在寒冷天气下性能较好；黏度较高的发动机机油则适用在酷热天气，以提供满意的润滑效果。如果使用推荐黏度之外的机油会导致发动机损坏。

选用机油时，确认机油的工作温度范围。从表 1-5-2 中选择推荐的机油黏度。对照轿车实物，查阅维修手册等资料，结合当地的气候环境，口述在当地使用时应更换哪个等级的机油，为什么？

表 1-5-2　SAE 黏度指数的温度范围

SAE黏度指数的温度范围										
温度	/℃	-30	-20	-10	0	10	20	30	40	50
	/˚F	-10	0	20	40	60	80	100	120	
发动机机油	20W-50									
	15W-40									
	10W-30									
	5W-20,5W-30									

（2）根据所学润滑系统中的结构，查阅资料，并结合机油压力指示灯电路（见图 1-5-4），叙述机油压力灯的结构工作特点和原理。

（3）查阅相关资料，调查发动机润滑油的分级、规格和牌号的情况以及目前市场都有哪些品牌？结合润滑系统的工作原理，分析车辆在不同状态下，应使用什么等级的润滑油。

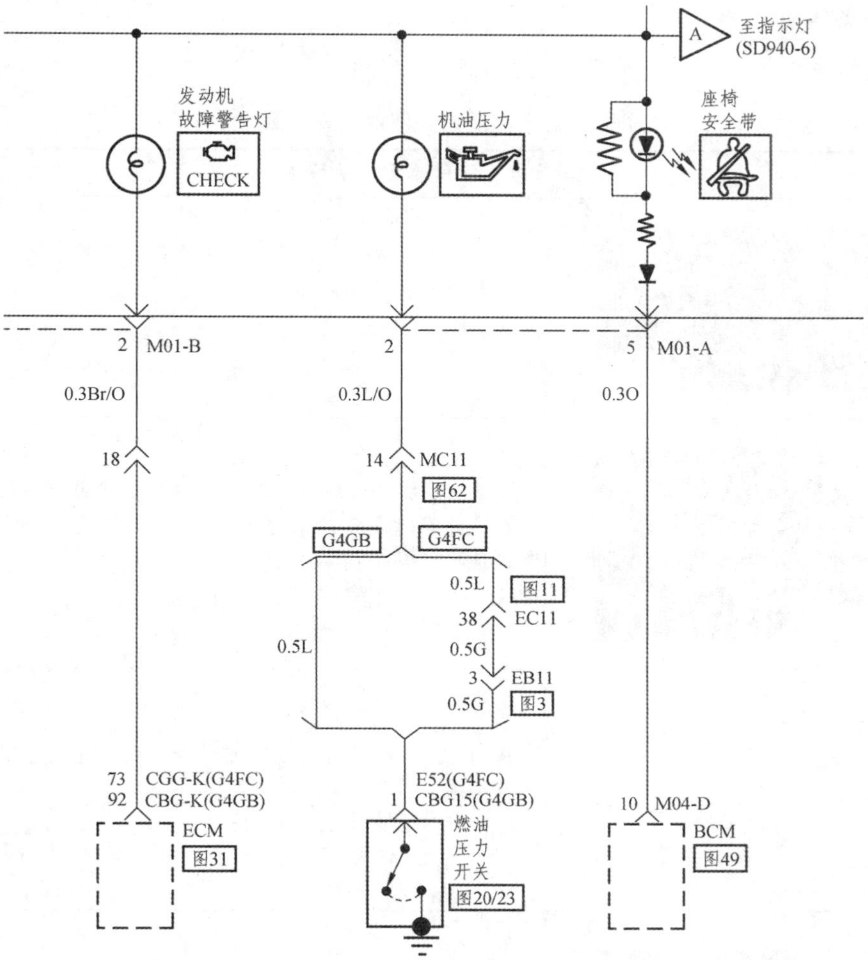

图 1-5-4　机油压力指示灯电路

制定任务实施方案

分组查阅维修手册，认识润滑系统的结构及工作原理，为维护与保养做准备。

（1）任务分工：

（2）任务实施步骤：

（3）异常情况处理办法：

任务实施

润滑系统部件检查与保养（见表 1-5-3）。

表 1-5-3　润滑系统部件检查与保养

润滑油油位和油品质量检查	
	步骤 1　将车辆驶入工位，拉紧手刹，车轮放置三角块，并安装翼子板防护盖布 完成情况：□完成 □未完成，原因：________________
	步骤 2　起动发动机并让发动机达到正常工作温度，停止发动机并等待几分钟（约 5 min），使机油流回油底壳 完成情况：□完成 □未完成，原因：________________
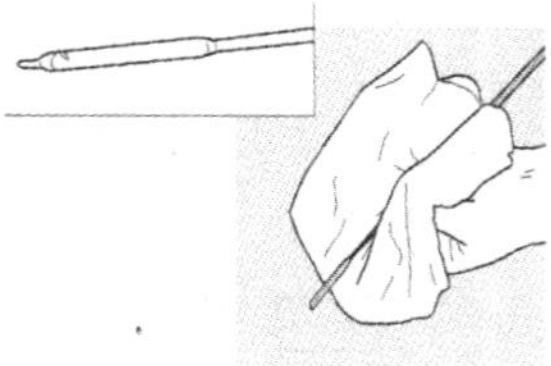	步骤 3　拉出油尺清洁纱布擦干净，然后完全插回去 完成情况：□完成 □未完成，原因：________________
	步骤 4　再拉出油尺检查油量。油量应在 F 与 L 之间 完成情况：□完成 □未完成，原因：________________
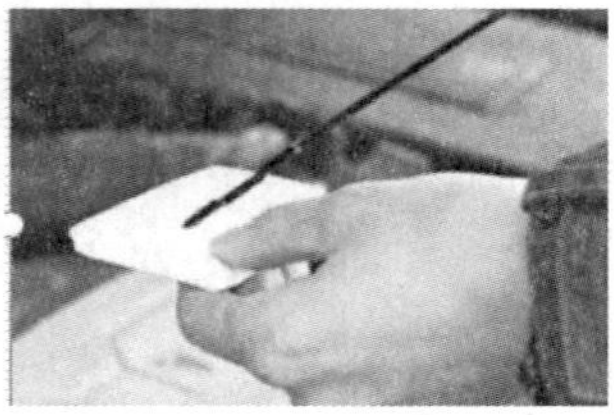	步骤 5　拔出机油尺，将机油滴在检测滤纸上 完成情况：□完成 □未完成，原因：________________
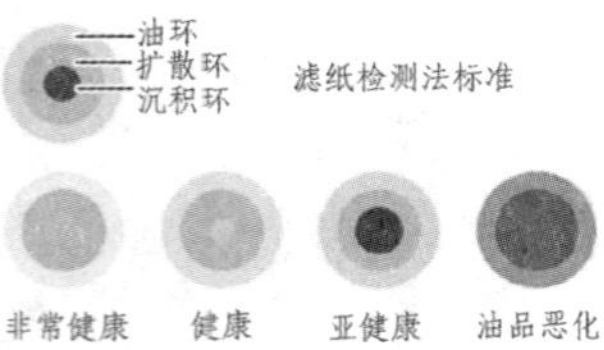	步骤 6　判断机油的使用情况 完成情况：□完成 □未完成，原因：________________

续表

润滑油泄漏检查	
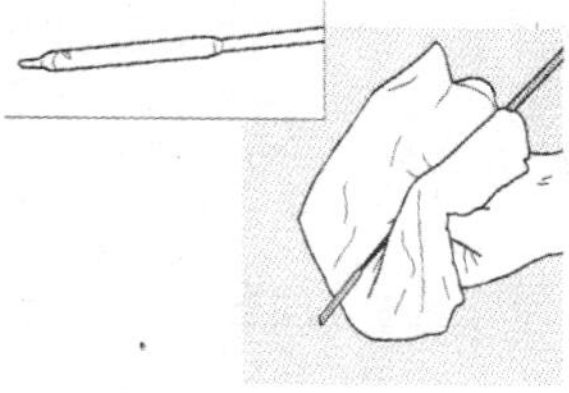	步骤 1　拉出油尺清洁纱布擦干净，然后完全插回去 完成情况：□完成 □未完成，原因：________________
	步骤 2　再拉出油尺检查油量，油量应在 F 与 L 之间 完成情况：□完成 □未完成，原因：________________
	步骤 3　检查气门室盖衬垫密封处是否漏油 完成情况：□完成 □未完成，原因：________________
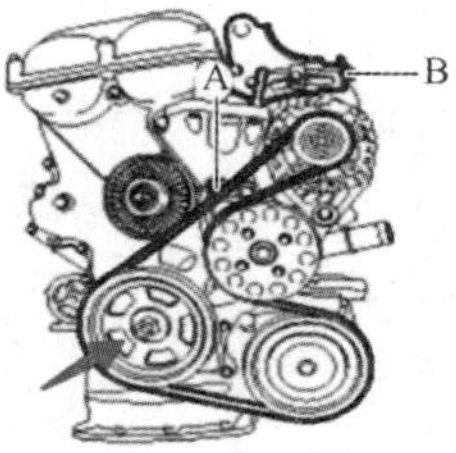	步骤 4　检查曲轴前油封是否漏油 完成情况：□完成 □未完成，原因：________________
	步骤 5　检查曲轴后油封是否损坏漏油 完成情况：□完成 □未完成，原因：________________
	步骤 6　检查机油滤清器底座、油压力传感器处是否漏油 完成情况：□完成 □未完成，原因：________________
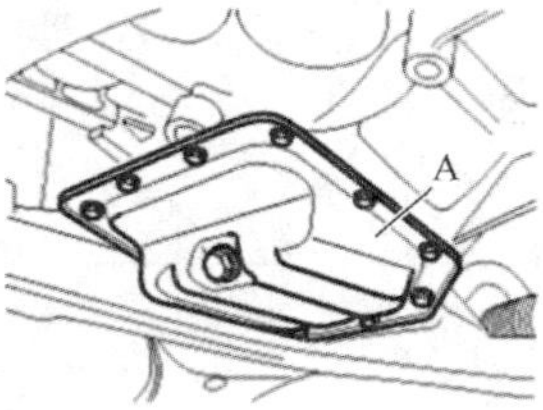	步骤 7　检查油底壳位置是否漏油 完成情况：□完成 □未完成，原因：________________

续表

润滑油及滤清器的更换	
	步骤 1　拆卸发动机机油加注口盖 完成情况：□完成 □未完成，原因：________________
	步骤 2　将车辆举升到合适的高度 完成情况：□完成 □未完成，原因：________________
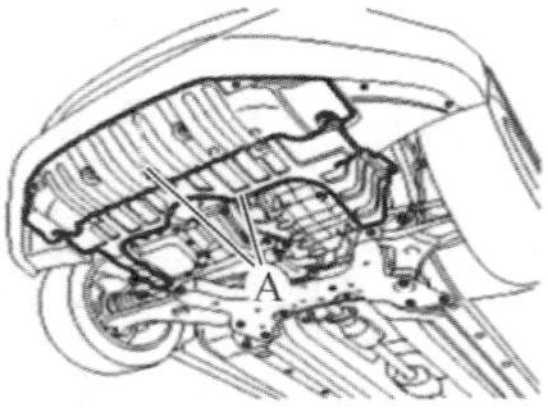	步骤 3　拆下发动机护板 完成情况：□完成 □未完成，原因：________________
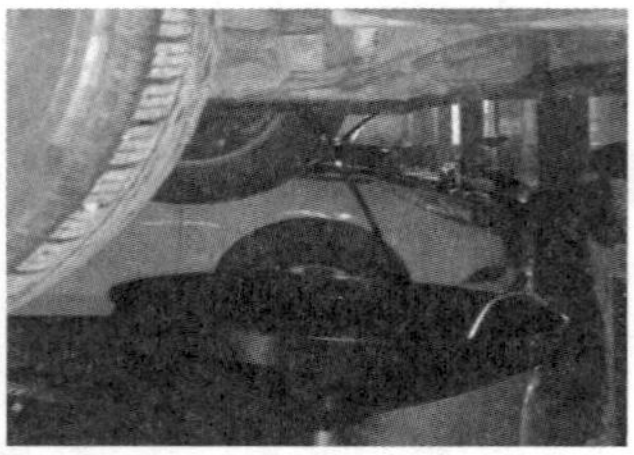	步骤 4　拆卸机油排放塞，并将机油排入机油收集容器中 完成情况：□完成 □未完成，原因：________________
	步骤 5　用专用工具拆卸机油滤清器，并将机油滤清器口流出的机油收集容器中 完成情况：□完成 □未完成，原因：________________
	步骤 6　检查并清洁机油滤清器安装表面，并在新机油滤清器的衬垫上涂抹干净的发动机机油 完成情况：□完成 □未完成，原因：________________

续表

润滑油及滤清器的更换	
	步骤 7　用规定的力矩（11.8～15.7 N·m）装复机油滤清器 完成情况：□完成 □未完成，原因：______________________
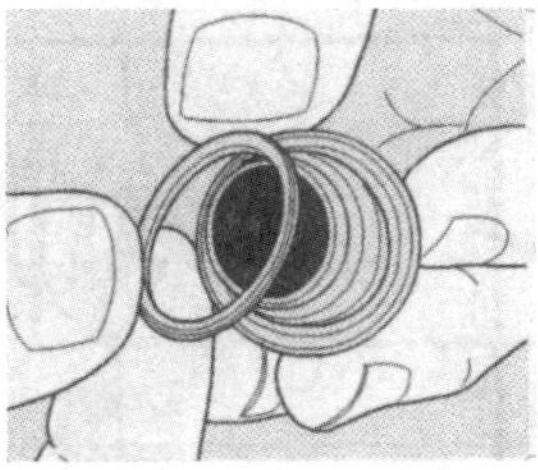	步骤 8　更换排放塞密封垫（要求每次拆装时进行更换） 完成情况：□完成 □未完成，原因：______________________
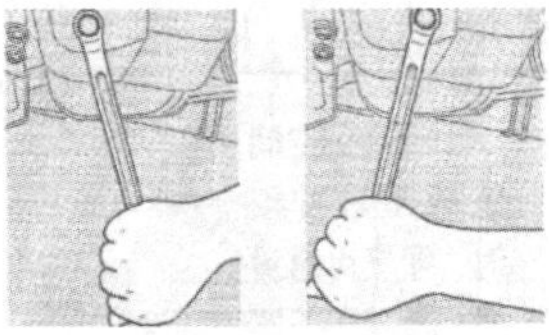	步骤 9　装复排放塞（规定扭矩：34.3～44.1 N·m） 完成情况：□完成 □未完成，原因：______________________
	步骤 10　将车辆降下，注入新机油（加注量为 4.0 L） 完成情况：□完成 □未完成，原因：______________________
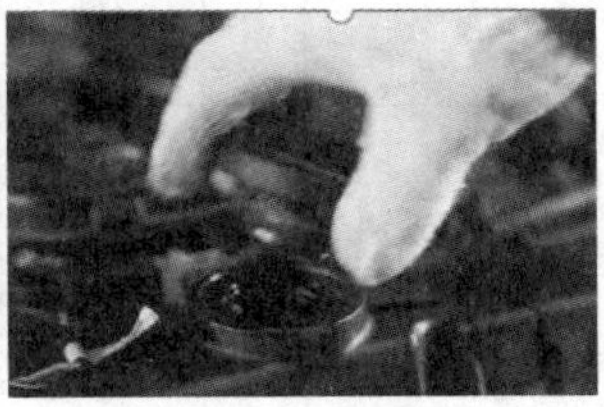	步骤 11　装复机油加注口盖 完成情况：□完成 □未完成，原因：______________________
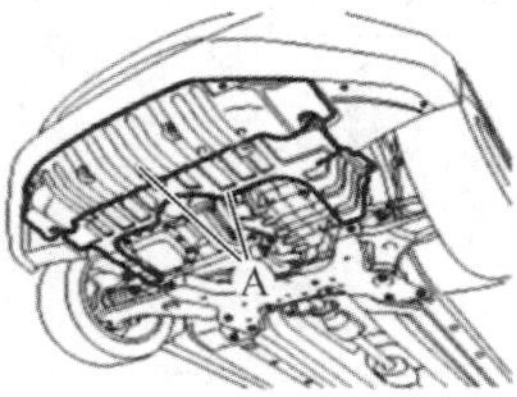	步骤 12　起动发动机并举升车辆到工作高度，检查机油滤清器和排放塞处是否有泄漏，如不清洁则安装发动机护板 完成情况：□完成 □未完成，原因：______________________
	步骤 13　检查机油油量应在 F 与 L 之间 完成情况：□完成 □未完成，原因：______________________

续表

润滑油及滤清器的更换	
	步骤 14　复位 完成情况：□完成 □未完成，原因：________________
 	步骤 15　完成 7S 作业 完成情况：□完成 □未完成，原因：________________

评价总结

学习任务评价表

班级＿＿＿＿＿＿小组＿＿＿＿＿＿学号＿＿＿＿＿＿姓名＿＿＿＿＿＿

	主要测评项目	学生自评			
		A	B	C	D
关键能力总结	1. 遵守纪律，遵守学习场所管理规定，服从安排				
	2. 具有安全意识、责任意识、7S 管理意识，注重节约、节能与环保意识				
	3. 学习态度积极主动，能按时参加安排的实习活动				
	4. 具有团队合作意识，注重沟通，能自主学习及相互协作				
	5. 仪容仪表符合学习活动要求				
专业知识与能力总结	1. 能口述润滑系统的结构、组成部件和工作原理				
	2. 能完成润滑液面及油品质量检查、润滑系统泄漏检查操作				
	3. 能完成润滑油及滤清器的更换操作				
个人自评总结与建议					
小组评价					
教师评价		总评成绩			

教师签字/日期：

测评考核

项目 1　动力系统检查与综合保养

<table>
<tr><td colspan="2">模块：汽车动力与驱动系统综合分析技术（初级）</td><td colspan="2">考核时间：50 分钟</td></tr>
<tr><td>姓名：</td><td>班级：</td><td>学号：</td><td rowspan="3">考评员签字：</td></tr>
<tr><td>初评：□合格□不合格</td><td>复评：□合格□不合格</td><td>师评：□合格□不合格</td></tr>
<tr><td>日期：</td><td>日期：</td><td>日期：</td></tr>
<tr><td colspan="4">考核项目 1　动力系统检查与综合保养【实操考核报告】</td></tr>
</table>

一、车辆信息记录

<table>
<tr><td>品牌</td><td></td><td>整车型号</td><td></td><td>生产日期</td><td></td></tr>
<tr><td>发动机型号</td><td></td><td>发动机排量</td><td></td><td>行驶里程</td><td></td></tr>
<tr><td>车辆识别码</td><td colspan="5"></td></tr>
</table>

二、发动机油水检查

检查项目	液位检查情况	检查结果	检测项目	检测数据	结果
机油	太低□　太高□　无□	正常□　异常□	机油油质	层	正常□　异常□
冷却液	太低□　太高□　无□	正常□　异常□	冷却液冰点		正常□　异常□

三、发动机油水泄漏检查

检查项目	泄漏检查情况	泄漏部件名称	维修措施
机油	泄漏□　正常□		更换□　调整□　紧固□　无□
冷却液	泄漏□　正常□		更换□　调整□　紧固□　无□
燃油	泄漏□　正常□		更换□　调整□　紧固□　无□

四、查询用户手册记录发动机保养项目里程及周期

保养项目	保养里程及周期	保养项目	保养里程及周期
机油更换		燃油滤芯器更换	
机油滤芯器更换		火花塞更换	
空气滤芯器更换		冷却液更换	

五、查阅维修手册，按照标准流程完成机油、机油滤芯器、燃油滤芯器及火花塞的更换

<table>
<tr><td>作业项目</td><td colspan="4">维修资料</td></tr>
<tr><td rowspan="2">机油更换</td><td>机油容量</td><td></td><td>机油型号</td><td></td></tr>
<tr><td>油底壳放油塞紧固规格</td><td></td><td>机油滤清器紧固规格</td><td></td></tr>
<tr><td>火花塞更换</td><td>火花塞紧固规格</td><td></td><td>火花塞间隙</td><td></td></tr>
</table>

项目 2 自动变速箱功能检查保养

项目目标

（1）能认知并口述自动变速器结构及部件；
（2）会检查变速器油（油量、油品质检查）；
（3）能完成自动变速器油的更换；
（4）会自动变速器挡位及挡位指示灯的检查；
（5）会紧急释放 P 挡操作；
（6）会挡位指示灯面板的拆装；
（7）会使用故障诊断仪读取换挡电子元器件的数据。

项目任务

（1）自动变速器结构认识；
（2）自动液压系统检查保养；
（3）自动换挡机构检查保养；
（4）分动变速系统检查保养。

资源准备

动力系统检查与综合保养一体化教室，并准备如下实训设备、仪器设备、工量具等。
（1）设备：自动变速器台架或教学实训车辆、举升机（每小组一台，4～6 人一组）。
（2）工量具、仪器设备：故障诊断仪、维修工具、气管、气枪。
（3）辅助工具：擦拭布、工具箱、手电筒等。
（4）其他：清洗剂、维修手册、实训指导书、教学软件、教学微课等。

情境导入

一辆小轿车，行驶里程为 45 000 km，用户描述说从车辆底盘的变速箱上部有油滴落。检查发现变速箱上部机械电子控制单元罩盖（油底壳）与变速箱壳体接合位置附近有油渍，更换机械电子控制单元罩盖（油底壳）密封垫后，渗油现象再现。全面排查变速箱柜关位置，确认漏油点为变速箱外壳裂痕，更换变速箱后故障排除。一般情况下，由于液体的流动性，泄漏的变速箱机油会流向变速箱的最低点，或聚集在变速箱上部的凹槽内。渗出的变速箱机油的聚集位置不一定为漏油点，因此需要清理油渍后试车确认漏油点，然后再着手维修。如果你是一名汽车售后维修技术人员，应如何解决这个故障呢?

接车与填写接车问诊表

<table>
<tr><td colspan="3">接 车 问 诊 表</td></tr>
<tr><td colspan="3">车牌号：________ 车架号：________ 行驶里程：________（km）</td></tr>
<tr><td colspan="3">用户名：________ 电话：________ 来店时间：________</td></tr>
<tr><td colspan="3">用户陈述及故障发生时的状况：车辆底盘的速箱上部有油滴落</td></tr>
<tr><td colspan="3">故障发生状况提示：车辆底盘的速箱上部有油滴落</td></tr>
<tr><td colspan="3">接车员检测确认建议：检查变速器</td></tr>
<tr><td colspan="3">车间检测确认结果及主要故障零部件：</td></tr>
<tr><td colspan="3">车间检查确认者：________</td></tr>
<tr><td rowspan="3">外观确认：
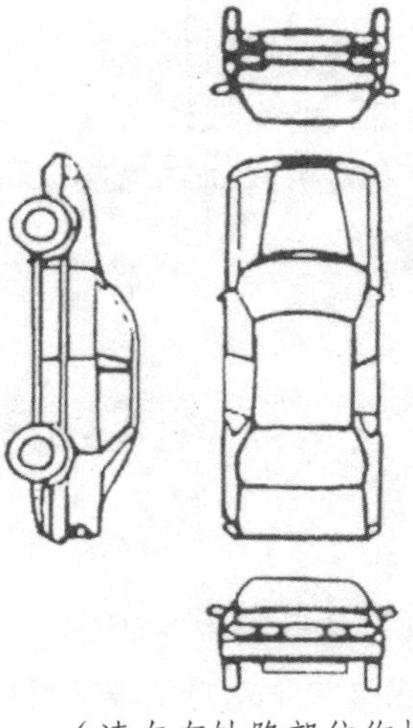
（请在有缺陷部位作标识）</td><td colspan="2">功能确认：（工作正常√；不正常×）
□音响系统 □门锁（防盗器）□全车灯光
□工具 □后视镜 □天窗 □座椅
□点烟器 □玻璃升降器 □玻璃</td></tr>
<tr><td colspan="2">物品确认：（有√；无×）</td></tr>
<tr><td>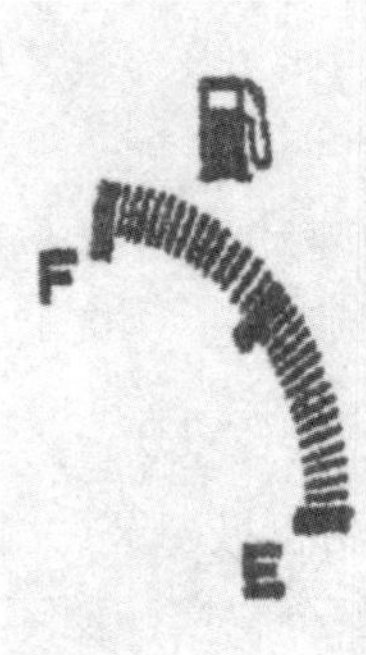</td><td>□贵重物品提示
□工具 □备胎
□灭火器
□其他（ ）
旧件是否交还用户
□是 □否
用户是否需要洗车
□是 □否</td></tr>
<tr><td colspan="3">• 检测费说明：本次检测的故障如用户在本店维修，检测费包含在修理费用内；如用户不在本店维修，请支付检测费。本次检测费：¥ 元。
• 贵重物品：在将车辆交给我店检查修理前，已提示将车内贵重物品自行收起并保存好，如有遗失恕不负责。
接车员：________ 用户确认：________</td></tr>
</table>

任务 1 认识汽车自动变速器

一、信息分析

通读下面文字内容和信息，标记出自动变速器结构与工作原理关键内容。

（1）自动变速器系统组成；

（2）自动变速器各系统部件的功用；

（3）自动变速器的工作原理。

二、信息来源

（1）汽车公司资料；
（2）公开出版资料；
（3）互联网查询；
（4）相关车型维修手册；
（5）法律规定。

三、信息收集

（一）变速器的组成

车用变速器由变速传动机构（改变速比）和变速操纵机构（实现换挡操作）组成。车辆有额外动力输出要求的时候，还可以加装专门的动力输出装置。

（二）变速器的作用

变速器能按需要改变传动比，达到“减速、增矩”的目的，同时扩大轿车驱动轮转矩和转速的变化范围；在发动机不改变旋向方向的前提下，能完成轿车反向行驶，实现倒车；能中断发动机与驱动轮之间的动力联系，满足发动机起动、怠速运转和变速器换挡等工况需要。

（三）变速器的类型

变速器可分为电控液力自动变速器（AT）、无级变速器（CVT）、双离合自动变速器（DSG）和机械式自动变速器（AMT）4 种。

1．电控液力自动变速器（AT）

这种类型的自动变速器由机械部分、电子控制系统和液压控制系统三部分组成，机械部分由变矩器和行星排两部分构成，如图 2-1-1 所示。在车辆起步和升挡提速过程中，变矩器能够连续改变传动比，减速增加转矩。发动机怠速运转时变矩器自动趋于分离，起到了离合器的作用。行星排为变速机构，一般为两排以上。通过换挡执行元件将行星排中的两元件连接或对某些元件固定，便可满足挡位实现条件，完成挡位转换和动力输出。

图 2-1-1　自动变速器（AT）

2．无级变速器（CVT）

这种自动变速器采用了两组带轮进行变速传动，如图 2-1-2 所示。

图 2-1-2　无级变速器（CVT）

CVT 通过改变主动带轮与从动带轮的接触半径进行变速。低速时，主动带轮接触半径较小、从动带轮接触半径较大，实现较大传动比，如图 2-1-3 所示；高速时，主动带轮半径变大、从动带轮接触半径变小，传动比值变小，如图 2-1-4 所示。由于 CVT 可以实现传动比的连续改变，因此能够实现传动系与发动机工况的最佳匹配，大大提高了整车的燃油经济性，改善了驾驶人的操纵方便性和乘员的乘坐舒适性。

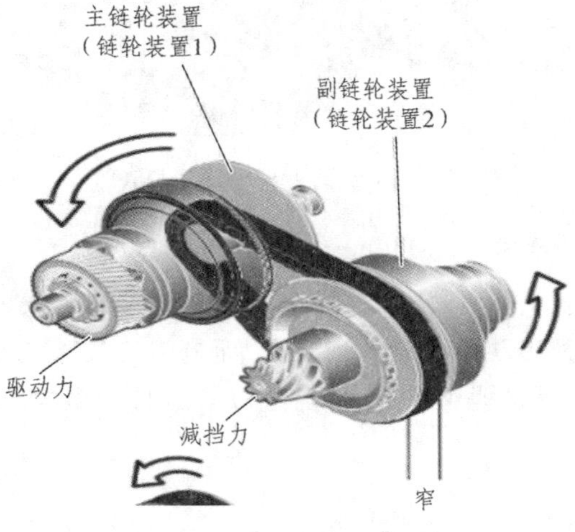

图 2-1-3　低速工况

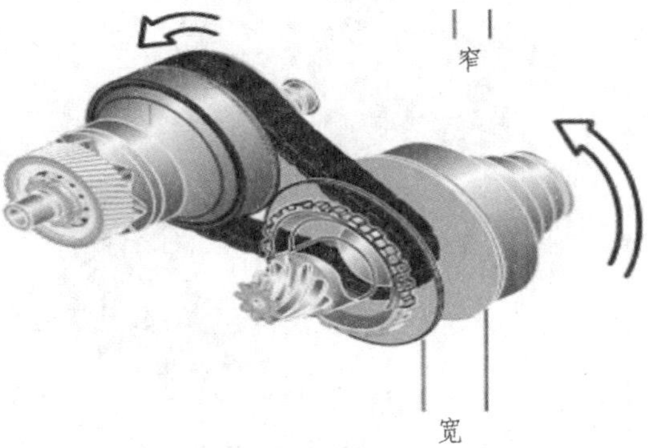

图 2-1-4　高速工况

3．双离合自动变速器（DSG）

双离合器自动变速器（DSG）系统主要由双离合器装置和与手动变速器相似的普通齿轮变速机构组成，如图 2-1-5 所示。在由实心轴及其外套筒组合而成的双传动轴机构中，离合器 1 负责控制奇数挡位齿轮和倒挡齿轮，离合器 2 负责控制偶数挡位齿轮。挂入挡时，离合器 1 接合的同时 1 挡齿轮与输出轴也相啮合，完成动力输出。此时，2 挡的齿轮与输出轴也相啮合，但与之相连的离合器 2 仍处于分离状态，等待换挡命令。当换挡时机到来，电子控制系统控制处于接合状态的离合器 1 分离，1 挡齿轮与输出轴也随之退出啮合。与此同时，离合器 2 接合，升入 2 挡。升入 2 挡后 3 挡齿轮与输出轴也相啮合，等待升入 3 挡命令，以此类推。在换挡过程中，当一组齿轮输出动力，另一组齿轮已经待命，这使整个换挡过程更加快捷、顺畅，提速更为迅速。

图 2-1-5　双离合变速器（DSG）

4．机械式自动变速器（AMT）

这种自动变速器是以手动变速器为母体，甚至保留换挡拨叉，只是换挡过程中的离合器分离和换挡拨叉移动不再靠人工操纵，而是由 ECU 控制自动完成，如图 2-1-6 所示。AMT 按执行机构的类型可分为电控液动 AMT、电控电动 AMT 和电控气动 AMT 类。

图 2-1-6　机械式自动变速

电控液动 AMT 具有工作平稳、操作简便等优点，缺点是结构相对复杂。马瑞利 AMT 就属于此类。

电控电动 AMT 结构相对简单，质量轻，另外由于直接采用电动机作为执行元件，使得换挡控制更简捷。缺点是要配备减速器，以增大驱动力，这使执行机构结构变得复杂。丘比特 ASG 自动变速器就属于此类型。

电控气动 AMT 主要用于带气压系统的大型客车或重型货车。其优点是构造简单、安装调试方便，工作稳固可靠；缺点是响应性较差，换挡平顺性不很理想。

（四）自动变速器的总体构造（AT）

在自动变速器中装配了液力变矩器的自动变速箱，俗称的“AT”自动变速器，如图 2-1-7 所示。它主要由两大部分构成：和发动机飞轮连接的液力变矩器和变速机构。

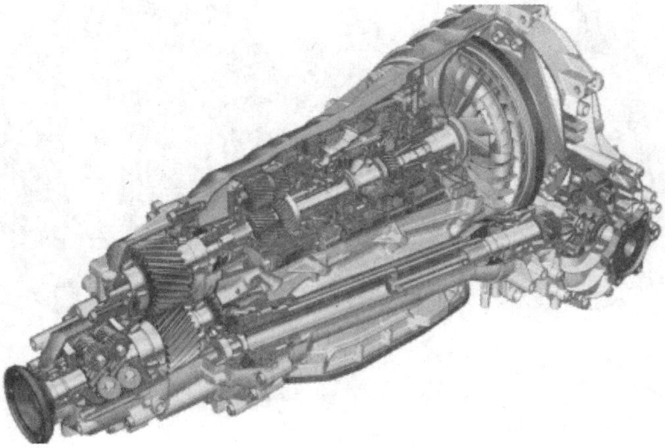

图 2-1-7　自动变速器的总体构造

1. 液力变矩器

液力变矩器位于自动变速器的最前端，与曲轴后端相连接。动力经曲轴传入变矩器壳体，然后经涡轮输出至变速器输入轴，如图 2-1-8 所示。液力变矩器的作用如下：

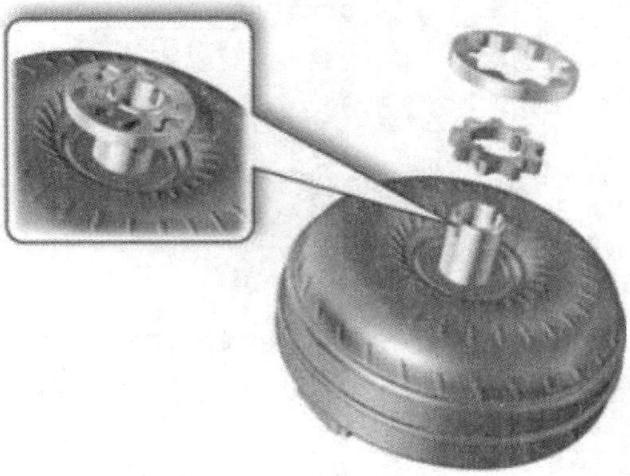

图 2-1-8　液力自动变速器

（1）起着手动变速器汽车中离合器的作用。发动机怠速运转时变矩器趋于分离，而在车辆起步加速时自动接合。

（2）具有一定的减速增扭功能。

（3）能根据汽车行驶阻力的变化，在一定范围内自动地无级改变传动比。

（4）减缓冲击，并有防止传动系统过载作用。

（5）驱动液压系统油泵。

（6）储存能量，起着飞轮的作用。

变矩器由泵轮、涡轮和带有单向离合器的导轮组成，如图 2-1-9 所示。为了提高传动效率，变矩器内还装有锁止离合器，如图 2-1-10 所示。锁止离合器的作用是在变矩器的工况满足一定条件时将泵轮和涡轮锁止（连为一体），从而减小能量损失。

图 2-1-9　液力变矩器组成部件

图 2-1-10　液力变矩器内部结构

2. 变速器总成

行星齿轮变速机构是自动变速器的主体部分，如图 2-1-11 所示，包括行星齿轮组（简称行星排）和换挡执行元件两部分。执行元件接收换挡指令后，最终挡位转换在这里完成。单排行星齿轮组内部结构如图 2-1-12 所示，双排行星齿轮组（次级行星齿轮组）内部结构如图 2-1-13 所示。

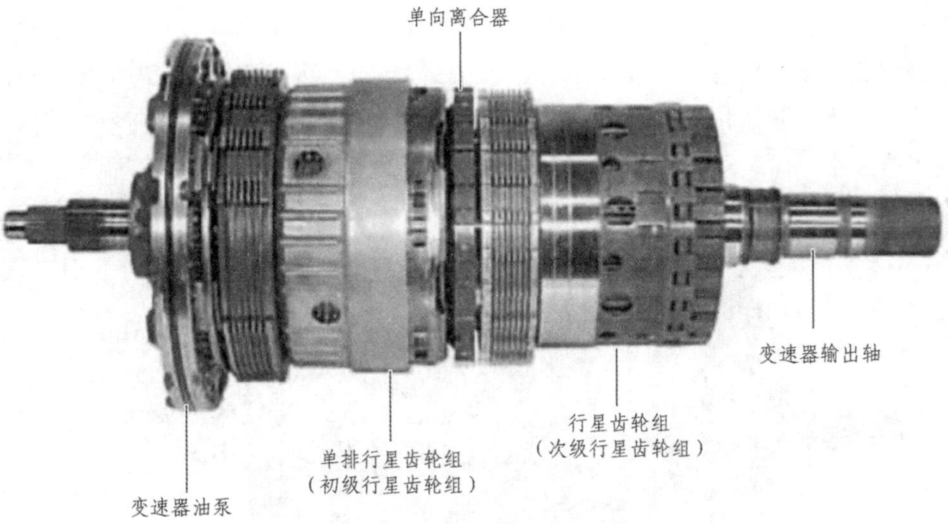

图 2-1-11　行星齿轮组总成

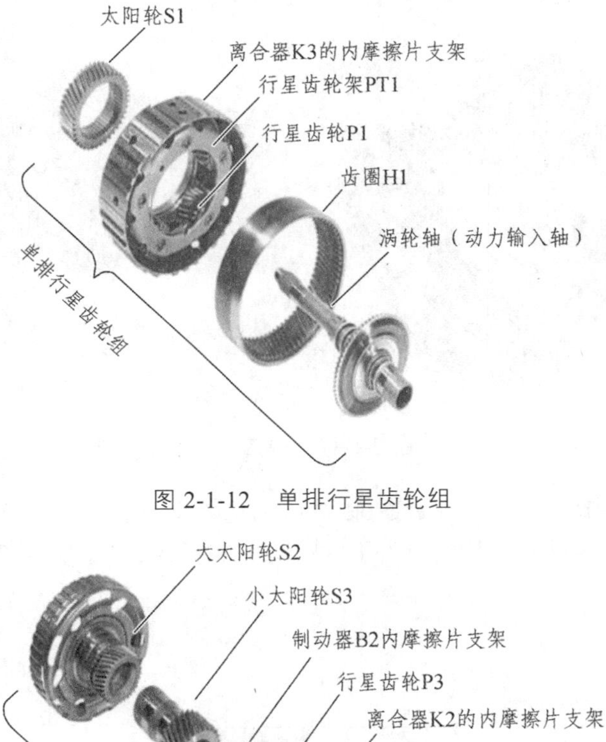

图 2-1-12　单排行星齿轮组

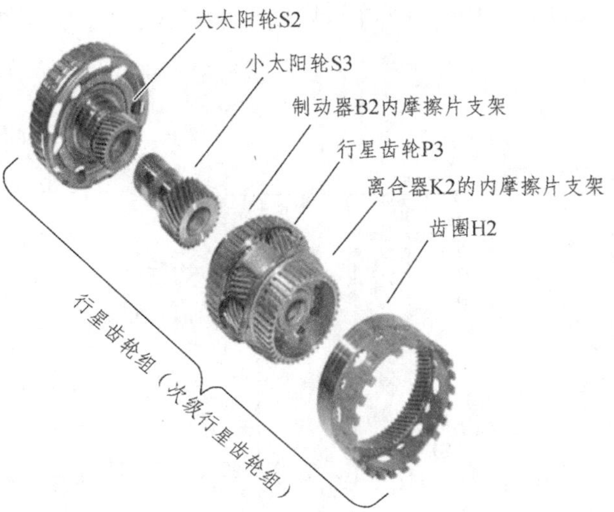

图 2-1-13　行星齿轮组（次级行星齿轮组）

3．换挡元件

换挡元件结构如图 2-1-14 所示，一个行星齿轮组上可获取一个动力传递和不同的传动比，这是因为扭矩被传递到某个相应部件（比如行星齿轮架）上而另一部件（比如太阳轮）固定不动，或者是因为行星齿轮组的两个部件彼此连接在一起（比如行星齿轮架与太阳轮）。

图 2-1-14　换挡元件

换挡任务就由换挡元件（离合器/制动器）来完成。换挡元件与行星齿轮组配合使用，以便产生动力流并在承受负荷时不中断动力地实施换挡，如图 2-1-15 所示为挡位动力传递图。

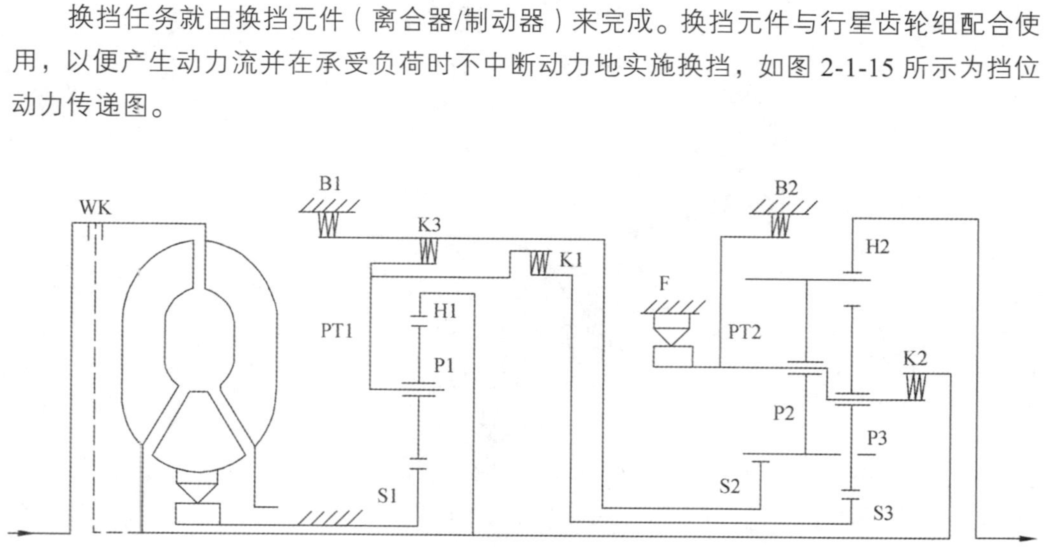

图 2-1-15　挡位动力传递图

图中有如下换挡元件：

（1）三个旋转着的多片式离合器，分别为 K1、K2 和 K3。

（2）两个固定着的多片式制动器，分别为 B1 和 B2。

（3）一个单向离合器 F。

所有离合器都有动态压力平衡能力，如此即可实现不依赖于转速的调节特性。离合器 K1、K2 和 K3 将发动机扭矩引入行星齿轮机构中。制动器 B1 和 B2 或者单向离合器 F 把发动机扭矩传到变速器壳体上。

所有的离合器和制动器都是间接地由电子压力控制阀来操控。单向离合器 F 与制动器 B2 并联布置。在自动模式时，它承担制动器 B2 的工作。在挂挡或者在 1-2、2-1 换挡时，这个单向离合器简化了电动液压换挡操控。

活页工单 2-1　认识汽车自动变速器

接受工作任务

根据给定的车辆，进行自动变速器的主要部件认知。

收集信息

电控液力自动变速器由机械部分、电子控制系统和液压控制系统三部分组成，机械部分由变矩器和行星排两部分构成。在车辆起步和升挡提速过程中，变矩器能够连续改变传动比，减速增加转矩。发动机怠速运转时变矩器自动趋于分离，起着离合器的作用。行星排为变速机构，一般为两排或以上。换挡执行元件将行星排中的两元件连接或对某些元件固定，可满足挡位实现条件，完成挡位转换和动力输出。

制定任务实施方案

分组查阅维修手册，认识自动变速器系统结构及工作原理，为维护与保养做准备。

（1）任务分工：

（2）任务实施步骤：

（3）异常情况处理办法：

任务实施

结合某型轿车自动变速器实物和维修手册，如图 2-1-16 所示自动变速器装配，指认出下列关键的零部件。

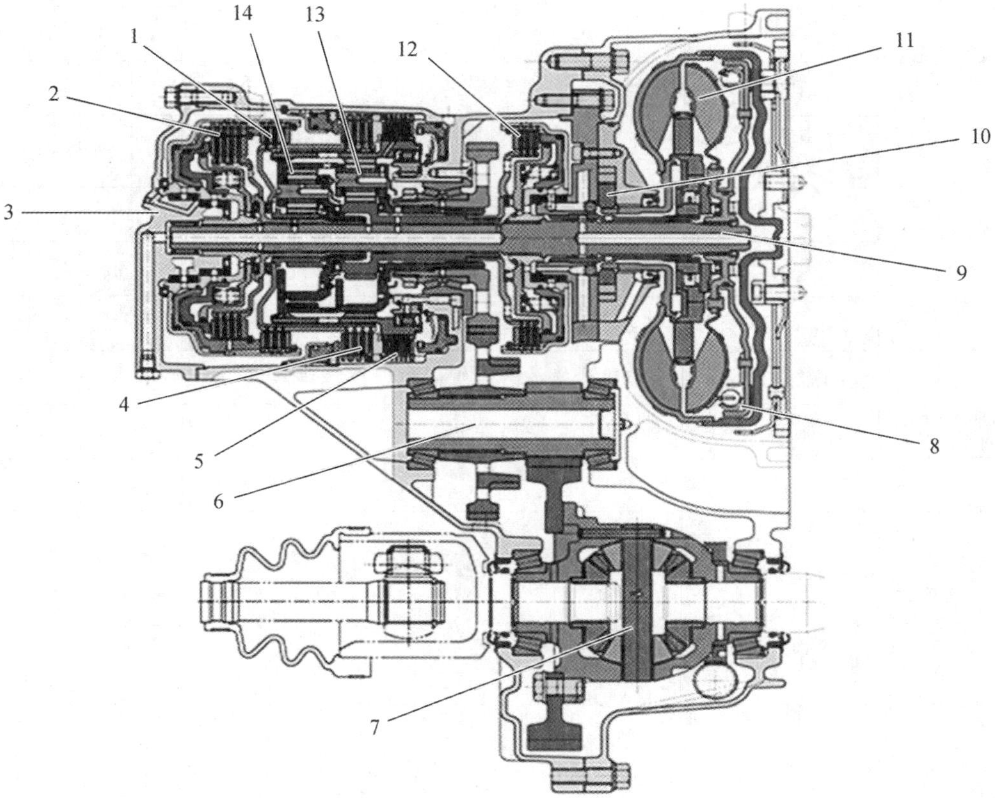

图 2-1-16　A4CF 型自动变速器

序号	部件名称	序号	部件名称
1	倒挡离合器（Reverse clutch）	8	锁止离合器（Damper clutch）
2	超速挡离合器（O/D clutch）	9	输入轴
3	后盖（Rear cover）	10	油泵
4	2、4 挡制动器（2nd/4th brake）	11	液力变矩器
5	低倒挡制动器（L/R brake）	12	低速挡离合器（U/D clutch）
6	输出轴	13	输出行星架
7	差速器	14	O/D 行星架

评价总结

学习任务评价表

班级__________小组__________学号__________姓名__________

	主要测评项目	学生自评			
		A	B	C	D
关键能力总结	1. 遵守纪律，遵守学习场所管理规定，服从安排				
	2. 具有安全意识、责任意识、7S管理意识，注重节约、节能与环保意识				
	3. 学习态度积极主动，能按时参加安排的实习活动				
	4. 具有团队合作意识，注重沟通，能自主学习及相互协作				
	5. 仪容仪表符合学习活动要求				
专业知识与能力总结	1. 能口述AT自动变速器的结构、组成和工作原理				
	2. 能完成AT自动变速器主要部件的指认				
	3. 能口述变速器的种类和工作特点				
个人自评总结与建议					
小组评价					
教师评价		总评成绩			

教师签字/日期：

任务 2　自动变速器液压系统检查保养

一、信息分析

通读下面文字内容和信息，标记出液压系统结构与工作原理、检查保养关键内容。

（1）自动变速器液压系统由哪些元件组成及各元件的功用；

（2）各元件在车上的安装位置；

（3）自动变速器液压系统的保养检查；

（4）自动变速器油的更换。

二、信息来源

（1）汽车公司资料；

（2）公开出版资料；

（3）互联网查询；

（4）相关车型维修手册；

（5）法律规定。

三、信息收集

液压控制系统是自动变速器 ECU 指令的执行系统。换挡指令及变矩器锁止指令的执行由换挡电磁阀和变矩器锁止电磁阀来完成。电磁阀接收到这些指令信号之后，会控制液压系统的工作，改变液流走向，为相应的执行元件（离合器和制动器）供油，使之接合（工作），最终实现挡位转换和变矩器的锁止控制。可见液压控制系统为电子控制系统和机械系统间的中间环节，是自动变速器的重要组成部分。液压控制系统可以细分为通吸轴压调节油路、变矩器锁止油路、换挡控制油路、润滑油路和液压油冷却油路等部分。其中，通吸轴压调节油路、换挡控制油路和变矩器锁止油路的大部分液压控制阀都集成在自动变速器阀板上。

（一）自动变速器液压系统认识

某型汽车自动变速器液压系统结构如下。

阀体是自动变速器控制的必备元件，由各种阀组成，控制来自油泵的油供应。这些阀由压力调节阀、液压换向阀、换挡控制阀和手控阀组成。阀体也包括电磁阀，确保平稳的换挡，如图 2-2-1 所示为换挡液压系统元件。

（二）自动变速器液压系统检查与保养

自动变速器液压系统检查与保养安全事项如下：

（1）操作时使用翼子板防护盖布，以免损坏车漆表面。

（2）拧下有眼螺栓后，用新件更换有眼螺栓的衬垫。

（3）检查油位时，小心避免灰尘、杂质等从注入口进入。

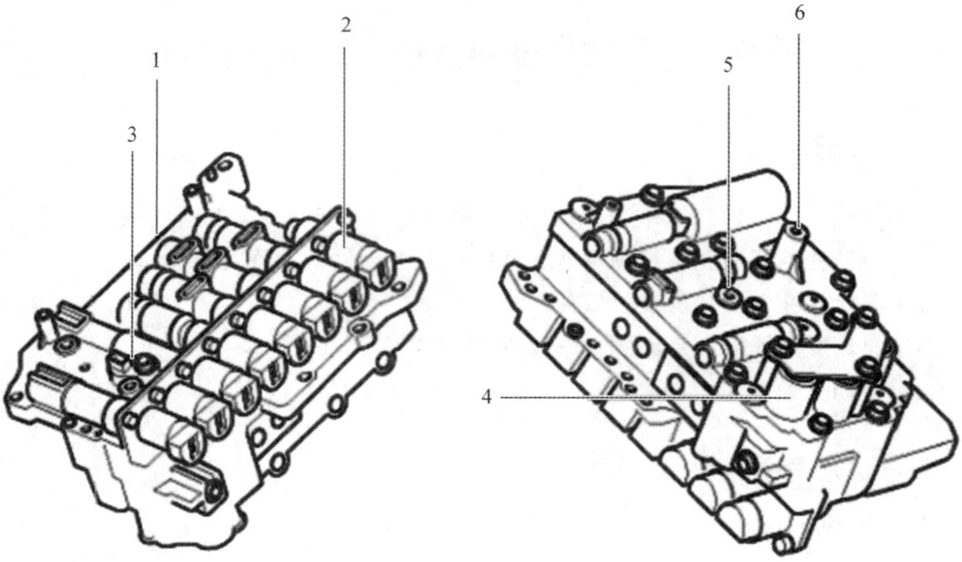

1—PCV 调节螺钉；2—电磁阀；3—油温传感器；4—蓄能器；5—低倒挡制动器（LR/B）压力孔；
6—低速挡制动器（UD/B）压力孔。

图 2-2-1　液压系统元件

（4）使用实训台或实训车辆进行操作时，必须严格按照操作规程，不得违章操作，非必要不得带电进行操作；同时必须用三角块塞住车辆，非必要学生不得进入驾驶舱。

（5）在自动变速器液压系统保养过程中严禁明火。

（6）安装部件和零件时，扭矩的大小请参考维修手册。

（7）在定期维修期间，通常不需要对 ATF 液位进行检查。如果有漏油现象，维修完毕后，进行液位检查程序。

参照维修手册及日常保养时间表进行检查和更换自动变速器机油的工作任务（见表 2-2-1）。

表 2-2-1　自动变速器液压系统检查与保养

序号	内　容	图　示
AT 自动变速器油位检查		
1	确认加油螺栓 A 的位置，并清洁变速器外部。螺栓拧紧扭矩：4.9～5.9 N·m	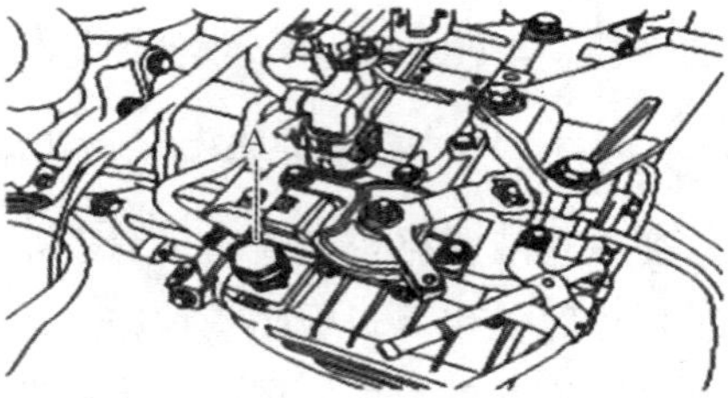

续表

序号	内 容	图 示
AT 自动变速器油位检查		
2	暖机：起动发动机，确认自动变速器油温达到 50～60 °C，再转换变速杆从“P”到“D”，从“D”到“P”，怠速时重复一次。（注意：每个挡位保持 2 s 以上）	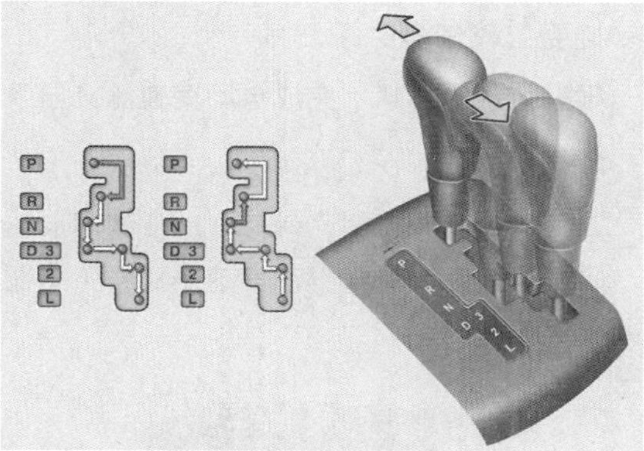
3	油位检查：运转发动机，拧开油位塞，机油以稳定的细流从溢流塞流出，油位正常。注意：过剩情况下油流出时油柱粗；机油不足则没有油从油位塞流出	
4	更换要求：6 挡自动变速器油无须更换。但如果车辆使用频繁或作为商务用车，每 60 000 km 更换 ATF。恶劣条件下应缩短更换周期，如在粗糙路面（颠簸、沙地、雪地等）；上坡/下坡重复短距离驾驶；50% 以上在城市交通繁重、温度为 32 °C（89.6 °F）以上的地方工作；警车、出租车、商用类型工作或拖车牵引等	
5	排放：确认放油螺栓的位置，拆卸排放塞（A），全部排出 ATF 后重新安装排放塞。某型轿车自动变速器排放塞规定扭矩：34.3～44.1 N · m	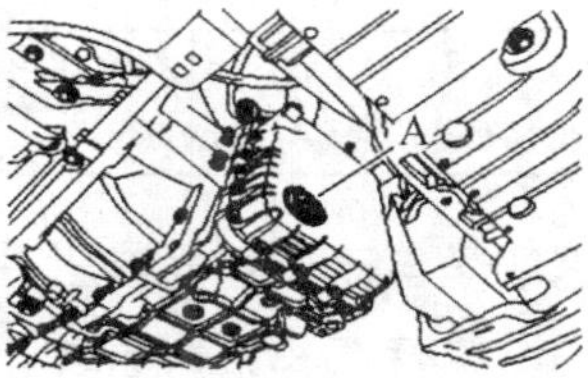
6	加注：通过有眼螺栓添加约 5 L 的机油，检查油量，确认油量在油尺的“HOT”范围内。如果油量少，补充规定规格油。如果油量多，从排放孔排放油	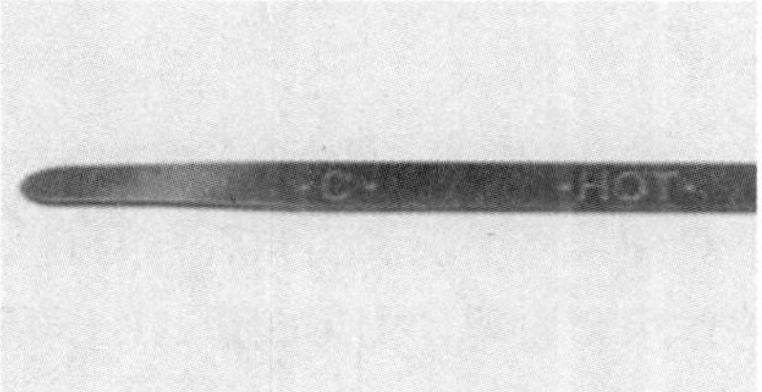

活页工单 2-2　自动变速器液压系统检查与保养

接受工作任务

根据给定的车辆，完成自动变速器液压系统检查与保养。

收集信息

查阅相关维修资料，学习自动变速器液压系统结构和组成原理，完成以下内容。

（1）对照某型轿车自动变速器实物（见图 2-2-2），查阅维修手册等资料，将信息填入表 2-2-2。

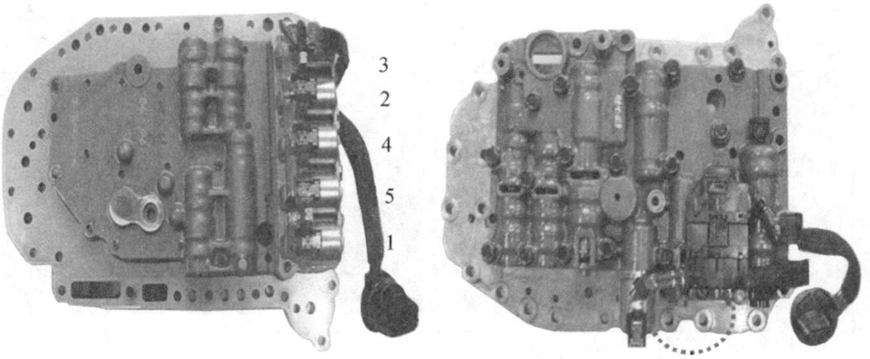

图 2-2-2　Alpha 型自动变速器

表 2-2-2　某型轿车自动变速器构成

序号	部件名称
1	PCSV - A：O/D 或 LR 油路控制电磁阀
2	PCSV - B：2ND 或 RVS 油路控制电磁阀
3	PCSV - C：UD 油路控电磁阀
4	PCSV - D：锁止离合器，油路控制电磁阀
5	On/Off Sol V/V：开关阀，控制 PCSV-A 打开/关闭 LR 与 O/D 油路（on-LR 油路打开，off- O/D 油路打开）

（2）根据所学自动变速器液压系统的结构，查阅资料，并结合车辆叙述自动变速器液压系统的结构特点和工作原理。

（3）查阅维修手册和资料，结合自动变速器液压系统的工作原理，分析电磁阀、液压阀的作用和原理，对照如图 2-1-15 所示，口述给定车辆的自动变速器换挡全过程。

制定任务实施方案

分组查阅维修手册，认识自动变速器液压系统结构及工作原理，为维护与保养准备。

（1）任务分工：

（2）任务实施步骤：

（3）异常情况处理办法：

任务实施

自动变速器机油的检查与更换（如表 2-2-3）

表 2-2-3　自动变速器机油的检查与更换

AT 自动变速器油位检查	
	步骤 1　将车辆驶入工位，拉紧手刹，并安装翼子板防护盖布，打开发动机舱盖 完成情况：□完成 □未完成，原因：__________
	步骤 2　起动发动机，用解码器确认自动变速器油温传感器的温度为 50 ~ 60 °C（如未到可以先执行下一步，直到温度达到为止） 完成情况：□完成 □未完成，原因：__________

续表

AT 自动变速器油位检查	
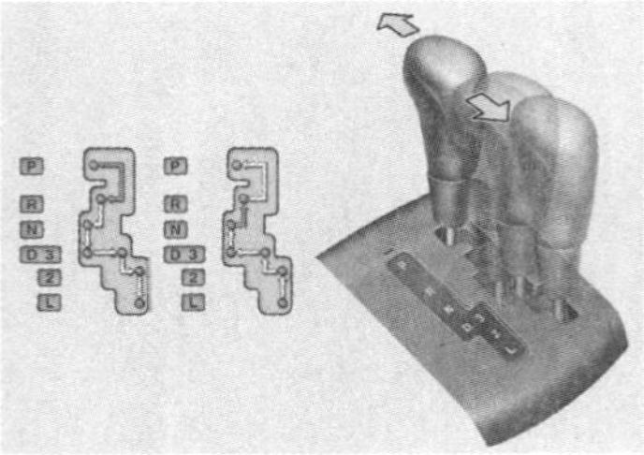	步骤 3　转换变速杆从“P”到“D”，从“D”到“P”，在怠速时重复一次。在各个挡位保持_____s 以上。 完成情况：□完成 □未完成，原因：__________________
	步骤 4　将车辆举升到合适的高度 完成情况：□完成 □未完成，原因：__________________
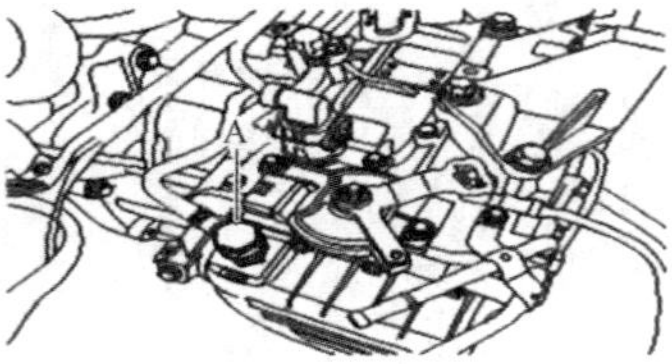	步骤 5　拆卸油液加注螺栓 完成情况：□完成 □未完成，原因：__________________
	步骤 6　检查油液流出情况（机油以 ___________油位正常） 完成情况：□完成 □未完成，原因：__________________
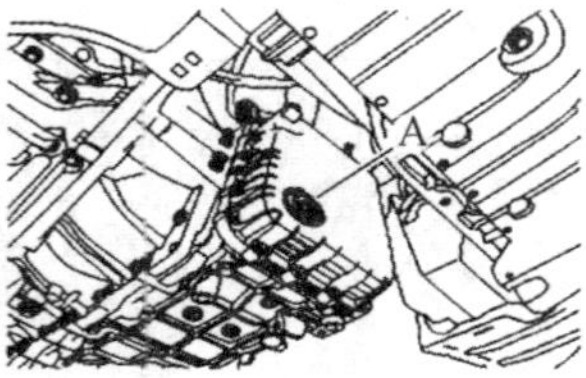	步骤 7　结束程序，拧紧油位塞 完成情况：□完成 □未完成，原因：__________________

续表

AT 自动变速器更换	
	步骤 1　将车辆举升到合适的高度 完成情况：□完成 □未完成，原因：________________
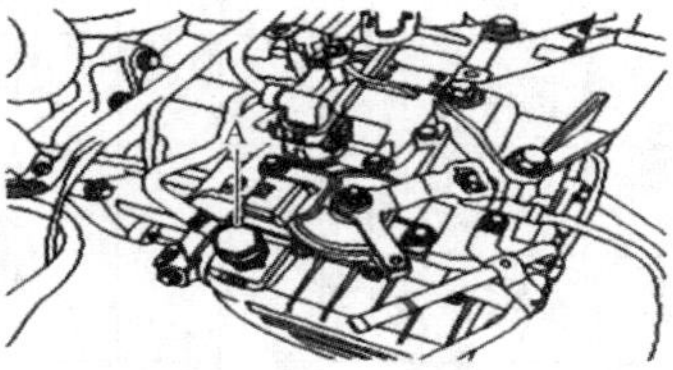	步骤 2　拆卸油液加注螺栓 完成情况：□完成 □未完成，原因：________________
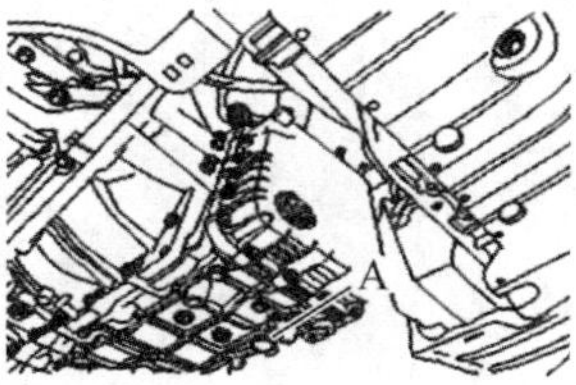	步骤 3　拆卸排放塞（A），全部排出 ATF 后重新安装排放塞 完成情况：□完成 □未完成，原因：________________
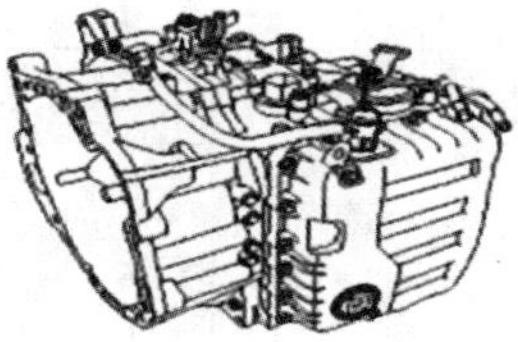	步骤 4　加注油液，汽车加约 5 L 的机油 完成情况：□完成 □未完成，原因：________________
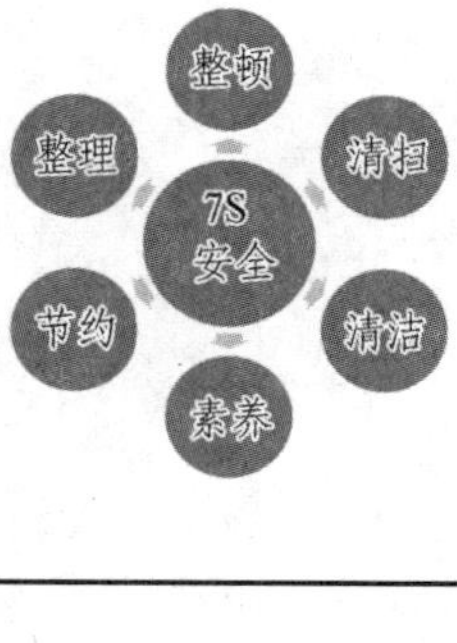	步骤 5　完成 7S 作业 完成情况：□完成 □未完成，原因：________________

评价总结

学习任务评价表

班级____________小组____________学号____________姓名____________

<table>
<tr><td rowspan="2"></td><td rowspan="2">主要测评项目</td><td colspan="4">学生自评</td></tr>
<tr><td>A</td><td>B</td><td>C</td><td>D</td></tr>
<tr><td rowspan="5">关键能力总结</td><td>1. 遵守纪律，遵守学习场所管理规定，服从安排</td><td></td><td></td><td></td><td></td></tr>
<tr><td>2. 具有安全意识、责任意识、7S 管理意识，注重节约、节能与环保意识</td><td></td><td></td><td></td><td></td></tr>
<tr><td>3. 学习态度积极主动，能按时参加安排的实习活动</td><td></td><td></td><td></td><td></td></tr>
<tr><td>4. 具有团队合作意识，注重沟通，能自主学习及相互协作</td><td></td><td></td><td></td><td></td></tr>
<tr><td>5. 仪容仪表符合学习活动要求</td><td></td><td></td><td></td><td></td></tr>
<tr><td rowspan="3">专业知识与能力总结</td><td>1. 能口述自动变速器液压系统的结构、组成部件和工作原理</td><td></td><td></td><td></td><td></td></tr>
<tr><td>2. 能完成自动变速器油液的检查、清洁和更换</td><td></td><td></td><td></td><td></td></tr>
<tr><td>3. 能完成自动变速器油质检查</td><td></td><td></td><td></td><td></td></tr>
<tr><td>个人自评总结与建议</td><td colspan="5"></td></tr>
<tr><td>小组评价</td><td colspan="5"></td></tr>
<tr><td rowspan="2">教师评价</td><td rowspan="2"></td><td colspan="4">总评成绩</td></tr>
<tr><td colspan="4"></td></tr>
</table>

教师签字/日期：

任务 3　自动变速器换挡机构检查保养

一、信息分析

通读下面文字内容和信息，标记出自动变速器换挡机构结构与工作原理关键内容。

（1）自动换挡机构系统由哪些元件组成及其功用；

（2）各元件在自动变速器上的安装位置；

（3）自动换挡机构系统的保养检查。

二、信息来源

（1）汽车公司资料；

（2）公开出版资料；

（3）互联网查询；

（4）相关车型维修手册；

（5）法律规定。

三、信息收集

自动变速器的换挡执行元件主要有多片湿式离合器、单向离合器和制动器 3 个类型。离合器受控于换挡阀。换挡阀一般只有两个位置（为两路多向换向阀），其如果为离合器或制动器供油，离合器或制动器就得液压工作；如果将离合器或制动器的油液排空，离合器或制动器就得分离。

离合器用于将某两个元件连接，制动器用于将某元件固定，单向离合器既可用于将两元件连接，也可用于单个元件固定。单向离合器与制动器、离合器的差异在于，它是否接合完全取决于两元件的相对运动趋势，不受计算机和换挡控制。

（一）离合器认识

离合器结构如图 2-3-1 所示。离合器内部有多片钢片和摩擦片，钢片和摩擦片相间排列。钢片的外花键齿安装在离合器鼓的内花键齿圈上，可沿齿圈键槽轴向移动。摩擦片的内花键齿与离合器鼓的外花键齿连接，也可以沿键槽轴向移动。摩擦片的两面均为复合摩擦材料。离合器活塞为环形，在环形钢筒中可轴向移动。活塞与缸筒间有油封密封。

离合器的作用：连接轴和行星齿轮机构的旋转元件，或将行星排的某两个元件连在一起，使之成为一个整体。组成如图 2-3-2、图 2-3-3 所示。

卡环，安装在输入轴转鼓的卡环槽内，限制活塞的行程。输出转鼓，其中心有齿形花键与输出轴相连。边缘有键槽钢片，是光板，外缘有矩形花键与输入轴转鼓内键槽相连的摩擦片，内圆有花键，与行星齿轮某元件连接。其表面有铜基粉末冶金层或合成纤维层，以增大摩擦力。钢片与摩擦片相间排列，可轴向移动。弹簧座卡环，安装在输入轴卡环槽内。许多个回位弹簧沿圆周方向均匀分布。

图 2-3-1　离合器结构

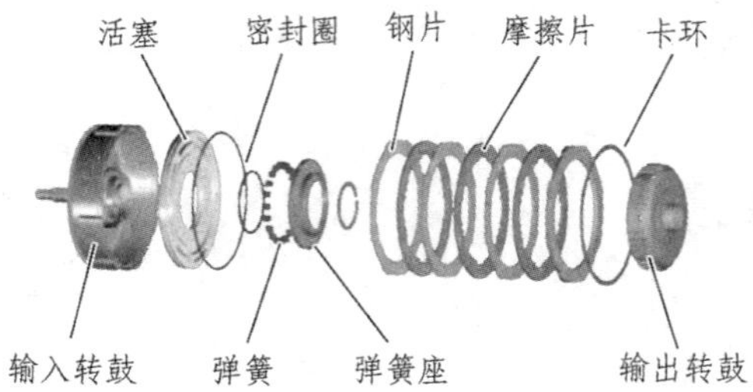

图 2-3-2　离合器部件

图 2-3-3　离合器部件实物

（二）制动器认识

AT 自动变速器内的制动器主要分为片式制动器和带式制动器两类，在运行过程中起制动锁定旋转部件作用。

1．片式制动器

片式制动器与湿式多片式离合器基本相同，由后离合器鼓、离合器片、离合器盘、活塞及中心支承组成，如图 2-3-4、图 2-3-5 所示。它们的结构和功能不同点在于片式制动器中心支承取代了离合器壳，并与变速器连为一体。制动器分离，活塞未压紧离合器盘片时，后离合器鼓可自由转动；活塞压紧离合器盘片时，后离合器鼓与中心支承拼接，后离合器鼓被制动。

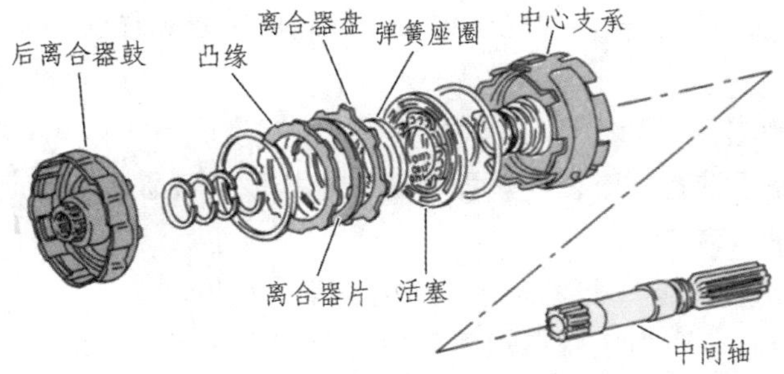

图 2-3-4　制动器结构

图 2-3-5　制动器实物图

2．带式制动器

带式制动器由制动鼓、制动带、油缸等组成，如图 2-3-6 所示。制动鼓与行星齿轮的某一元件相连接。制动带围在转鼓的外圆上，其外表面是钢带，内表面有摩擦材料，制动带的一端用锁销固定在自动变速器壳体上，另一端与液压油缸的推杆接触。油缸固定在自动变速器壳体上，其内部有活塞和推杆连接。

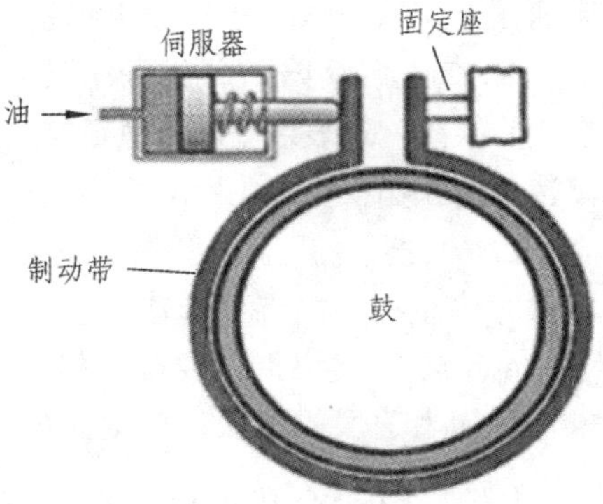

图 2-3-6　带式制动器

（三）单向离合器认识

单向离合器的作用是既可用于两元件连接（相当于离合器），还可用于单个元件制动（相当于制动器），如图 2-3-7 所示。单向离合器的接合只能单方向实现，是否接合取决于两元件的运动趋势。当内圈相对外圈有顺时针运动趋势，摩擦产生的力矩使异形滚子逆时针自转，内、外圈径向间隙变大，单向离合器分离；当内圈相对外圈有逆时针运动趋势，摩擦产生的力矩使异形滚子顺时针自转，内、外圈径向被张紧，单向离合器接合。单向离合器工作状况如图 2-3-8 所示。

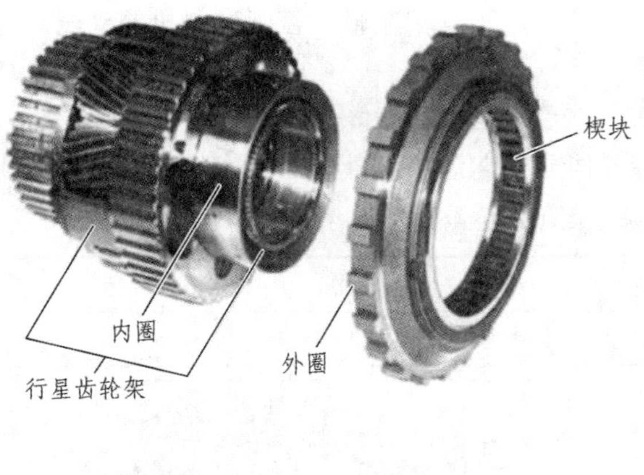

图 2-3-7　单项离合器

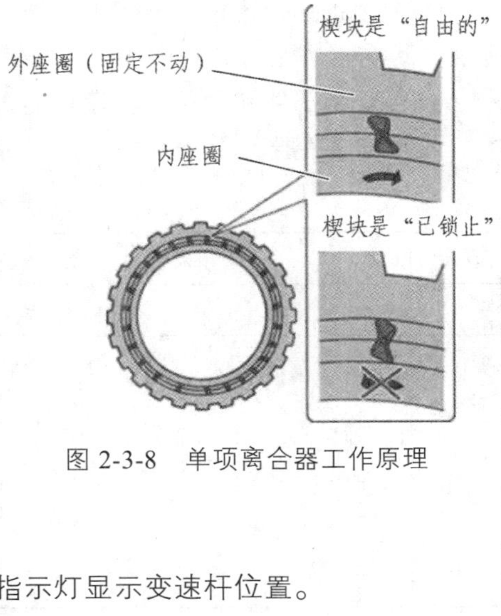

图 2-3-8　单项离合器工作原理

（四）自动变速器挡位使用

当点火开关转到 ON 位置时，仪表盘上的指示灯显示变速杆位置。

P（驻车）：挂入“P（驻车）”位置前，一定要完全停止车辆。此位置锁住变速器，并阻止前轮旋转。

R（倒挡）：使用此位置进行倒车。

N（空挡）：车轮与变速器不处于锁止状态。车辆即使在最小坡度的下坡上也会自由滑下去，除非进行制动或设置驻车制动器。

D（前进挡）：这是一般的前进挡位置。变速器将自动地在 4 个挡位间顺序换挡，提供最省油且最强的动力。超车或爬坡时为了获得额外动力，应完全踩下加速踏板。完全踩下加速踏板时变速器会自动降到下个低速挡。

3（三挡）：用于拖吊挂车爬坡或下坡时发动机制动。“3”位置自动在 1 挡、2 挡和 3 挡之间换挡。这表示基本不执行挂高速挡到 4 挡操作。但在车速超过一定速度时执行挂高速挡到 4 挡操作以免发动机超速。回到正常驾驶状态时手动将变速杆挂到“D”位置。

2（二挡）：用于光滑路面驾驶、爬坡或下坡时发动机制动。“2”位置自动在 1 挡和 2 挡之间换挡。这表示基本不执行挂高速挡到 3 挡操作。但在车速超过一定速度时执行挂高速挡到 3 挡操作以免发动机超速。回到正常驾驶状态时手动将变速杆挂到“D”位置。

L（低挡）：用于爬陡坡或下陡坡时进行发动机制动。挂低速挡到“L”时，变速器暂时停留在 2 挡直到车速减慢到足以啮合低挡为止。挂低挡时车速不要超过 50 km/h（30 mph）。“L”位置主要在 1 挡行驶。但在车速超过一定速度时执行挂高速挡到 2 挡操作，随着速度的加快，变速器将挂入 3 挡以免发动机超速。

（五）自动换挡机构检查保养

自动换档机构检查与保养安全事项如下：

（1）操作时请使用翼子板防护盖布，以免损坏车漆表面。

（2）拆卸线束和软管时，做好标记避免错接。

（3）在挂入“R”或退出“R”位置前，必须完全停止车辆。如果在车辆移动中挂入“R”位置会损坏变速器。

（4）在光滑路面上禁止快速使用发动机制动器（从高挡位挂到低挡位），否则车辆会滑移，导致发生事故。

（5）禁止在变速杆位于 N（空挡）位置状态下驾驶车辆，否则发动机制动器可能不工作，导致发生事故。

（6）安装部件和零件时，扭矩的大小请参考维修手册。

根据维修手册及日常保养时间表，完成挡位及挡位指示灯检查工作任务（见表 2-3-1）。

表 2-3-1　自动换档机构检查与保养

序号	内　容	图　示
挡位指示灯检查		
1	在进行车辆挡位指示灯检查前，应先做好安全防护检查工作，确认挡位指示灯所在位置	

续表

序号	内　容	图　示
挡位指示灯检查		
2	起动车辆，然后移动变速杆，在各挡位之间切换，观察中央仪表盘上的挡位指示灯，是否显示相应的挡位。[R（倒挡）、D（前进挡）、3（三挡）、2（二挡）、L（低速挡）]	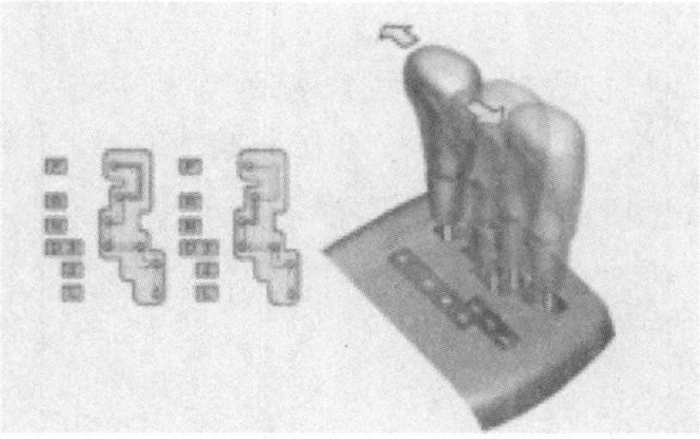
紧急释放 P 挡操作		
3	如果在踩下制动踏板的情况下不能把变速杆移出“P（驻车）”位置，持续踩下制动踏板，然后执行紧急释放 P 挡操作	
4	在变速器杆附近找到换挡锁止解除孔的盖，用一把螺丝刀（或钥匙）插入解除孔并按压，移动变速杆	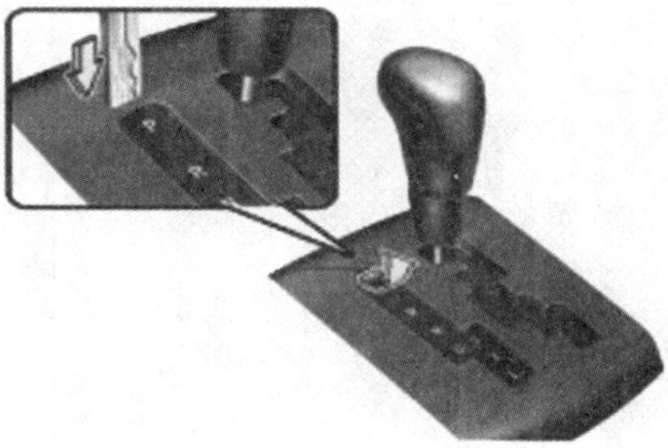
挡位指示面板拆装		
5	在进行车辆挡位指示面板拆装前，应先做好安全防护检查工作，确认好挡位指示面板拆装顺序方案，使用相应的工具进行面板的拆装	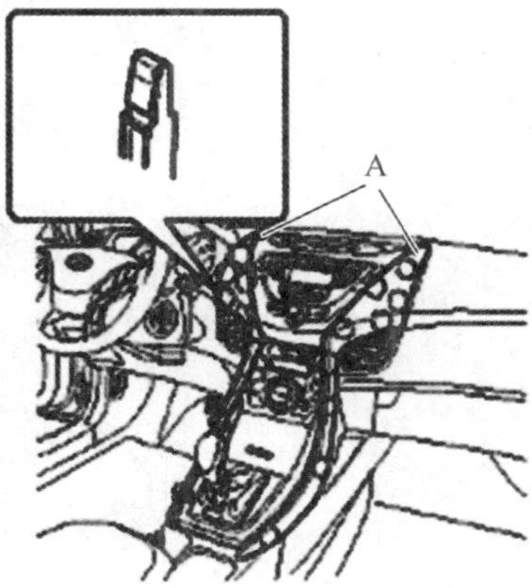

续表

序号	内　容	图　示
挡位指示面板拆装		
5	在进行车辆挡位指示面板拆装前，应先做好安全防护检查工作，确认好挡位指示面板拆装顺序方案，使用相应的工具进行面板的拆装	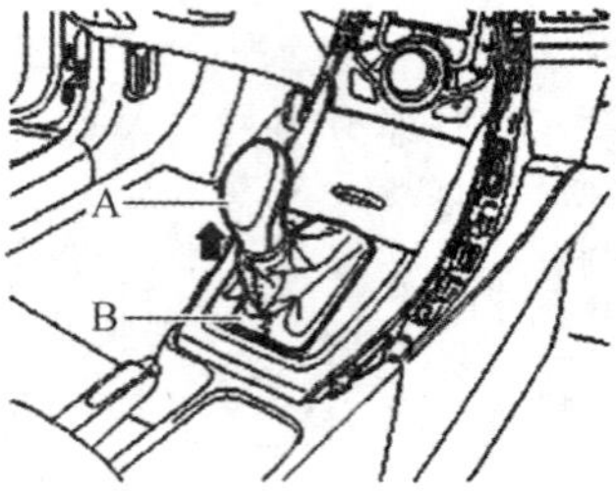
换挡电子元件数据读取		
6	使用故障诊断仪，进入变速箱系统读取数据	
7	起动并运行车辆，监测诊断仪上的“变速器挡位开关”参数.	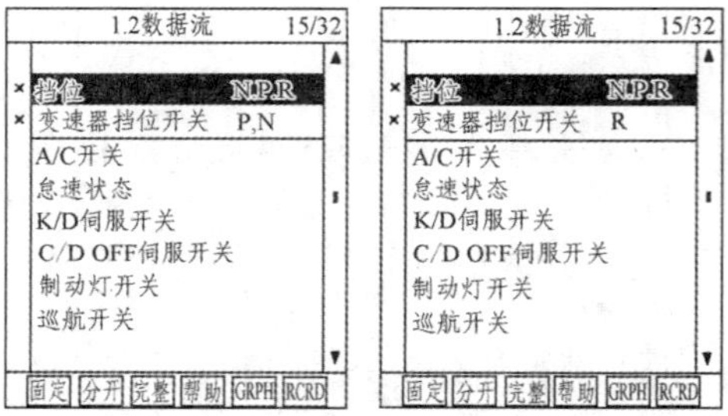

活页工单 2-3　自动换挡机构检查保养

接受工作任务

根据给定的车辆，完成自动换挡机构检查与保养。

收集信息

查阅相关维修资料，学习自动换挡机构的结构和组成原理，完成以下内容。

（1）对照变速器实物（见图 2-3-9），查阅维修手册等资料，将所查阅的信息填入表 2-3-2。

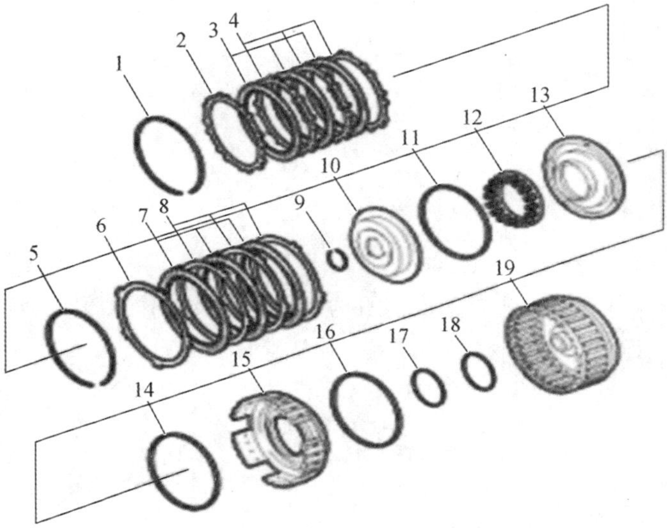

图 2-3-9　变速器的组成

表 2-3-2　变速器的构成

1	弹簧卡环	11	D 形环
2	离合器反作用盘	12	回位弹簧
3	离合器片	13	超速离合器活塞
4	离合器盘	14	D 形环
5	弹簧卡环	15	倒挡离合器活塞
6	离合器反作用盘	19	倒挡离合器挡圈
7	离合器片		
8	离合器盘		
9	弹簧卡环		
10	弹簧挡圈		

（2）根据所学排气系统的结构，查阅资料，并结合某型车辆，叙述单向离合器的结构特点和工作原理。

（3）查阅维修手册和资料，结合自动变速器中离合器结构和工作原理，分析 R 挡的换挡过程。

制定任务实施方案

分组查阅维修手册，认识自动换挡机构系统结构及工作原理，为维护与保养准备。

（1）任务分工：

（2）任务实施步骤：

（3）异常情况处理办法：

任务实施

如表 2-3-3 所示。

表 2-3-3　自动换挡机构检查与保养

<table>
<tr><td colspan="2">挡位指示灯检查</td></tr>
<tr><td></td><td>步骤 1　将车辆驶入工位，拉紧手刹，车轮放置三角块，并安装翼子板防护盖布
完成情况：□完成
□未完成，原因：________________</td></tr>
<tr><td></td><td>步骤 2　当点火开关转到 ON 位置时，换挡杆处于驻车挡位置，仪表盘上的指示灯显示 P（驻车）
完成情况：□完成
□未完成，原因：________________</td></tr>
<tr><td></td><td>步骤 3　挂入空挡：仪表盘上的指示灯显示 N（空挡）
完成情况：□完成
□未完成，原因：________________</td></tr>
<tr><td colspan="2">步骤 4　挂入倒挡：仪表盘上的指示灯显示 R（倒挡）
完成情况：□完成
□未完成，原因：____________________</td></tr>
<tr><td colspan="2">步骤 5　挂入前进挡：仪表盘上的指示灯显示 D（前进挡），升挡：D1—D2—D3—D4；降挡：D4—D3—D2—D1，仪表盘应对应显示
完成情况：□完成
□未完成，原因：____________________</td></tr>
<tr><td colspan="2">步骤 6　挂入 3（三挡）运行车辆，仪表盘上的指示灯显示 D1、D2、D3，在这三个挡位之间变化
完成情况：□完成
□未完成，原因：____________________</td></tr>
<tr><td colspan="2">步骤 7　挂入 2（二挡）运行车辆，仪表盘上的指示灯显示 D1、D2，在这两个挡位之间变化
完成情况：□完成
□未完成，原因：____________________</td></tr>
<tr><td colspan="2">步骤 8　挂入 L（低速挡）运行车辆，仪表盘上的指示灯显示 D1
完成情况：□完成
□未完成，原因：____________________</td></tr>
</table>

续表

紧急释放 P 挡操作	
	步骤 1　在踩下制动踏板的情况下不能把变速杆移出“P（驻车）”位置 完成情况：□完成 □未完成，原因：________
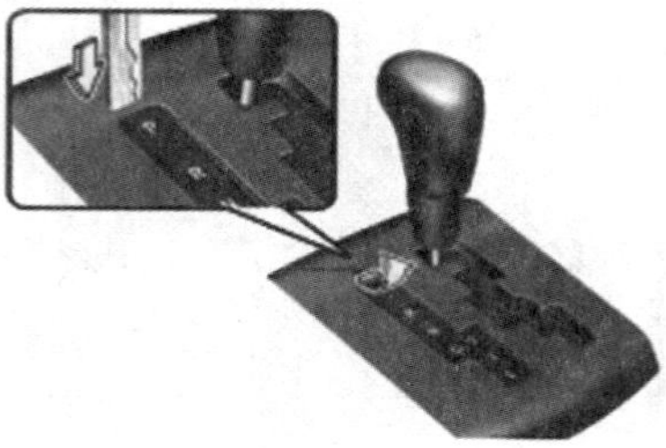	步骤 2　小心拆卸盖住换挡锁止解除孔的盖 完成情况：□完成 □未完成，原因：________
	步骤 3　将一把螺丝刀（或钥匙）插入解除孔并按压，移动变速杆操作 完成情况：□完成 □未完成，原因：________
挡位指示面板拆装	
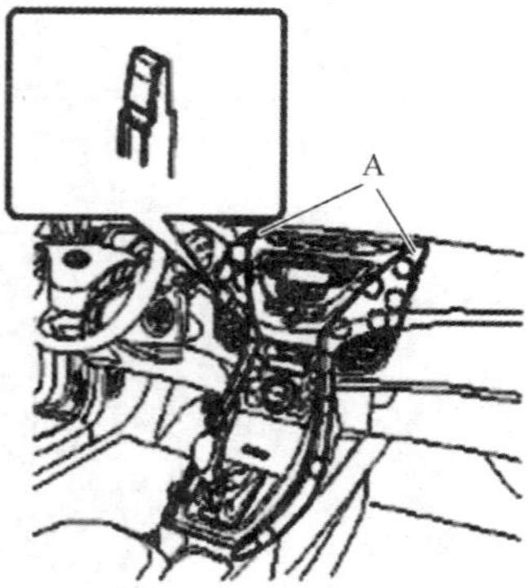	步骤 1　使用螺丝刀或拆卸工具，拆卸仪表板中央装饰板（A） 完成情况：□完成 □未完成，原因：________
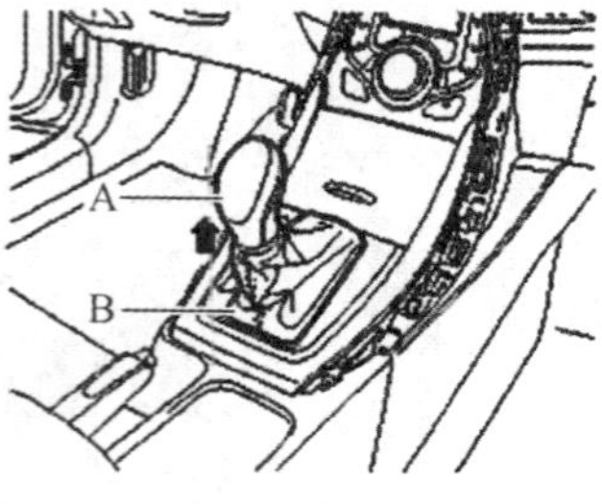	步骤 2　使用螺丝刀或拆卸工具，拆卸换挡杆防尘套（B）和换挡把手（A） 完成情况：□完成 □未完成，原因：________

续表

<table>
<tr><td colspan="2">挡位指示面板拆装</td></tr>
<tr><td>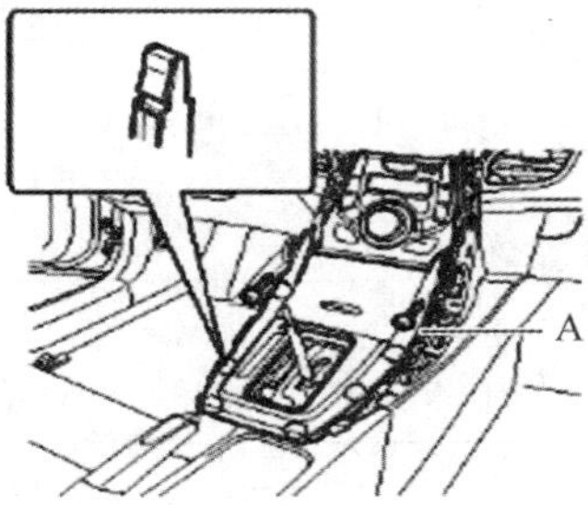</td><td>步骤 3　拧下固定螺钉后，拆卸控制台上盖（A）
完成情况：□完成
□未完成，原因：________</td></tr>
<tr><td colspan="2">换挡电子元件数据读取</td></tr>
<tr><td></td><td>步骤 1　把诊断连接器（DLC）连接到诊断仪上
完成情况：□完成
□未完成，原因：________</td></tr>
<tr><td></td><td>步骤 2　点火开关“ON”以及发动机“OFF”
完成情况：□完成
□未完成，原因：________</td></tr>
<tr><td></td><td>步骤 3　使用故障诊断仪，进入某车型变速箱系统读取数据
完成情况：□完成
□未完成，原因：________</td></tr>
<tr><td>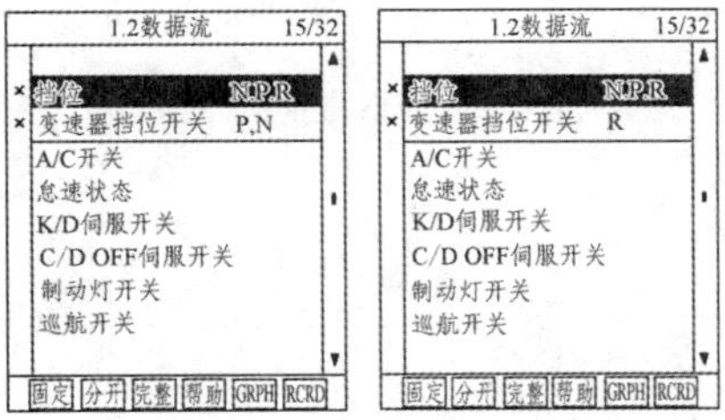</td><td>步骤 4　监测诊断仪上的“变速器挡位开关”参数
完成情况：□完成
□未完成，原因：________</td></tr>
</table>

续表

换挡电子元件数据读取	
	步骤 5　将变速杆移至“R”挡位 完成情况：□完成 □未完成，原因：________
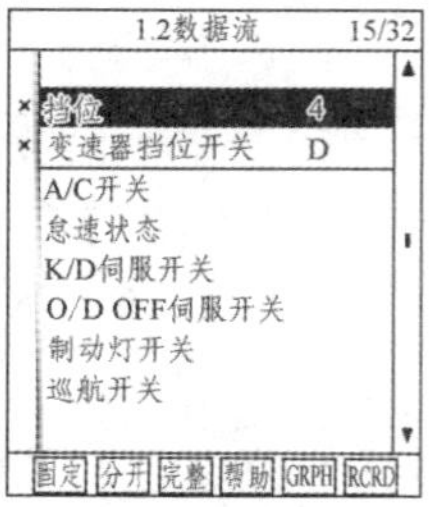	步骤 6　将变速杆移至“D”挡位 完成情况：□完成 □未完成，原因：________
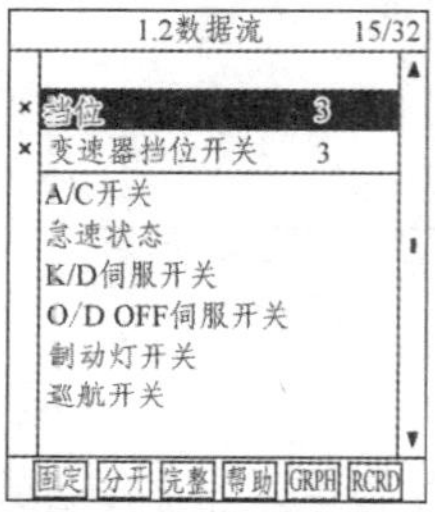	步骤 7　将变速杆移至“3”挡位 完成情况：□完成 □未完成，原因：________
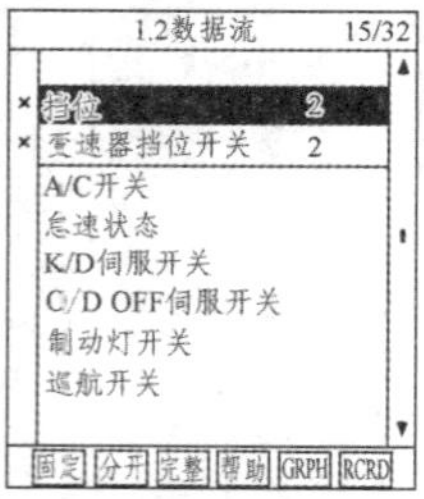	步骤 8　将变速杆移至“2”挡位 完成情况：□完成 □未完成，原因：________
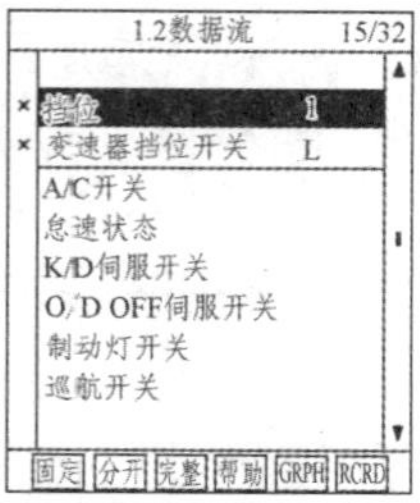	步骤 9　将变速杆移至“L”挡位 完成情况：□完成 □未完成，原因：________
	步骤 10　完成 7S 作业 完成情况：□完成 □未完成，原因：________

评价总结

学习任务评价表

班级____________小组____________学号____________姓名____________

<table>
<tr><td rowspan="2"></td><td rowspan="2">主要测评项目</td><td colspan="4">学生自评</td></tr>
<tr><td>A</td><td>B</td><td>C</td><td>D</td></tr>
<tr><td rowspan="5">关键能力总结</td><td>1. 遵守纪律，遵守学习场所管理规定，服从安排</td><td></td><td></td><td></td><td></td></tr>
<tr><td>2. 具有安全意识、责任意识、7S 管理意识，注重节约、节能与环保意识</td><td></td><td></td><td></td><td></td></tr>
<tr><td>3. 学习态度积极主动，能按时参加安排的实习活动</td><td></td><td></td><td></td><td></td></tr>
<tr><td>4. 具有团队合作意识，注重沟通，能自主学习及相互协作</td><td></td><td></td><td></td><td></td></tr>
<tr><td>5. 仪容仪表符合学习活动要求</td><td></td><td></td><td></td><td></td></tr>
<tr><td rowspan="4">专业知识与能力总结</td><td>1. 能完成挡位指示灯检查</td><td></td><td></td><td></td><td></td></tr>
<tr><td>2. 能完成紧急释放 P 挡操作</td><td></td><td></td><td></td><td></td></tr>
<tr><td>3. 能完成挡位指示面板拆装操作</td><td></td><td></td><td></td><td></td></tr>
<tr><td>4. 能完成换挡电子元件的数据读取</td><td></td><td></td><td></td><td></td></tr>
<tr><td>个人自评总结与建议</td><td colspan="5"></td></tr>
<tr><td>小组评价</td><td colspan="5"></td></tr>
<tr><td rowspan="2">教师评价</td><td rowspan="2"></td><td colspan="4">总评成绩</td></tr>
<tr><td colspan="4"></td></tr>
</table>

教师签字/日期：

测评考核

项目 2　自动变速箱功能检查保养

模块：汽车动力与驱动系统综合分析技术（初级）		考核时间：50 分钟	
姓名：	班级：	学号：	考评员签字：
初评：□合格□不合格	复评：□合格□不合格	师评：□合格□不合格	
日期：	日期：	日期：	
考核项目 2　自动变速箱功能检查保养　【实操考核报告】			

一、车辆信息记录

品　牌		整车型号		生产日期	
发动机型号		发动机排量		行驶里程	
车辆识别码					

二、自动变速箱油液检查

检查项目	液位检查情况	检查结果	检测项目	检测数据	结果
自动变速箱油	太低□ 太高□ 无□	正常□ 异常□	变速箱油油质	层	正常□ 异常□

三、自动变速箱油泄漏检查

检查项目	泄漏检查情况	泄漏部件名称	维修措施
自动变速箱油	泄漏□ 正常□		更换□ 调整□ 紧固□ 无□

四、查询用户手册记录自动变速箱保养项目里程及周期

保养项目	保养里程及周期	保养项目	保养里程及周期
自动变速箱油		自动变速箱滤芯器	

五、查阅维修手册，完成自动变速箱油及滤芯器的更换

作业项目	维修资料			
自动变速箱油更换	变速箱油类型		变速器类型	
	变速箱油容量		放油螺栓扭力	

六、自动变速箱挡位检查

挡位	仪表挡位指示灯检查情况	换挡杆挡位指示灯检查情况	挡位功能判断
P 挡	正常□ 异常□	正常□ 异常□	正常□ 异常□
R 挡	正常□ 异常□	正常□ 异常□	正常□ 异常□
N 挡	正常□ 异常□	正常□ 异常□	正常□ 异常□
D 挡	正常□ 异常□	正常□ 异常□	正常□ 异常□
M+	正常□ 异常□	正常□ 异常□	正常□ 异常□
M−	正常□ 异常□	正常□ 异常□	正常□ 异常□

项目 3 传动与分动功能检查保养

项目目标

（1）会分析传动与分动系统结构与工作原理；

（2）会检查离合器的性能；

（3）会更换离合器三件套；

（4）能检查和保养手动变速器；

（5）能检查和保养万向传动装置。

项目任务

（1）汽车传动和分动系统认识；

（2）离合器性能检查；

（3）手动变速器的检查保养；

（4）万向传动装置的检查保养。

资源准备

汽车底盘系统检修一体化教室，并准备如下实训设备、仪器设备、工量具等。

（1）设备：变速器拆装台架或教学实训车辆（每小组一台，4 ～ 6 人一组）。

（2）工量具、仪器设备：常用套筒、卡簧钳、拉马、压床、铜棒、游标卡尺、常用工具等。

（3）辅助工具：齿轮油、油壶、防滑手套等。

（4）其他材料：维修手册、实训指导书、教学软件、教学微课等。

情境导入

某 2012 年款小轿车，行驶里程为 85 000 km，车主报修，挂挡时，发动机转速上升很快，但汽车行驶缓慢，经过诊断，确定是传动系统故障引起，需要检查离合器、变数器、万向传动装置等部件，如果你是一名汽车售后维修技术人员，应如何解决这个故障呢？

接车与填写接车问诊表

<table>
<tr><td colspan="3">接 车 问 诊 表</td></tr>
<tr><td colspan="3">车牌号：__________ 车架号：__________ 行驶里程：__________（km）</td></tr>
<tr><td colspan="3">用户名：__________ 电话：__________ 来店时间：__________</td></tr>
<tr><td colspan="3">用户陈述及故障发生时的状况：行驶时，发动机转数快，车子无法行驶或者行驶缓慢</td></tr>
<tr><td colspan="3">故障发生状况提示：行驶速度、发动机状态、发生频率、发生时间、部位、天气、路面状况、声音描述</td></tr>
<tr><td colspan="3">接车员检测确认建议：检查传动系统</td></tr>
<tr><td colspan="3">车间检测确认结果及主要故障零部件：</td></tr>
<tr><td colspan="3">车间检查确认者：________</td></tr>
<tr><td rowspan="3">外观确认：
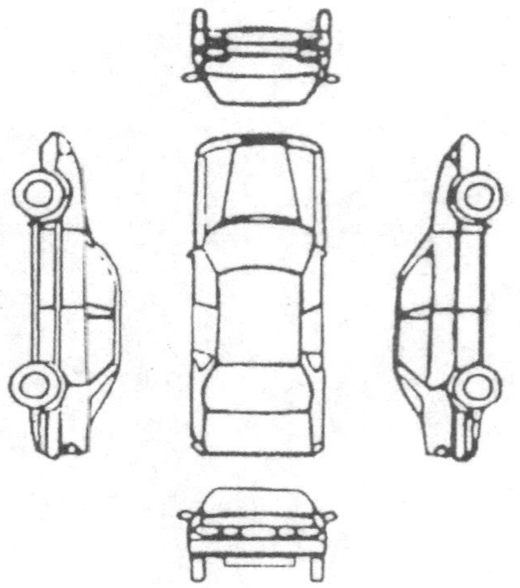
（请在有缺陷部位作标识）</td><td colspan="2">功能确认：（工作正常√；不正常×）
□音响系统 □门锁（防盗器）□全车灯光
□工具 □后视镜 □天窗 □座椅
□点烟器 □玻璃升降器 □玻璃</td></tr>
<tr><td colspan="2">物品确认：（有√；无×）</td></tr>
<tr><td>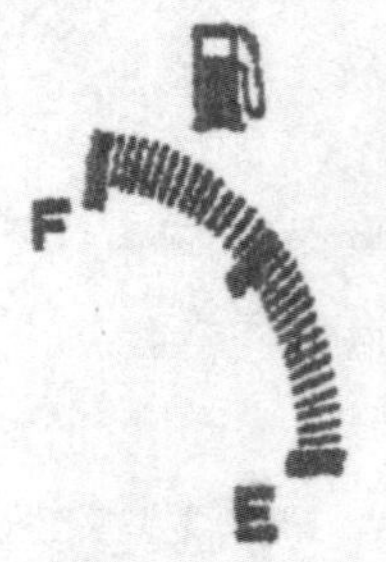
</td><td>□贵重物品提示
□工具 □备胎
□灭火器
□其他（　　　）
旧件是否交还用户
□是 □否
用户是否需要洗车
□是 □否</td></tr>
<tr><td colspan="3">• 检测费说明：本次检测的故障如用户在本店维修，检测费包含在修理费用内；如用户不在本店维修，请支付检测费。本次检测费：¥　　　　元。
• 贵重物品：在将车辆交给我店检查修理前，已提示将车内贵重物品自行收起并保存好，如有遗失恕不负责。
接车员：__________ 用户确认：__________</td></tr>
</table>

任务 1　认识传动系统

一、信息分析

通读下面文字内容和信息，标记出传动系统结构与工作原理关键内容。

（1）传动系统由哪些元件组成及其作用；

（2）各元件在车上的安装位置；

（3）传动系统的工作原理；

（4）传动系统的检查。

二、信息来源

（1）汽车公司资料；
（2）公开出版资料；
（3）互联网查询；
（4）相关车型维修手册；
（5）法律规定。

三、信息收集

1．传动系统的组成和作用

传动系统主要由离合器、变速器、万向传动装置、主减速器、差速器、半轴等组成，如图 3-1-1。汽车传动系统是将发动机发出的动力按照需要传给驱动车轮，并改变转矩的大小，以适应行驶条件的需要，保证汽车正常行驶。传动系统的作用归纳为以下方面：

① 减速和变速；② 实现汽车倒车；③ 需要时中断动力传递；④ 差速作用。

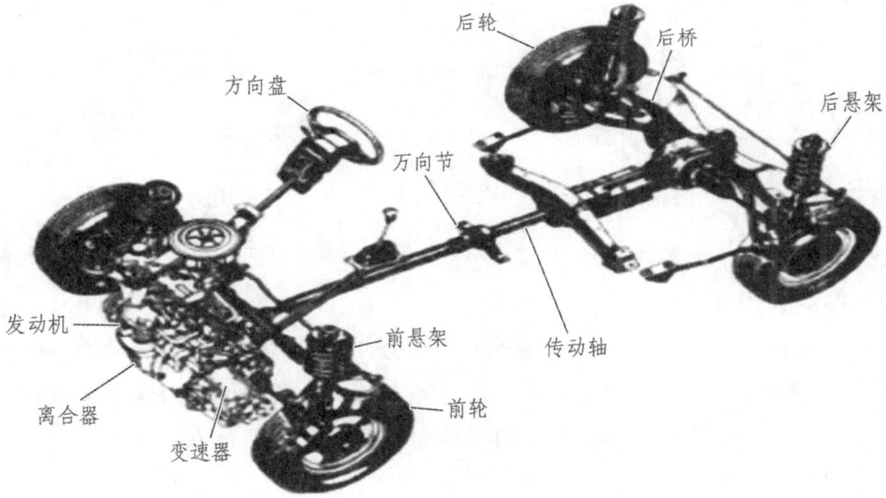

图 3-1-1　传动系统

2．传动系统的布置方式

汽车传动系统的布置方式按发动机相对于各总成的位置，有下列布置方式。

（1）发动机前置前轮驱动（FF），如图 3-1-2 所示。特点：在轿车上逐渐盛行的布置形式，具有结构紧凑、减小轿车的质量、降低地板的高度、改善高速时的操纵稳定性等优点。

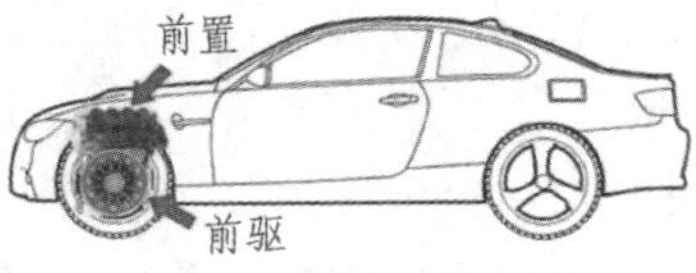

图 3-1-2　前置前轮驱动

（2）发动机前置后轮驱动（FR），如图 3-1-3 所示。特点：传统的布置形式，为大多数货车、部分轿车和客车采用。

（3）发动机中置后轮驱动（MR），如图 3-1-4 所示。特点：目前大多数运动型轿车和方程式赛车采用的布置形式。

图 3-1-3　前置后轮驱动

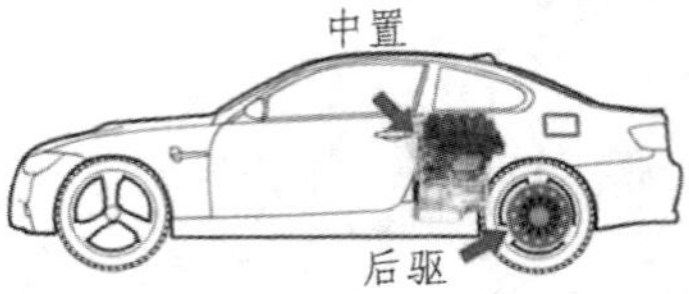

图 3-1-4　中置后轮驱动

（4）发动机后置后轮驱动（RR），如图 3-1-5 所示。特点：目前大、中型客车盛行的布置形式，具有降低室内噪声、有利于车身内部布置等优点。

（5）全轮驱动（nWD），如图 3-1-6 所示。特点：有多个驱动桥，在变速器后加了一个分动器，其作用是把变速器输出的动力经几套万向传动装置分别传给所有的驱动桥，并可以进一步降速增扭。

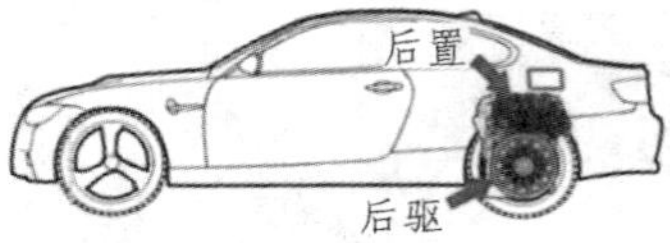

图 3-1-5　后置后轮驱动

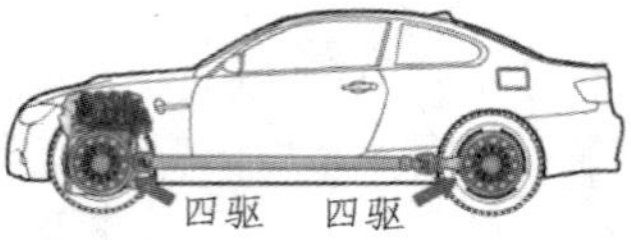

图 3-1-6　全轮驱动

3．汽车行驶的基本理论和名词

（1）汽车驱动力。

汽车行驶必须由外界对汽车施加一个推动力，这个力称为汽车驱动力。汽车行驶时，发动机的输出转矩通过传动系统传给驱动车轮，此时地面也对驱动车轮产生一个反作用力，即为汽车的驱动力，这个力的作用是使车子往前行驶。

（2）汽车的行驶阻力。

① 滚动阻力。滚动阻力主要是指车轮滚动时轮胎接触路面变形而产生的能量损失。

② 空气阻力。汽车行驶时，需挤开周围的空气，汽车前面受气流压力并且后面形成真空，产生压力差，此外还存在着各层空气之间以及空气与汽车表面的摩擦，再加上冷却发动机、室内通风以及汽车表面外凸零件引起的气流干扰等，就形成空气阻力。

③ 上坡阻力。汽车上坡时，其总重力沿路面方向的分力形成的阻力称为上坡阻力。

④ 加速阻力。汽车加速时，需克服其质量加速运动时的惯性力，即加速阻力。

（3）汽车附着力。

附着力不是汽车运动过程中受到的外力，而是指由路面给汽车提供的切向反作用力的最大值。

汽车行驶驱动条件：　驱动力≥行驶阻力。

汽车行驶附着条件：　驱动力≤行驶阻力（阻力为零，车子停止）。

4．各车型传动系统传动效率的比较

发动机发出的功率 e_p 在经传动系统传至驱动轮的过程中，若传动系统摩擦阻力消耗的功率为 t_p，则传动系统的传动效率为

$$t_\eta = (e_p - t_p)/e_p$$

由上式可知，只要测取 e_p 和 t_p，即可求出传动效率 t_η。通常，送检汽车的发动机功率 e_p 及其传动损失功率 t_p 可在底盘测功机上间接测得。传动效率可反映汽车传动系统的总体技术状况，其正常值如表 3-1-1 所示。若被检汽车传动系统传动效率低于表中数值，则说明传动系统技术状况较差，消耗在传动系统上的功率增大，损耗的功率主要消耗在各运动件的摩擦和搅油上。

表 3-1-1　汽车传动系统的传动效率

汽车类型		传动效率 η
轿车		0.90 ~ 0.92
载货汽车和公交汽车	单级主减速器	0.90
	双级主减速器	0.84
4×4 越野车		0.85
6×4 载货汽车		0.80

5．传动系统部件的认识（见表 3-1-2）

表 3-1-2　传动系统部分

序号	项　目	图　示	作　用
1	离合器总成	 	离合器使发动机与传动系统平顺接合，把发动机的动力传给传动系统，或者使两者分开，切断动力的传递
2	手动变速器总成		手动变速器可以改变发动机输出的转速、扭矩和旋转方向，也可以切断发动机至驱动轮的动力传导。此外，还可以在发动机运转的情况下切断发动机向驱动轮的动力传递

续表

序号	项　目	图　示	作　用
3	主减差速器		主减速器的功用是降低转速以增加转矩，保证汽车克服行驶阻力而正常行驶，并且通常要将传动系统的旋转方向改变 90°，将由传动轴传来的动力传给差速器。汽车转弯行驶时，左、右车轮在同一时间内滚过的距离不同，如果两侧驱动轮仅用一根刚性轴连接，则两者的角速度必然相同，因而在汽车转弯行驶时，必然产生车轮相对于地面的滑动（滑转或滑移）现象。这将使汽车转弯困难，动力消耗增加，传动系统内某些零件和轮胎的磨损加剧。为此，传动系统内必须设有既能将动力传给两侧驱动轮，又能允许两侧驱动轮以不同角速度旋转的机构，即差速器
4	半轴		半轴将动力由差速器传给驱动轮，使驱动轮获得旋转动力
5	轮毂		动力传递给驱动轮，驱动轮与地面产生摩擦力，从而使汽车前进或者后退

6．传动系统的作用与检查方法

汽车传动系统的基本作用是将发动机产出的动力传给驱动轮，以保证汽车能在不同条件下正常行驶，并具有良好的动力性和燃油经济性。传动系统各组成的检查要点如表 3-1-3 所示。

表 3-1-3　传动系统的组成与检查方法

序号	传动系统的组成	检查部位和方法
1	离合器总成	检查离合器踏板的行程高度和刹车油的液位高度
2	手动变速器总成	做失速试验，检查离合器的磨损程度
3	主减差速器	检查异响和温度
4	半轴	中高速试验，检查方向盘是否抖动
5	驱动轮	检查动平衡

7．传动系统的维护及注意事项

（1）汽车传动系统包括变速箱、传动轴、减速器和半轴等重要部件。传动系统的主要功能是把发动机的动力传输给驱动轮，它直接关系汽车能否安全地行驶。一旦传动系统发生故障，就会导致车辆抛锚在半路。因此应及时检查变速箱的油质和油位，看情况更换或者添加，传动轴也要及时加注润滑油；检查防尘套是否损坏并及时更换；检查万向节是否松动，并注意更换；同时也要检查减速器的油质和油位，酌情添加或者更换，并保证其处于密封状态，防止出现漏油的现象。

（2）汽车发动机发出的动力靠传动系统传递到驱动车轮。传动系统具有减速、变速、倒车、中断动力、轮间差速和轴间差速等功能，与发动机配合工作，能保证汽车在各种工况条件下的正常行驶，并具有良好的动力性和经济性。

（3）传动系统必须做好必要的保养，从而减小机械磨损，延长其使用寿命。

（4）个别车型传动系统在使用一段时间后，因为环境影响，造成传动系统驱动轴上油污、尘埃结聚，引起驱动齿轮复位迟缓而被飞轮反带产生瞬时响声，但不会影响传动性能。消除此响声的最好办法是，将传动机拆下，在驱动轴上加少许中性机油清洗污渍（切不可使用汽油清洗）。

活页工单 3-1　认识传动系统

接受工作任务

一辆 2012 年款小轿车，行驶里程为 85 000 km。车主打电话到售后服务公司：该车停放在地下停车场 20 多天，再次驾驶时发现踩离合踏板却挂不进前进挡，汽车传动有些困难，需要做哪些保养检查？

收集信息

以某型汽车传动系统为例，如图 3-1-7 所示，参照维修手册，指出传动系统的部件和位置。

图 3-1-7　传动系统

查阅相关维修资料，学习传动系统结构与工作原理，完成以下内容。

（1）对照实物，查阅资料，认识汽车传动系统的结构，将图画出，作序号与零件名称用实线连接，并在实物上找到相应的零件。

（2）查阅资料，学习传动机的结构，将如图 3-1-8 所示传动机结构图中序号与名称对应起来。

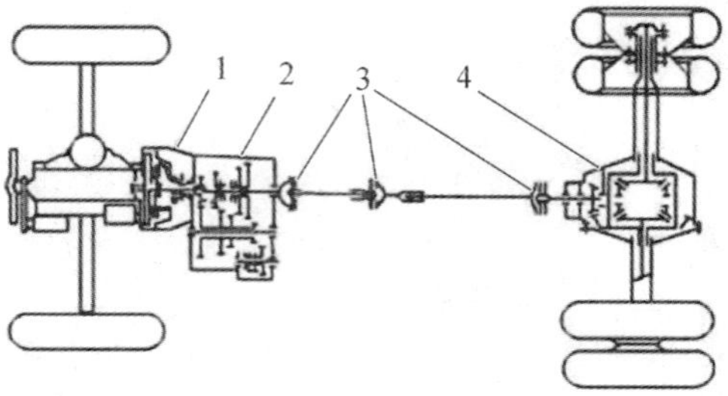

1　变速器
2　传动轴
3　离合器
4　主减差速器

图 3-1-8　传动机结构图

（3）查阅资料，对不同轿车传动系统驱动方式进行比较，然后记录在表 3-1-4 中。

表 3-1-4　不同轿车传动系统驱动方式

形　式	FR 方式（发动机前置后驱）	FF 方式（发动机前置前驱）	RR 方式（发动机后置后驱）	4WD 方式（四轮驱动）	后置前驱	中置后驱
结构特点						
优点						
缺点						
应用范围						

（4）查阅资料，机械运动有哪些注意事项?

制定任务实施方案

分组查阅维修手册，在真实汽车上认识传动系统的结构及工作原理，为维护与检测传动系统做准备。

（1）任务分工：

（2）任务实施步骤：

（3）异常情况处理办法：

任务实施

如表 3-1-5 所示。

表 3-1-5 传动系统结构认知

	步骤 1 指出离合器踏板 完成情况：□左边，原因：________ □中间，原因：________ □右边，原因：________
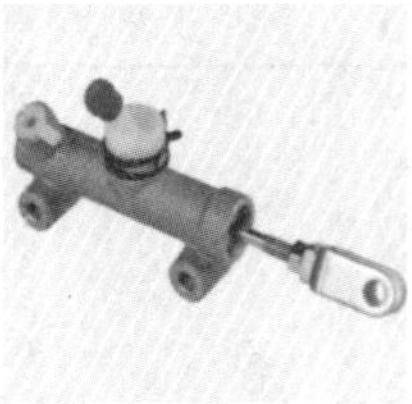	步骤 2 指出离合器主缸 技术要求：指出离合器油液的输入口和出油口。 完成情况：□黄色：________ □蓝色：________
	步骤 3 指出离合器液压油（齿轮油） 技术要求： （1）打开盖子，观察液压油的颜色为透明的浅黄色； （2）找出油壶的最高点和最低点； （3）外表应干净。 完成情况：□完成 □未完成，原因：________
	步骤 4 指出离合器总成 技术要求： （1）找出离合器片； （2）找出压盘； （3）找出平面轴承。 完成情况：□完成 □未完成，原因：________
	步骤 5 指出手动变速器总成 技术要求：（1）指出变速器总成的安装位置； （2）找出变速器的型号编码。 完成情况：□完成，编码：________ □未完成。
	步骤 6 指出万向传动装置总成 技术要求：（1）找出万向传动装置总成的安装位置； （2）指出黄油加注口。 完成情况：□完成 □未完成，原因：________
	步骤 7 指出主减差速器总成 技术要求：在实车中找出主减差速器总成的安装部位。 完成情况：□完成 □未完成，原因：________

续表

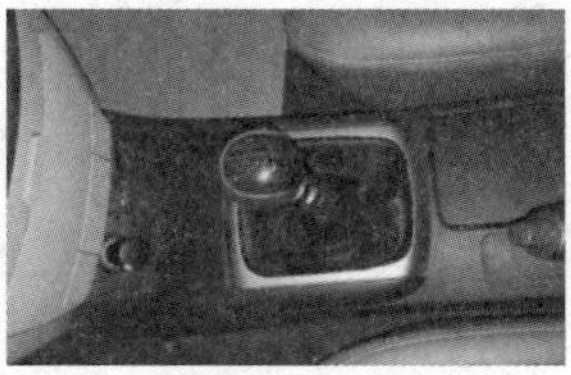	步骤 8　指出手动变速器的操纵机构 技术要求：(1) 找出手动变速器的变速杆； (2) 指出 4 挡，并挂挡。 完成情况：☐完成 ☐未完成，原因：________________
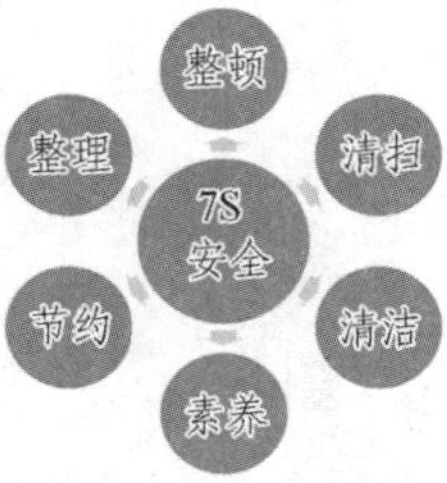	步骤 9　完成 7S 作业 技术要求：整理、整顿、清扫、清洁、素养、节约、安全 完成情况：☐完成 ☐未完成，原因：________________

评价总结

学习任务评价表

班级__________小组__________学号__________姓名____________

<table>
<tr><td rowspan="2"></td><td rowspan="2">主要测评项目</td><td colspan="4">学生自评</td></tr>
<tr><td>A</td><td>B</td><td>C</td><td>D</td></tr>
<tr><td rowspan="5">关键能力总结</td><td>1. 遵守纪律，遵守学习场所管理规定，服从安排</td><td></td><td></td><td></td><td></td></tr>
<tr><td>2. 具有安全意识、责任意识、7S 管理意识，注重节约、节能与环保意识</td><td></td><td></td><td></td><td></td></tr>
<tr><td>3. 学习态度积极主动，能按时参加安排的实习活动</td><td></td><td></td><td></td><td></td></tr>
<tr><td>4. 具有团队合作意识，注重沟通，能自主学习及相互协作</td><td></td><td></td><td></td><td></td></tr>
<tr><td>5. 仪容仪表符合学习活动要求</td><td></td><td></td><td></td><td></td></tr>
<tr><td rowspan="4">专业知识与能力总结</td><td>1. 能口述传动系统的结构、组成和工作原理</td><td></td><td></td><td></td><td></td></tr>
<tr><td>2. 能完成传动系统可视部件的指认</td><td></td><td></td><td></td><td></td></tr>
<tr><td>3. 能说出传动系统安全的注意事项</td><td></td><td></td><td></td><td></td></tr>
<tr><td>4. 能对传动系统进行检查与保养</td><td></td><td></td><td></td><td></td></tr>
<tr><td>个人自评总结与建议</td><td colspan="5"></td></tr>
<tr><td>小组评价</td><td colspan="5"></td></tr>
<tr><td rowspan="2">教师评价</td><td rowspan="2"></td><td colspan="4">总评成绩</td></tr>
<tr><td colspan="4"></td></tr>
</table>

教师签字/日期：

任务 2　传动系统离合器检查保养

一、信息分析

通读下面文字内容和信息，标记出离合器系统结构与工作原理关键内容。

（1）离合器系统由哪些元件组成及其功用；

（2）各元件在车上的安装位置；

（3）离合器系统的结构；

（4）离合器系统的工作原理。

二、信息来源

（1）汽车公司资料；

（2）公开出版资料；

（3）互联网查询；

（4）相关车型维修手册；

（5）法律规定。

三、信息收集

1．离合器系统的概念与作用

离合器是传动系中直接与发动机连接的总成，离合器的输出轴就是变速器的输入轴，汽车由起步进入正常行驶、换挡、制动直至停车的整个行驶过程中，离合器经常起作用。驾驶员根据需要，用离合器将发动机与变速器的动力暂时地分离或逐渐接合，以切断或接通发动机输往传动系的动力。为此，离合器必须具有如下作用：

① 保证汽车起步平稳；② 保证换挡工作平顺；③ 防止传动系过载。

2．摩擦式离合器的组成

如图 3-2-1 所示为摩擦片式离合器的基本组成和工作原理，其结构通常由主动部分、从动部分、压紧装置和操纵机构组成。主动部分由飞轮、压盘和离合器盖等组成，离合器盖用螺钉固定于飞轮的后端面，压盘通过传动片与离合器盖相连，可做轴向移动，飞轮与曲轴固定在一起，只要曲轴旋转，发动机动力便可通过飞轮、离合器盖传递到压盘，带动压盘一起转动。从动部分由从动盘和变速器第一轴等组成，带有从动盘摩擦片的从动盘安装于压盘与飞轮之间，通过花键套装在变速器第一轴上，变速器第一轴通过轴承支承于曲轴后端中心孔内。压紧装置由若干个压紧弹簧组成，安装于压盘与离合器盖之间，沿周向均匀分布，将压盘、飞轮和从动盘相互压紧。

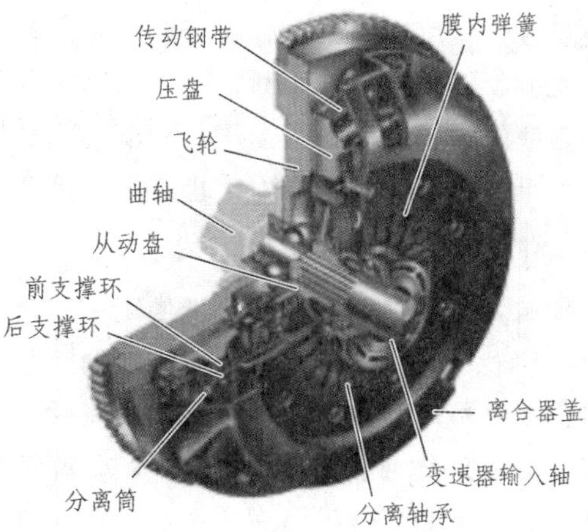

图 3-2-1　摩擦片式离合器组成

如图 3-2-2 所示，操纵机构由分离杠杆、弹簧、踏板、拉杆、拉杆调节叉、回位弹簧和分离叉、分离轴承等组成，分离杠杆中部铰接于离合器盖的支架上，内端则铰接于压盘上,通过弹簧的作用消除因分离杠杆支承处存在间隙而前后晃动产生的噪声，分离轴承压装在分离套筒上，分离套筒安装在变速器第一轴的轴承盖上，分离叉是中部带支点的杠杆，拉动分离叉下端便可通过分离轴承、分离杠杆向后拉动压盘，从而解除压盘对从动盘的压力。

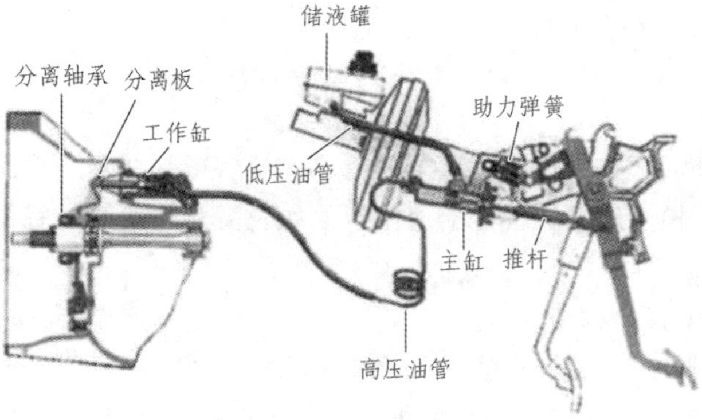

图 3-2-2　操纵机构组成

3．摩擦片式离合器的工作原理

（1）离合器接合。

发动机工作时，飞轮带动离合器主动部分压盘、离合器盖旋转。由于在压紧弹簧的作用下，压盘和从动盘被压紧在飞轮上，使从动盘接合面与飞轮、压盘产生摩擦力矩，并通过从动盘带动变速器第一轴一起旋转，发动机的动力便传给了变速器。

（2）离合器分离。

驾驶员踩下踏板，通过连接机构，分离轴承前移，压在分离杠杆上，使压盘产生一个向后的拉力，当该力大于压紧弹簧的张力时，从动盘与飞轮、压盘脱离接触，发动机停止向变速器输出动力。

（3）汽车起步。

缓慢放松踏板，通过连接机构作用在压盘上的拉力逐渐减小，在压紧弹簧的作用下，从动盘与飞轮、压盘接合程度逐渐增加，故摩擦力矩逐渐增加。飞轮、压盘和从动盘接合还不紧密、产生的摩擦力矩比较小时，主、从动部分可以不同步旋转，即离合器处于打滑状态，随着飞轮、压盘和从动盘压紧程度的逐渐加大，离合器主、从动部分转速也渐趋相等，直至离合器完全结合面停止打滑，接合过程即告结束。

4．离合器的自由间隙和踏板的自由行程

从离合器的工作原理可知，从动盘摩擦片经常使用变薄后，在压紧弹簧作用下，压盘向前（向飞轮方向）移动，分离杠杆内端则相应地向后移动，才能保证离合器完全接合。如果变薄损前分离杠杆内端和分离轴承之间没有预留一定间隙，则在摩擦片磨损后，分离杠杆内端因抵住分离轴承而不能后移，使分离杠杆外端牵制压盘不能前移，从而不能将从动盘压紧，则离合器难以完全接合，传动时会出现打滑现象。这不仅会降低离合器所能传递的最大转矩，而且会加速摩擦片和分离轴承磨损。因此，离合器处于正常接合状态时，在分离杠杆内端与分离轴承之间必须预留一定的间隙，即为离合器的自由间隙。

由于自由间隙的存在，踩下离合器踏板时，首先要消除这一间隙，然后才能开始分离离合器。为消除这一间隙所需的离合器踏板行程，称为离合器踏板的自由行程。通过拧动拉杆调节叉，改变拉杆的工作长度，可以调整自由间隙的大小，从而调整踏板的自由行程。

5．离合器系统检查保养

（1）离合器系统主要部件的检查。

① 压盘的检查。

压盘的常见外观损伤为工作面磨损、擦伤、龟裂或翘曲等。平面度大于 0.20 mm 时，应进行更换。检查压盘表面是否磨损、裂纹及变色，检查铆钉是否松动，按需要更换离合器盖总成。

② 膜片压紧弹簧的检查。

膜片压紧弹簧与分离轴承接合处磨损深度不应大于 0.60 mm，宽度不应大于 0.50 mm，否则应更换压盘总成。压紧弹簧自由长度不应比标准短 3 mm，压缩至规定长度的弹力不应低于原来的 20%～25%，否则应进行更换或加垫。检查膜片弹簧端部是否磨损及高度是否均匀。膜片压紧弹簧内端磨损的检查如图 3-2-3 所示。

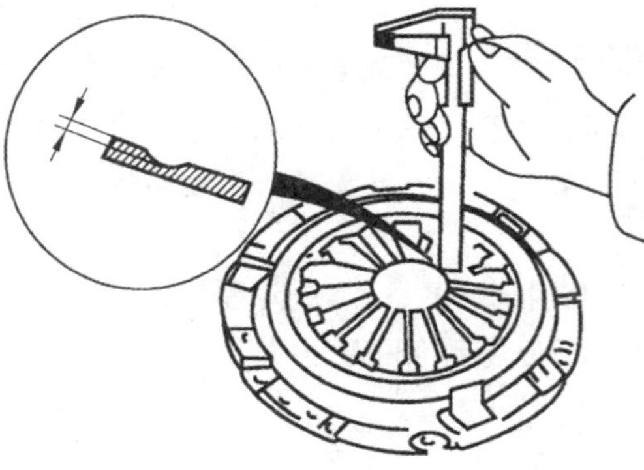

图 3-2-3　膜片压紧弹簧内端磨损的检查

③ 从动盘的检查。

从动盘的常见损伤为摩擦片磨损变薄或铆钉外露、松动；摩擦片开裂、烧焦、硬化、有油污；从动盘翘曲；从动盘花键槽磨损；扭转减振器弹簧折断等。检查离合器表面是否存在铆钉松动、接触不均匀，以及由于咬黏、附着机油或润滑脂而导致的变质。更换有缺陷的离合器片。

a. 利用百分表在车床上检查，其端面跳动应小于 0.40 mm（距边缘 2.50 mm 处测量），否则应更换。从动盘的检查如图 3-2-4 所示。

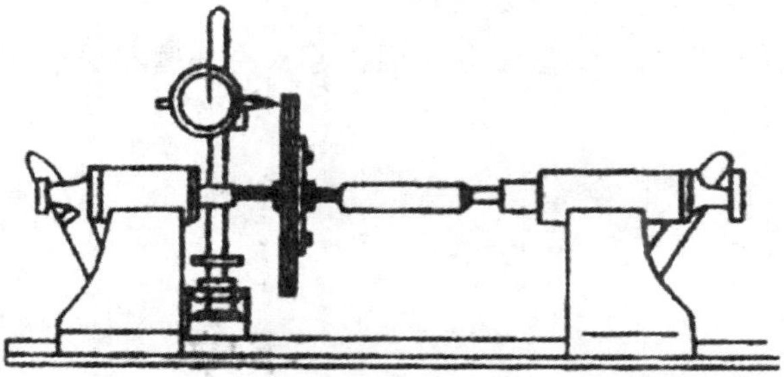

图 3-2-4　从动盘的检查

b. 利用深度游标卡尺检查摩擦片表面铆钉头深度，若小于 0.20 mm 则应更换。摩擦片磨损程度的检查如图 3-2-5 所示。

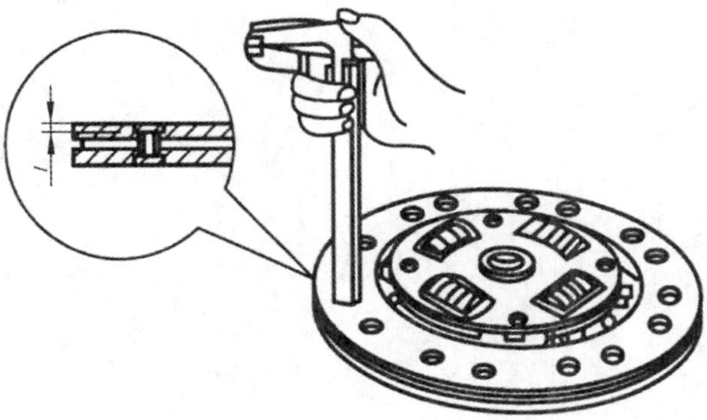

图 3-2-5　摩擦片磨损程度的检查

④ 分离轴承的检查。

检查轴承有无咬黏、损坏或异响，并检查膜片弹簧接触面有无磨损。

⑤ 主缸的检查。

a. 检查气缸体内部是否生锈、局部腐蚀或刮伤。

b. 检查活塞皮碗是否磨损或变形。

c. 检查活塞的锈蚀、凹坑或刮伤。

d. 检查并确定离合器管路没有任何形式的堵塞或受限制。

⑥ 分缸的检查。

a. 检查离合器分离缸的漏油情况。

b. 检查离合器分离缸防尘套的损坏情况。

c. 检查分离缸的锈蚀和损坏情况。

⑦ 离合器踏板的检查。

a. 检查踏板轴和衬套是否磨损。

b. 检查离合器踏板有无弯曲或扭曲。

c. 检查回位弹簧的损坏或变质情况。

d. 检查踏板垫有无损坏或磨损。

e. 检查离合器踏板的自由行程，自由行程标准值为 6 ~ 13 mm。

f. 检查离合器踏板的高度：182.8 mm。

注意事项：使用碎布防止活塞爆开从而引起人身伤害；缓慢应用压缩空气；防止液体喷射到眼睛或皮肤上。

活页工单 3-2　传动系统离合器检查保养

接受工作任务

一辆 2013 年款某型轿车，行驶里程为 15 000 km。车主打电话到售后服务公司：该车停放在地下停车场 15 天，再次驾驶时发现踩离合踏板时变重，需要做哪些检查?

收集信息

查阅相关维修资料，学习传动系统离合器的结构与工作原理，完成以下内容。

（1）对照实物，查阅资料，认识传动系统离合器的结构，对应序号把零件名称填在图 3-2-6 中。

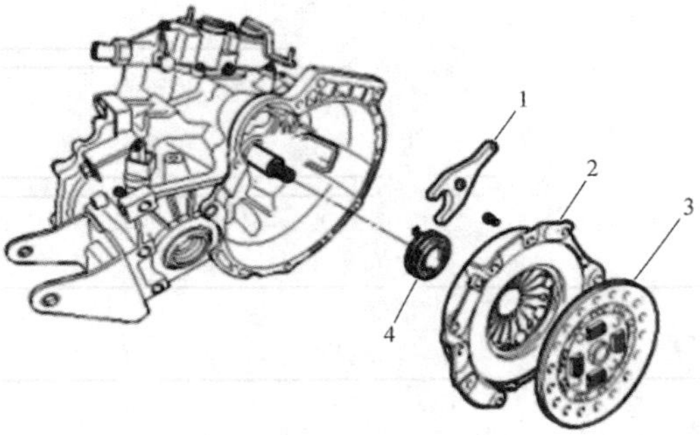

	名称	工作原理	位置
1			
2			
3			
4			

图 3-2-6　传动系统离合器结构

（2）查阅资料，学习操纵机构主缸的结构，将主缸结构按序号填入图 3-2-7 中。

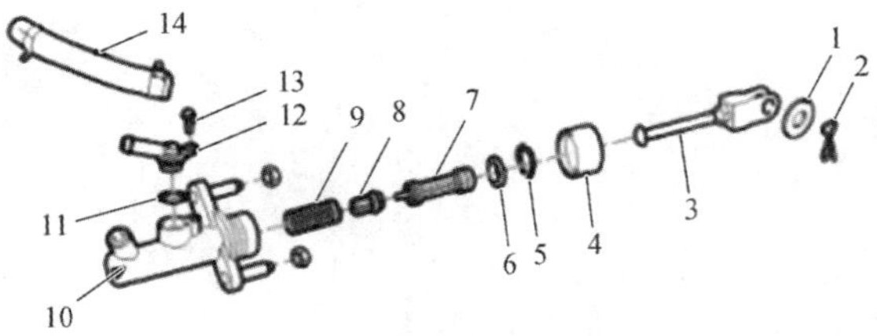

1		8	
2		9	
3		10	
4		11	
5		12	
6		13	
7		14	

图 3-2-7　操纵机构主缸结构

（3）查阅资料，学习操纵机构分缸的结构，将分缸结构按序号填入图 3-2-8 中。

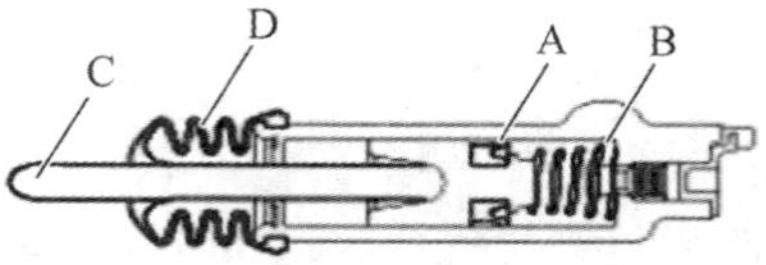

A		C	
B		D	

图 3-2-8　操纵机构分缸结构

制定任务实施方案

分组查阅维修手册，对离合器总成进行拆装，为维护与检测离合器做准备。

（1）任务分工：

（2）任务实施步骤：

（3）异常情况处理办法：

任务实施

如表 3-2-1 所示。

表 3-2-1　传动系统离合器检查保养

<table>
<tr><td colspan="2">离合器液压管路泄漏检查</td></tr>
<tr><td>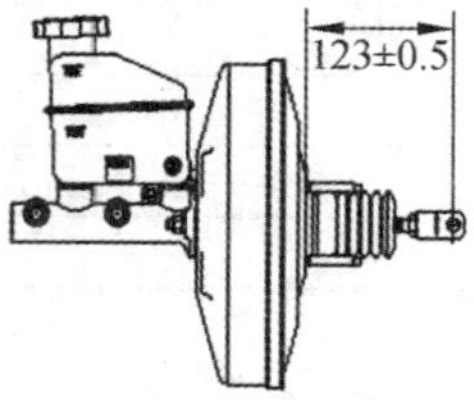</td><td>步骤 1　检查制动液液位
完成情况：□正常
□不正常，原因：________</td></tr>
</table>

续表

离合器液压管路泄漏检查	
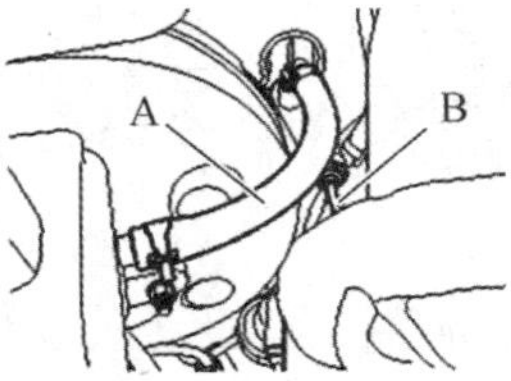	步骤 2　检查离合器高低压管的老化、漏油情况（A和 B） 完成情况：□正常 □不正常，原因：________
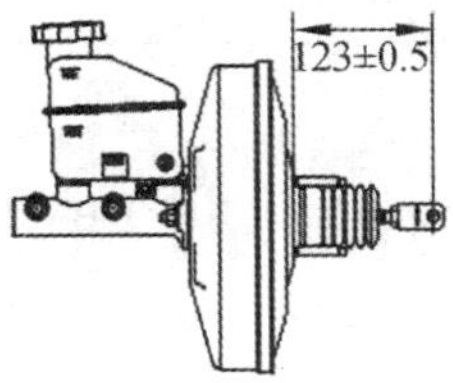	步骤 3　检查离合器主缸的漏油情况 完成情况：□正常 □不正常，原因：________
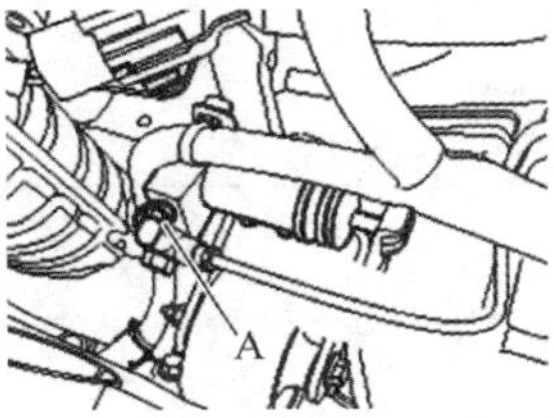	步骤 4　检查离合器分离缸的漏油情况 完成情况：□正常 □不正常，原因：________
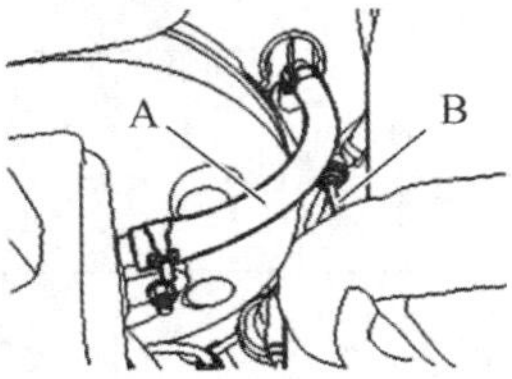	步骤 5　检查高低液压管路连接处漏油情况 完成情况：□正常 □不正常，原因：________
拆卸离合器主缸	
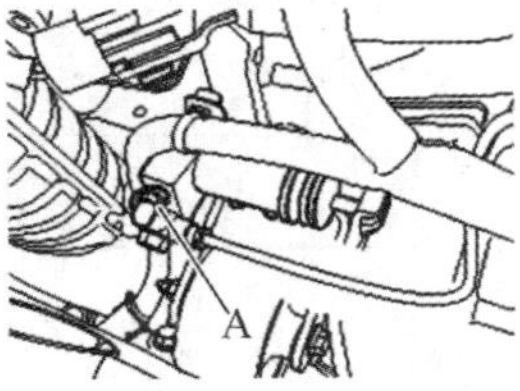	步骤 1　通过放气塞（A）排放制动液 完成情况：□完成 □未完成，原因：________
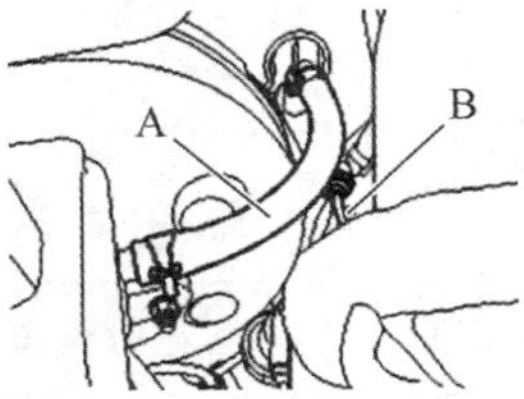	步骤 2　从总泵上拆卸连接到制动储液罐上的挠性软管（A） 完成情况：□完成 □未完成，原因：________
	步骤 3　从主缸上分离离合器管（B） 完成情况：□完成 □未完成，原因：________
	步骤 4　分离两个点火锁开关连接器 完成情况：□完成 □未完成，原因：________

续表

拆卸离合器主缸	
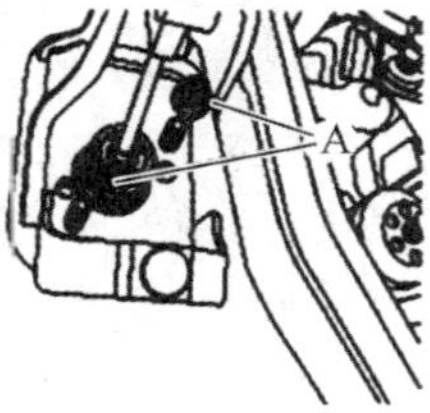	步骤 5　拆卸离合器踏板固定螺母 A（2 个）和支架固定螺母 完成情况：□完成 □未完成，原因：________________
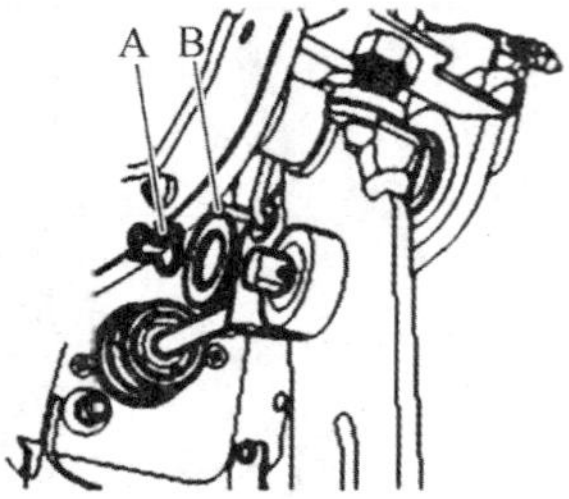	步骤 6　通过拆卸卡环（A）和垫圈（B），从主缸上分离推杆 完成情况：□完成 □未完成，原因：________________
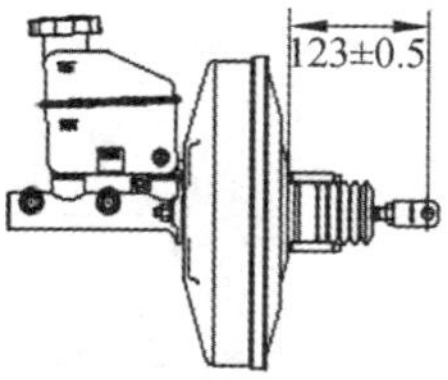	步骤 7　拆卸固定主缸至离合器踏板总成的螺钉或螺母 完成情况：□完成 □未完成，原因：________________
离合器主缸的安装与调整	
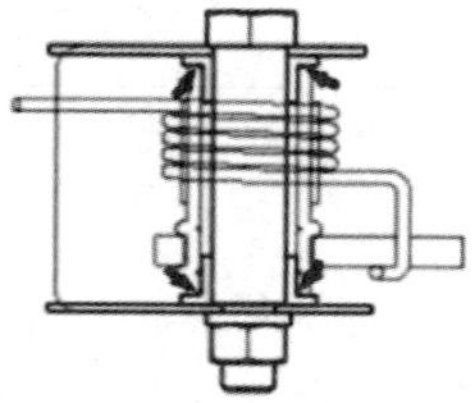	步骤 1　在离合器踏板和衬套上涂抹指定润滑脂 技术要求：底盘润滑脂 SAE J310a，NLGI No.1。 完成情况：□完成 □未完成，原因：________________
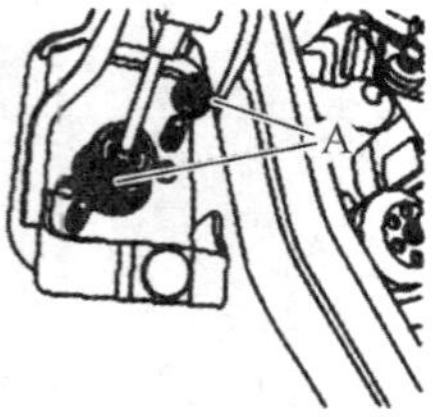	步骤 2　安装固定主缸至离合器踏板总成的螺钉或螺母 完成情况：□完成 □未完成，原因：________________
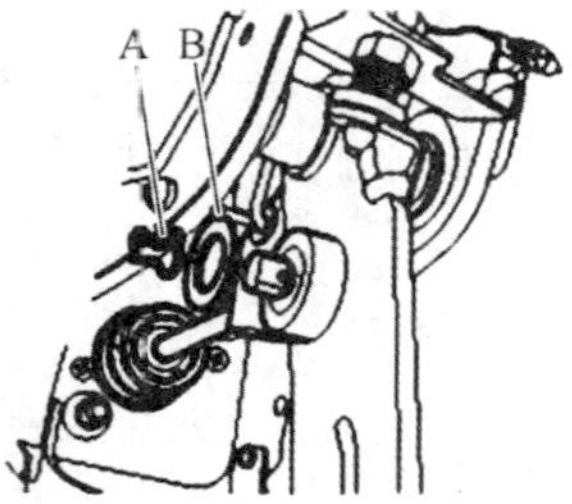	步骤 3　卡环（A）和垫圈上涂抹规定的润滑脂 技术要求：车轮轴承润滑脂 SAE J310，NLGI No.2。 完成情况：□完成 □未完成，原因：________________
	步骤 4　通过安装卡环（A）和垫圈（B），将推杆连接到离合器踏板上 完成情况：□完成 □未完成，原因：________________

续表

离合器主缸的安装与调整	
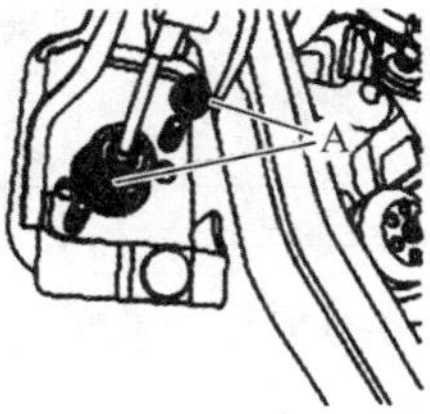	步骤 5　安装离合器踏板固定螺母 A（2 个） 技术要求：扭矩为 25～35 N·m。 完成情况：□完成 □未完成，原因：__________
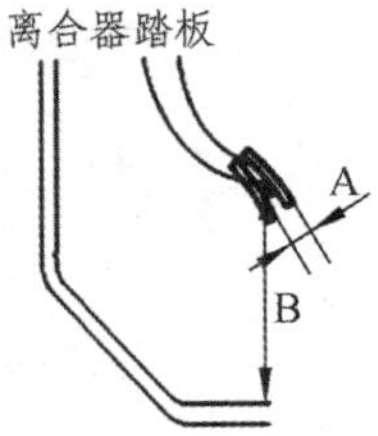	步骤 6　在标准值范围内调整离合器踏板，然后通过拧紧锁紧螺母将其固定 技术要求：自由间隙（A）：6～13 mm；高度（B）：182.8 mm。 完成情况：□完成 □未完成，原因：__________
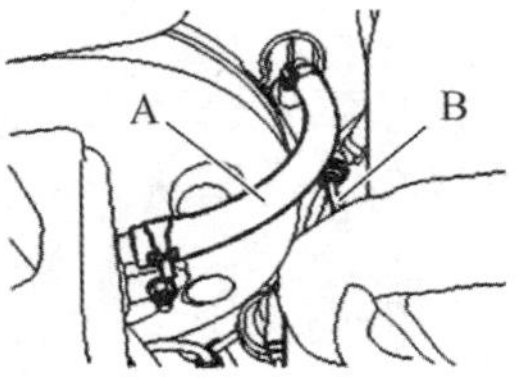	步骤 7　将制动储液罐的软管（A）连接到主缸 完成情况：□完成 □未完成，原因：__________
	步骤 8　连接离合器管（B）至主缸 完成情况：□完成 □未完成，原因：__________
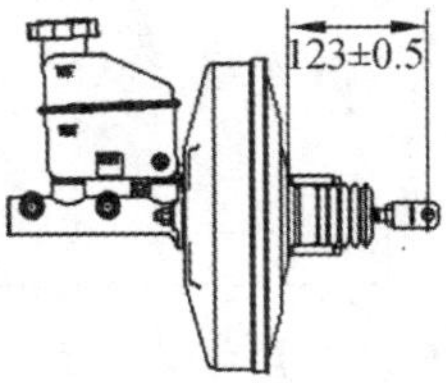	步骤 9　重新添加制动液 完成情况：□完成 □未完成，原因：__________
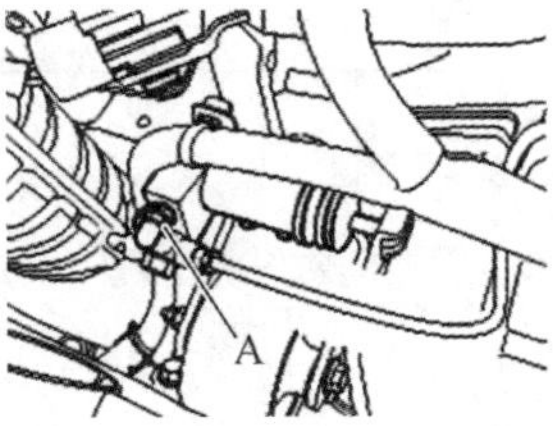	步骤 10　给离合器系统放气（参考维修调整程序中的放气） 完成情况：□完成 □未完成，原因：__________
离合器油空气排放	
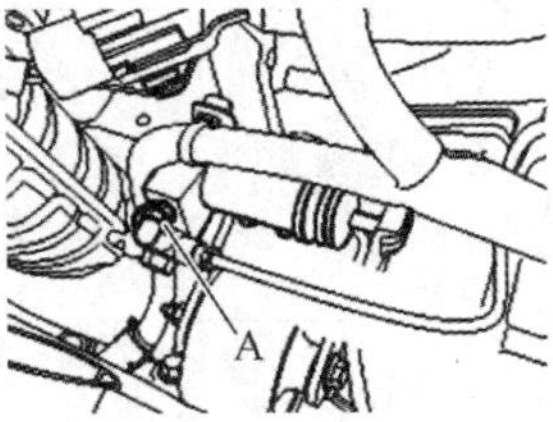	步骤 1　拧松离合器分离缸上的放气螺钉（A） 完成情况：□完成 □未完成，原因：__________

续表

<table>
<tr><td colspan="2">离合器油空气排放</td></tr>
<tr><td rowspan="2"></td><td>步骤 2　慢慢踩下离合器踏板直到所有空气排出位置
完成情况：□完成
□未完成，原因：________________</td></tr>
<tr><td>步骤 3　在离合器踏板完全踏下的状态下，拧紧放气塞
完成情况：□完成
□未完成，原因：________________</td></tr>
<tr><td>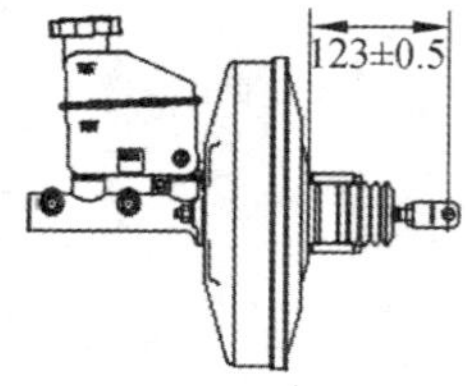
</td><td>步骤 4　离合器主泵中注入规定机油
完成情况：□完成
□未完成，原因：________________</td></tr>
<tr><td>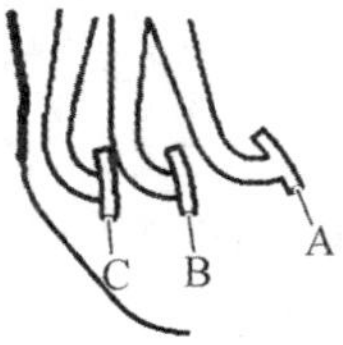
</td><td>步骤 5　在 BC 范围内迅速反复地操作离合器踏板会导致离合器分泵位置混乱。在放气操作过程中，把离合器踏板压到底之后返回到“A”位置
完成情况：□完成
□未完成，原因：________________</td></tr>
<tr><td colspan="2">离合器踏板检查</td></tr>
<tr><td rowspan="2">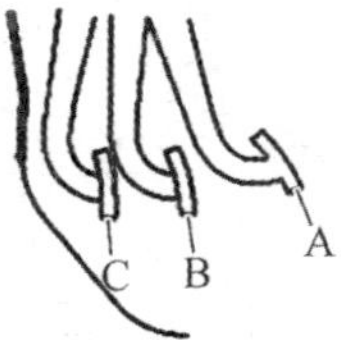
</td><td>步骤 1　检查踏板轴和衬套是否磨损
完成情况：□正常
□不正常，原因：________________</td></tr>
<tr><td>步骤 2　检查离合器踏板有无弯曲或扭曲
完成情况：□正常
□不正常，原因：________________</td></tr>
<tr><td>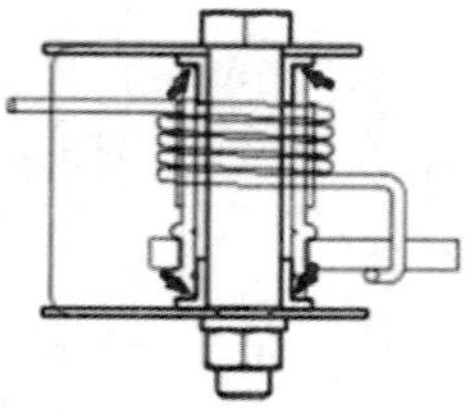</td><td>步骤 3　检查回位弹簧的损坏或变质情况
完成情况：□正常
□不正常，原因：________________</td></tr>
<tr><td>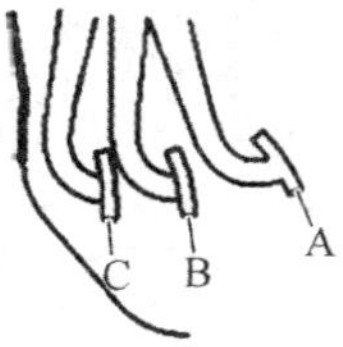
</td><td>步骤 4　检查踏板垫有无损坏或磨损
完成情况：□正常
□不正常，原因：________________</td></tr>
</table>

续表

离合器踏板安装与调整	
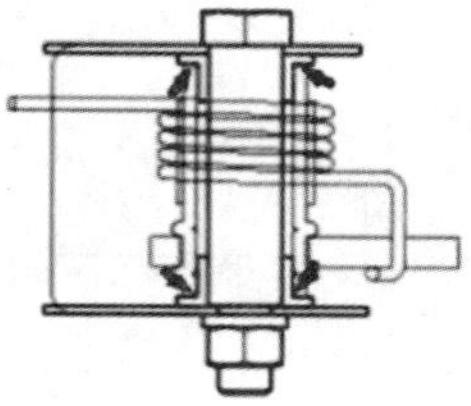	步骤 1　在离合器踏板和衬套上涂抹指定润滑脂 技术要求：底盘润滑脂 SAE J310a，NLGI No.1。 完成情况：☐完成 ☐未完成，原因：________
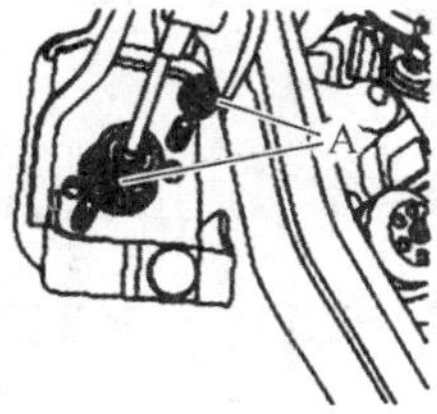	步骤 2　安装固定主缸至离合器踏板总成的螺钉或螺母 完成情况：☐完成 ☐未完成，原因：________
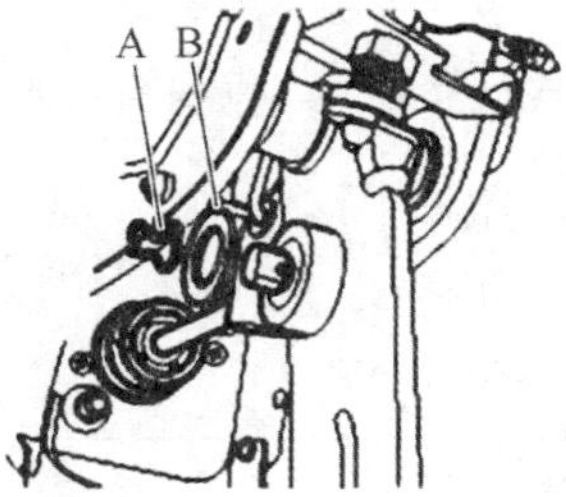	步骤 3　卡环（A）和垫圈上涂抹规定的润滑脂 技术要求：车轮轴承润滑脂 SAE J310，NLGI No.2。 完成情况：☐完成 ☐未完成，原因：________
	步骤 4　通过安装卡环（A）和垫圈（B），将推杆连接到离合器踏板上 完成情况：☐完成 ☐未完成，原因：________
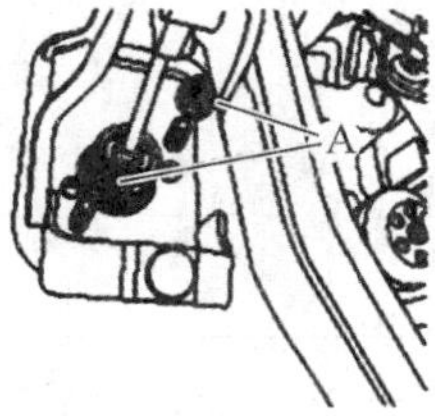	步骤 5　安装离合器踏板固定螺母 A（2 个） 技术要求：扭矩为 25 ~ 35 N · m。 完成情况：☐完成 ☐未完成，原因：________
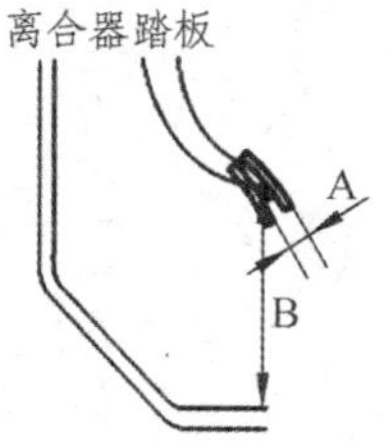	步骤 6　在标准值范围内调整离合器踏板，然后通过拧紧锁紧螺母将其固定 技术要求：自由间隙（A）：6 ~ 13 mm； 高度（B）：182.8 mm。 完成情况：☐完成 ☐未完成，原因：________
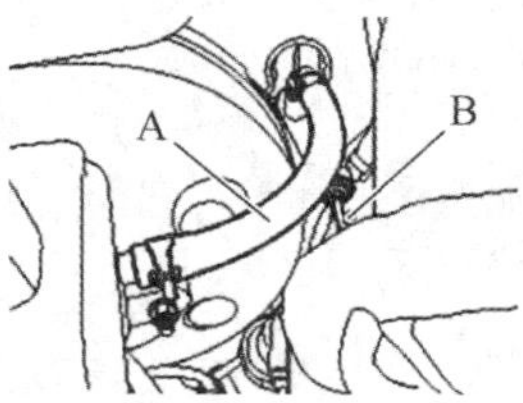	步骤 7　将制动储液罐的软管（A）连接到主缸 完成情况：☐完成 ☐未完成，原因：________
	步骤 8　连接离合器管（B）至主缸 完成情况：☐完成 ☐未完成，原因：________

续表

<table>
<tr><td colspan="2">离合器踏板安装与调整</td></tr>
<tr><td>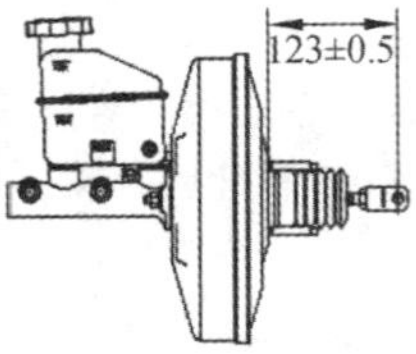</td><td>步骤 9　重新添加制动液
完成情况：□完成
□未完成，原因：________________</td></tr>
<tr><td></td><td>步骤 10　给离合器系统放气（参考维修调整程序中的放气）
完成情况：□完成
□未完成，原因：________________</td></tr>
<tr><td colspan="2">离合器总成拆装</td></tr>
<tr><td>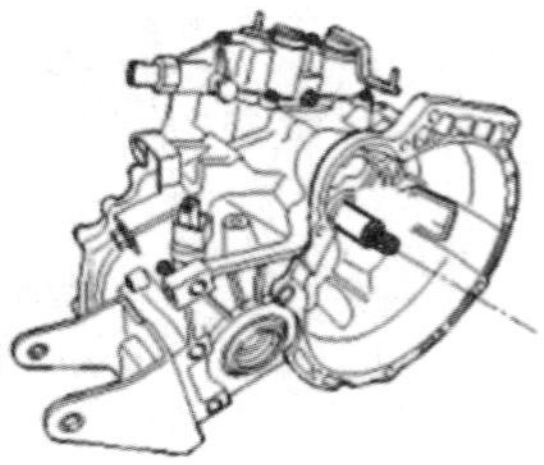</td><td>步骤 1　拆卸变速器总成（参考手动变速器的拆卸）
完成情况：□完成
□未完成，原因：________________</td></tr>
<tr><td>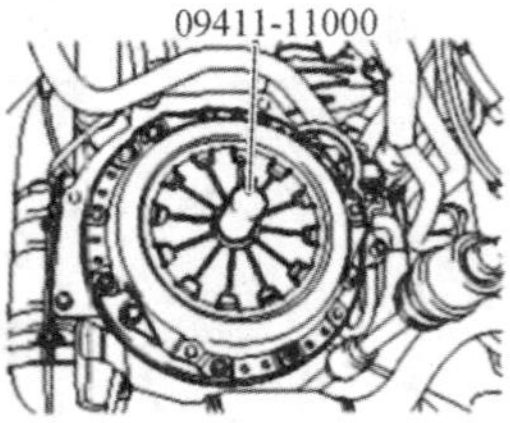</td><td>步骤 2　将专用工具（09411-11000）插入离合器片内，防止离合器片移动
完成情况：□完成
□未完成，原因：________________</td></tr>
<tr><td>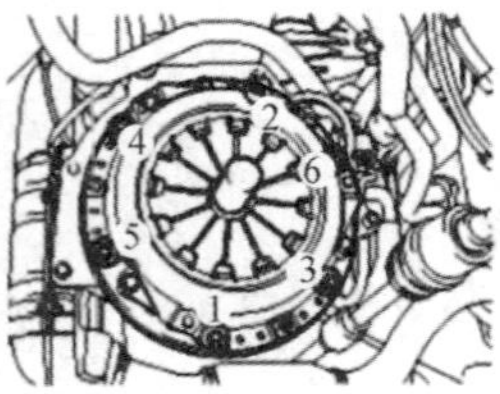</td><td>步骤 3　按对角线方向拧松连接离合器至飞轮的螺栓（6 个）
技术要求：连续拧松螺栓，每次一圈或两圈，以避免离合器盖变形。
完成情况：□完成
□未完成，原因：________________</td></tr>
<tr><td colspan="2">离合器总成的安装</td></tr>
<tr><td>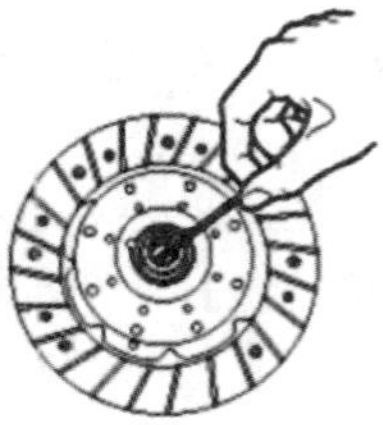</td><td>步骤 1　提供多用途润滑脂到盘花键
技术要求：润滑剂 CASMOLY L 9508。
注意：安装离合器，在各部位涂抹润滑脂，小心不要涂抹过多，否则会导致离合器滑移和振动（抖振）。
完成情况：□完成
□未完成，原因：________________</td></tr>
</table>

续表

离合器总成的安装	
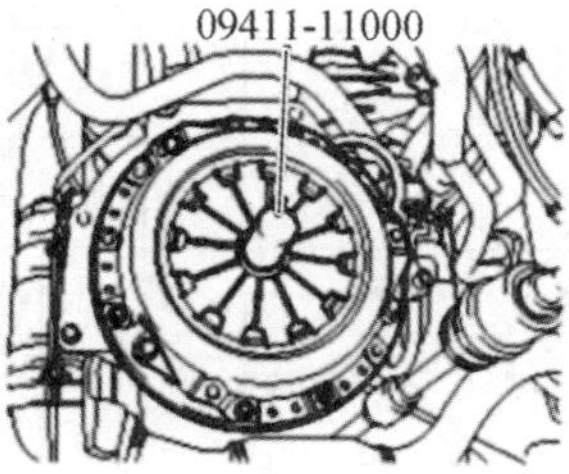	步骤 2　用专用工具（09411-11000）在飞轮上安装离合器片总成 完成情况：□完成 □未完成，原因：________
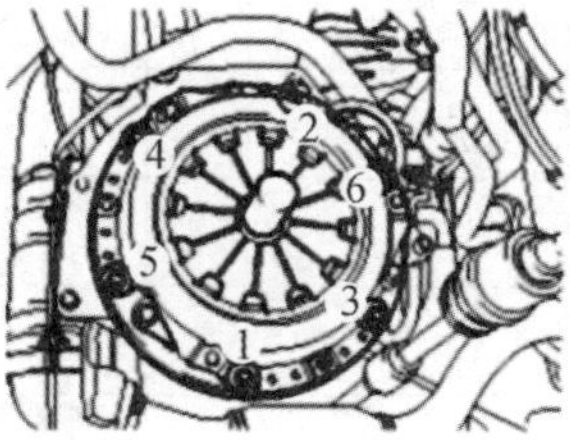	步骤 3　在飞轮上安装离合器盖总成，逐步拧紧螺栓，一次拧紧 1～2 圈 技术要求：规定扭矩（离合器盖螺栓）为 15～22 N·m。 完成情况：□完成 □未完成，原因：________
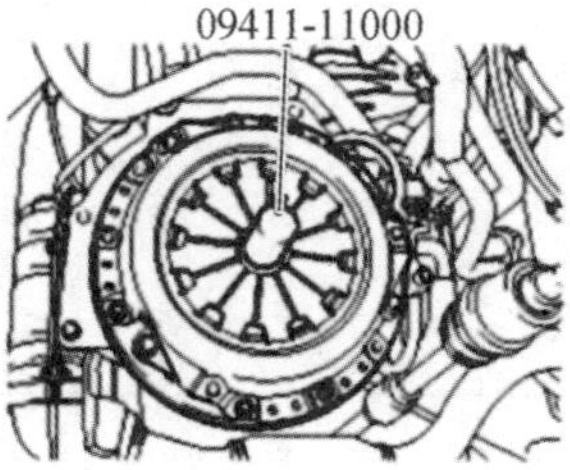	步骤 4　拆卸离合器片导杆（09411-11000） 完成情况：□完成 □未完成，原因：________
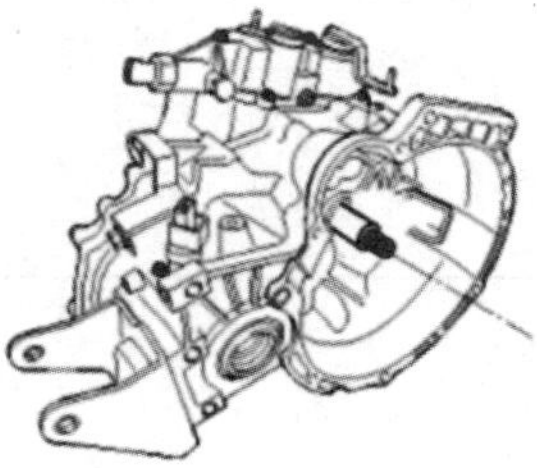	步骤 5　安装变速器总成至发动机（参考手动变速器安装） 完成情况：□完成 □未完成，原因：________
	步骤 6　完成 7S 作业 技术要求：整理、整顿、清扫、清洁、素养、节约、安全 完成情况：□完成 □未完成，原因：________

评价总结

学习任务评价表

班级__________小组__________学号__________姓名__________

<table>
<tr><td rowspan="2"></td><td rowspan="2">主要测评项目</td><td colspan="4">学生自评</td></tr>
<tr><td>A</td><td>B</td><td>C</td><td>D</td></tr>
<tr><td rowspan="5">关键能力总结</td><td>1. 遵守纪律，遵守学习场所管理规定，服从安排</td><td></td><td></td><td></td><td></td></tr>
<tr><td>2. 具有安全意识、责任意识、7S 管理意识，注重节约、节能与环保意识</td><td></td><td></td><td></td><td></td></tr>
<tr><td>3. 学习态度积极主动，能按时参加安排的实习活动</td><td></td><td></td><td></td><td></td></tr>
<tr><td>4. 具有团队合作意识，注重沟通，能自主学习及相互协作</td><td></td><td></td><td></td><td></td></tr>
<tr><td>5. 仪容仪表符合学习活动要求</td><td></td><td></td><td></td><td></td></tr>
<tr><td rowspan="4">专业知识与能力总结</td><td>1. 能口述离合器系统的结构、组成和工作原理</td><td></td><td></td><td></td><td></td></tr>
<tr><td>2. 能完成离合器系统可视部件的指认</td><td></td><td></td><td></td><td></td></tr>
<tr><td>3. 能动手更换离合器总成</td><td></td><td></td><td></td><td></td></tr>
<tr><td>4. 能对离合器系统进行检查与保养</td><td></td><td></td><td></td><td></td></tr>
<tr><td>个人自评总结与建议</td><td colspan="5"></td></tr>
<tr><td>小组评价</td><td colspan="5"></td></tr>
<tr><td rowspan="2">教师评价</td><td rowspan="2"></td><td colspan="4">总评成绩</td></tr>
<tr><td colspan="4"></td></tr>
</table>

教师签字/日期：

任务 3　手动变速系统检查保养

一、信息分析

通读下面文字内容和信息，标记出手动变速系统结构与工作原理关键内容。

（1）手动变速系统由哪些元件组成及其功用；

（2）各元件在车上的安装位置；

（3）手动变速系统的结构；

（4）手动变速系统的工作原理。

二、信息来源

（1）汽车公司资料；

（2）公开出版资料；

（3）互联网查询；

（4）相关车型维修手册；

（5）法律规定。

三、信息收集

1. 手动变速系统的概念

手动变速器通过变速杆改变变速器内的齿轮（见图 3-3-1）啮合状态，改变传动比，从而达到变速的目的。车辆驱动方式不同，变速器的外部形态差异较大，但其基本组成结构大致相同，一般由动力传动机构、变速执行机构和减速输出机构组成。按传动变化方式，汽车变速器可分为有级式、无级式和综合式；按照操控方式，又可分为手动变速器和自动变速器。常见的自动变速器主要有 3 种，分别是液力自动变速器（AT）、机械无级自动变速器（CVT）、双离合器变速器（DSG）。

图 3-3-1　啮合齿轮

2. 手动变速系统的结构

（1）手动变速器（见图 3-3-2）主要由壳体、传动组件（输入输出轴、齿轮、同步器等）、操纵组件（换挡拉杆、拨叉等）组成。

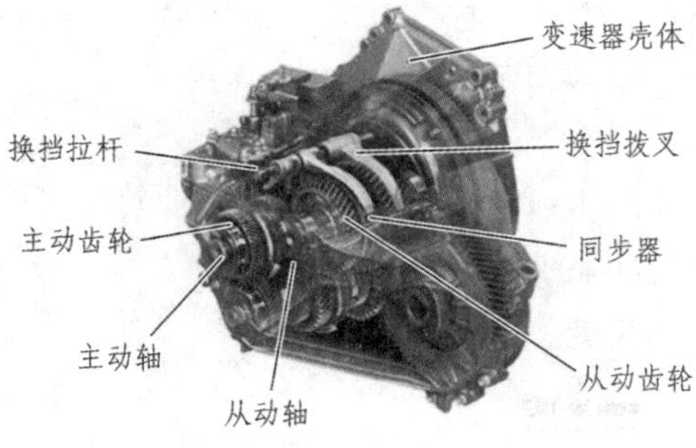

图 3-3-2　手动变速器

（2）变速器操纵机构用于驾驶员操纵变速器，使变速器挂上或者摘下某一挡，并可以随时退至空挡，从而改变变速器的工作状态。手动变速器操纵机构（见图 3-3-3）主要由换挡拨叉、自锁弹簧、互锁销、换挡叉轴、换挡轴和变速杆组成。

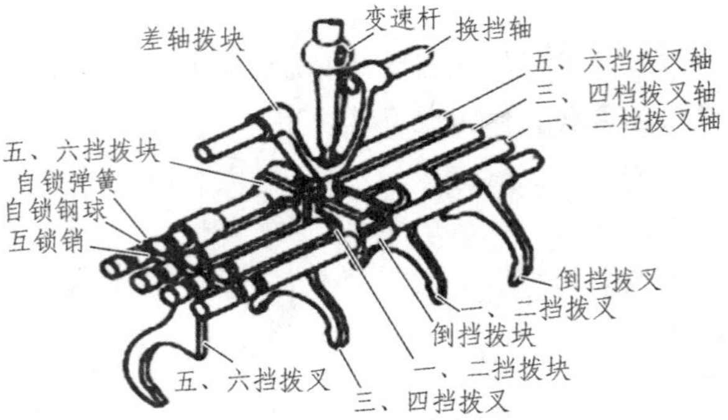

图 3-3-3　手动变速器操纵机构

3．手动变速器工作原理

手动变速器拨动变速杆，切换中间轴上的主动齿轮，通过大小不同的齿轮组合与动力输出轴结合，从而改变驱动轮的转矩和转速。如图 3-3-4 所示为简化的手动变速器（2 挡）。

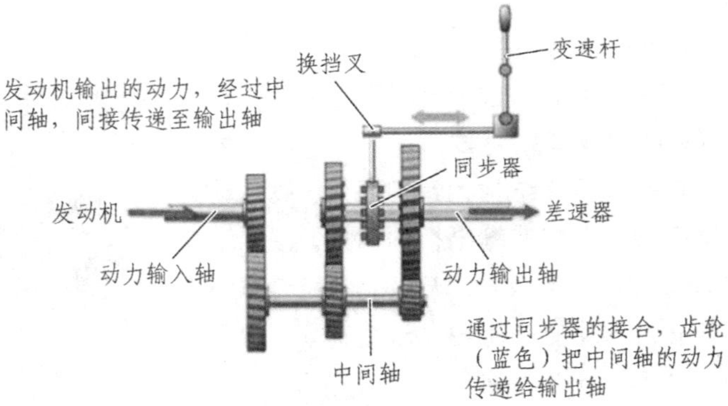

图 3-3-4　手动变速器（2 挡）的构造

发动机的动力输入轴通过一根中间轴，间接与动力输出轴连接。中间轴的两个齿轮与动力输出轴上的两个齿轮随着发动机输出一起转动，如果没有同步器的接合，动力输出轴的两个齿轮只能空转（即不会带动输出轴转动）。同步器位于中间状态，相当于变速器挂了空挡。

变速杆向左移动，使同步器向右移动与齿轮（见图 3-3-5、图 3-3-6）接合，发动机动力则通过中间轴的齿轮，将动力传递给动力输出轴。

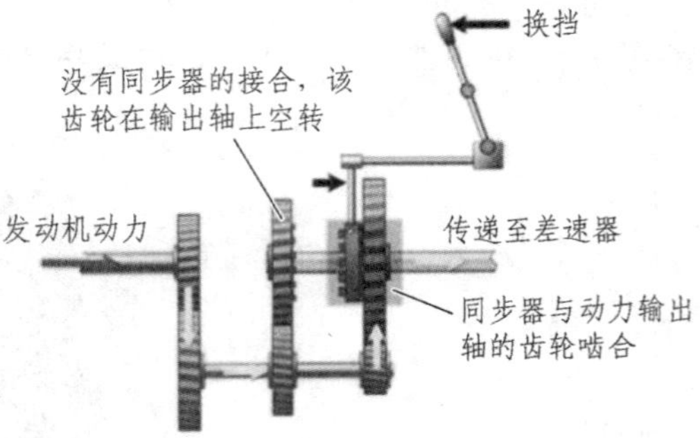

图 3-3-5　变速器换挡原理

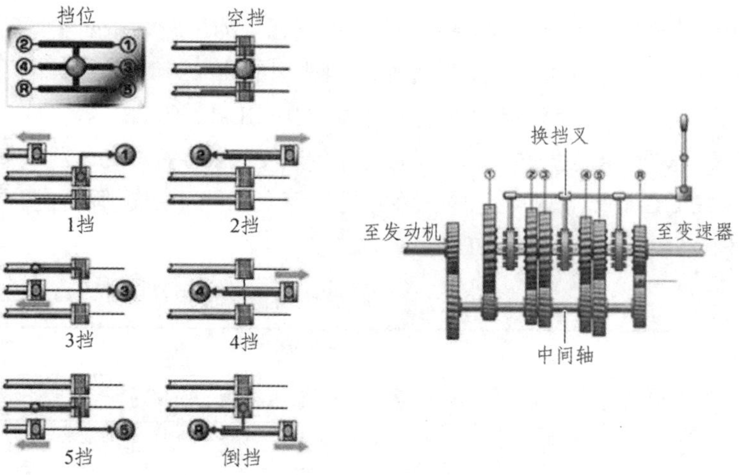

图 3-3-6　手动变速器换挡

4．变速器的功用

汽车上广泛采用的活塞式内燃机，其转矩和转速变化范围较小，而复杂的使用条件则要求汽车的驱动力和车速能在相当大的范围内变化。为解决这一矛盾，传动系统中设置了变速器，具有如下功用。

（1）实现变速变矩。变速器通过改变传动比扩大驱动轮转矩和转速的变化范围，以适应经常变化的行驶条件，同时使发动机在有利（功率较高而耗油率较低）的工况下工作。

（2）实现倒退行驶。发动机是不能反向旋转的，利用变速器的倒挡，在发动机旋转方向不变的前提下，使汽车倒退行驶。

（3）必要时中断动力传递。利用空挡中断动力传递，使发动机能够起动和怠速运行，满足汽车临时停车或滑行的需要。

5．变速器可靠工作应满足的要求

（1）挂挡后，应保证套与齿圈的全部套合（或滑动齿轮换挡时，全齿长都进入啮合）。在振动等条件影响下，操纵机构应保证变速器不自行挂挡或自行脱挡。为此操纵机构中应设有自锁装置。

（2）变速器操纵机构应能防止驾驶员同时挂上两个挡位，以免变速器产生运动干涉、卡死或损坏。因此操纵机构中应设有互锁装置。

（3）变速器操纵机构还应当能防止驾驶员在汽车前进时误挂入倒挡，导致零件损坏。因此操纵机构中还应设有倒挡锁装置。

6．变速器润滑油

变速器的润滑方式是依靠齿轮搅油飞溅润滑的。变速器使用的润滑油称为齿轮油。它是以精制润滑油为基础油，加入抗氧化、防腐蚀、防锈、消泡、耐压、抗磨等多种添加剂调和而成，因此，具有良好的润滑性能。它与其他润滑油一样，具有减磨、冷却、清洗、密封、防锈和降低噪声等作用。

7．齿轮油的选用

目前，国际上采用美国汽车工程师协会（SAE）与美国石油学会（AP）的分类标准来标定齿轮油。通常按说明书的要求，选择相应标号的齿轮油，还可按下列原则选油。

变速器齿轮油在使用时，先选择齿轮油的使用级别，一般参照美国石油学会标准（API）的齿轮油规格。API 将齿轮油质量标号分为 GL-1、GL-2、GL-3、GL-4、GL-5、GL-6 6 个等级，其适用范围如表 3-3-1 所示。对于三轴式手动变速器，润滑油直接选用 API GL-3 或 GL-4 牌号即可。对于两轴式手动变速器（变速桥），润滑油选用高一级的牌号，如使用 API GL-4 或 GL-5。

表 3-3-1 API 齿轮油质量使用标号适用范围

示号	适用范围
GL-1	低齿面压力、低滑动速度下运行的汽车螺旋锥齿轮蜗轮后轴和各种机械变速器
GL-2	汽车蜗轮后轴，其负荷、温度及滑动速度的状况用 GL-1 不能满足使用要求
GL-3	中等速度及负荷运转的汽车机械变速器和后桥螺装圆锥齿轮
GL-4	在高速低转矩及低速高转矩下运转的小客车和其他车辆的各种齿轮，特别是准双曲线齿轮
GL-5	在高速冲击负荷高速低转矩及低速高转矩下运转的小客车和其他车辆的各种齿轮，特别是准双曲线齿轮
GL-6	在高速冲击负荷运转中汽车的各种齿轮，特别是高偏置准双曲线齿轮，偏置大于从动齿轮直径的 25%

其次是选择黏度级别，国际上采用美国汽车工程师协会 SAE 黏度标号，齿轮油黏度级别分为 70W，75W，80W，85W，90，140，250 7 个指标。带 W 字母的为冬季用油，夏天使用的级别有 90（南方全年通用）、140、250，冬天使用的级别有 75W、80W、85W，也可选用多级油全年使用，其级别有 80W/90、85W/90 等（75W、80W、85W、90 分别适用于最低气温为 – 40 °C、– 26 °C、– 12 °C、– 10 °C 的地区，应对照当地最低气温适当选择）。

例如，选用润滑油牌号为“API GL-3 SAE 90”：

API——美国石油学会简称；

GL-3——齿轮油质量标号，适用于普通齿轮传动润滑；

SAE——美国汽车工程师协会简称；

90——齿轮油黏度，适用于 – 10 °C 以上的环境温度。

8．手动变速器油液（齿轮油）更换

（1）在水平地面上驻车，点火开关转至 OFF。

（2）拧下加油口放油螺栓和垫圈，如图 3-3-7 所示。

（3）拧下放油螺栓，排放变速器机油。

（4）安装放油螺栓和新垫圈。

注意：规定扭矩为 58.9 ~ 78.5 N·m，通过加油孔添加新的齿轮油，加到加油口溢出为止。

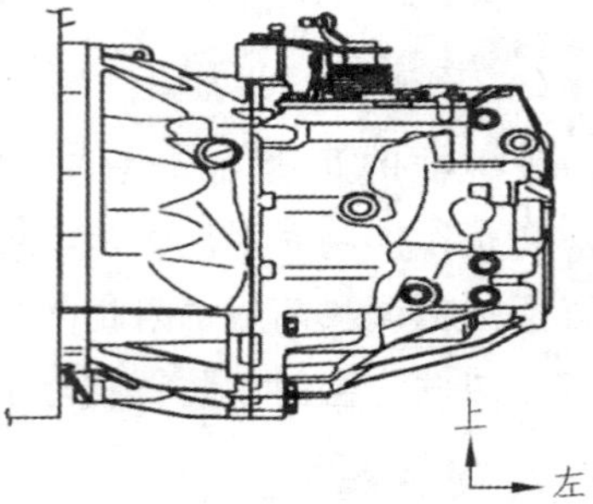

图 3-3-7 手动变速器结构

活页工单 3-3　手动变速器系统检查保养

接受工作任务

一辆 2013 年款小轿车，行驶里程为 65 000 km。车主打电话到售后服务公司：该车行驶时变速器换挡发出响声，需要做哪些检查？此前客户在外面刚换过变速器油液。

收集信息

查阅相关维修资料，学习手动变速器系统的结构与工作原理，完成以下内容。

（1）对照实物，查阅资料，认识手动变速器的内部结构，对应序号把零件名称填在图 3-3-8 中，并在实物上找到相应的零件和指明运转的方向。

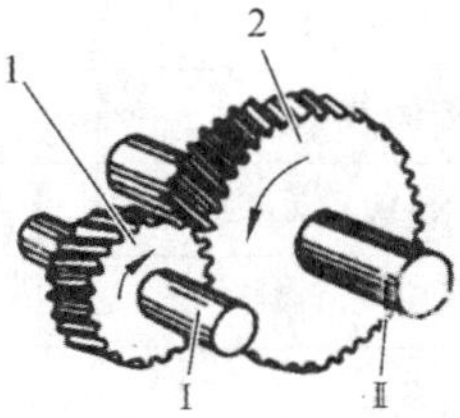

	名称	工作原理	方向
1			
2			
Ⅰ			
Ⅱ			

图 3-3-8　啮合的齿轮

（2）查阅资料，学习手动变速器的操纵机构，将操纵机构的结构按序号填入图 3-3-9 中。

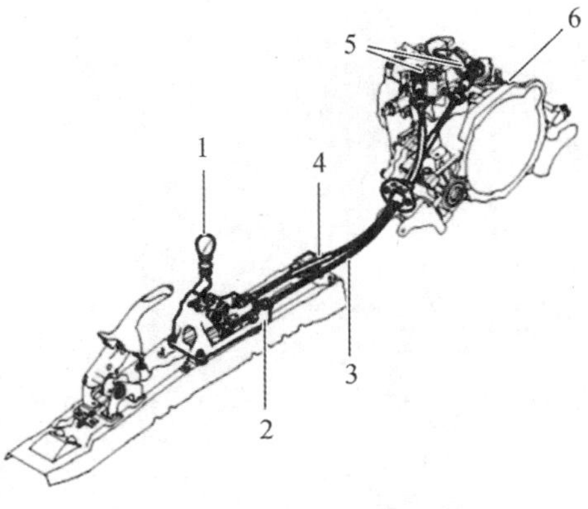

1		4	
2		5	
3		6	

图 3-3-9　手动变速器操纵机构

（3）识别如图 3-3-10 所示齿轮油产品。

1	品牌	
2	等级	
3	型号	
4	质保期	
5	85W	
6	90	
7	生产日期	

图 3-3-10　某品牌齿轮油

制定任务实施方案

分组查阅维修手册，对变速器进行拆卸，为维护与检测变速器总成做准备。

（1）任务分工：

（2）任务实施步骤：

（3）异常情况处理办法：

任务实施

如表 3-3-2 所示。

表 3-3-2　手动变速器系统检查保养

<table>
<tr><td colspan="2">手动变速箱油液更换</td></tr>
<tr><td>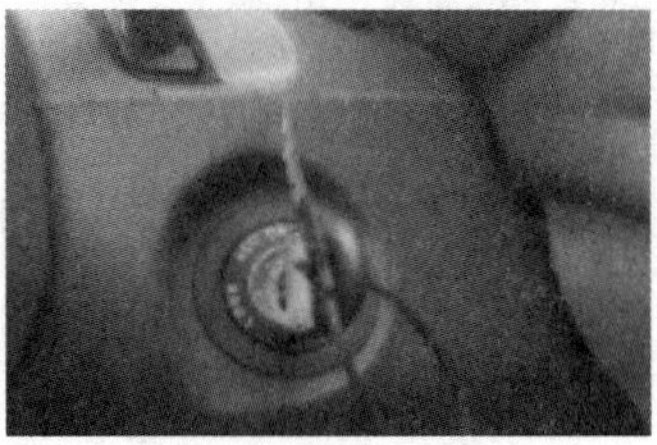</td><td>步骤 1　在水平地面上驻车，点火开关转至 OFF
完成情况：□完成
□未完成，原因：________</td></tr>
<tr><td rowspan="3">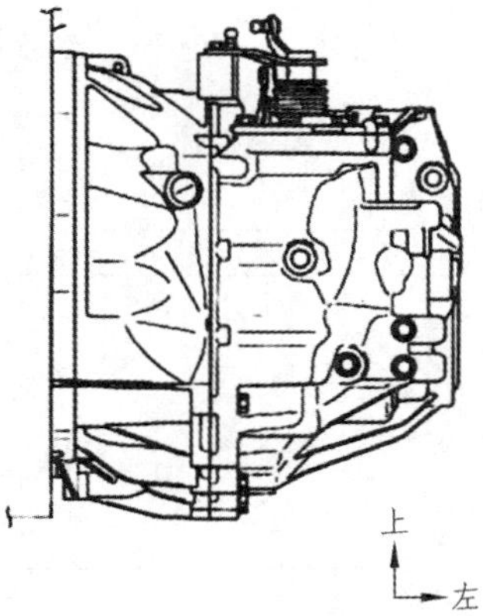</td><td>步骤 2　拧下加油口加油螺栓和垫圈
完成情况：□完成
□未完成，原因：________</td></tr>
<tr><td>步骤 3　拧下放油螺栓，排放变速器机油
完成情况：□完成
□未完成，原因：________</td></tr>
<tr><td>步骤 4　安装放油螺栓和新垫圈
技术要求：规定扭矩为 58.9 ~ 78.5 N · m。
完成情况：□完成
□未完成，原因：________</td></tr>
<tr><td>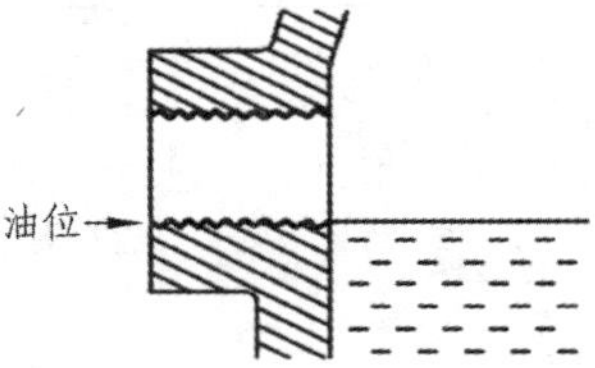</td><td>步骤 5　通过加油孔添加新的齿轮油，加到加油口溢出为止
完成情况：□完成
□未完成，原因：________</td></tr>
<tr><td colspan="2">手动变速箱油质检查</td></tr>
<tr><td rowspan="2">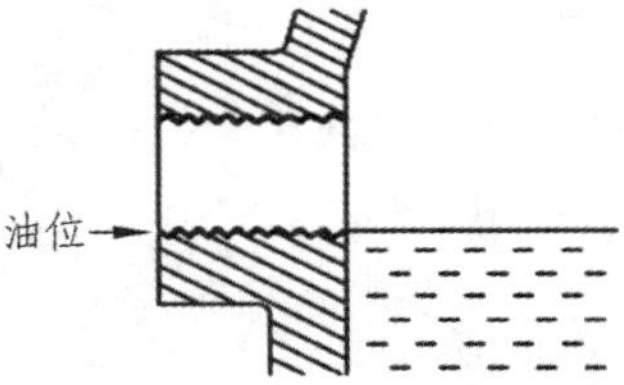</td><td>步骤 1　拆卸加油口塞（A）和垫片
完成情况：□完成
□未完成，原因：________</td></tr>
<tr><td>步骤 2　用手指检查油位
技术要求：油位必须在加油孔上面，如果不是，添加齿轮油，直到溢出为止。
完成情况：□正常
□不正常，原因：________</td></tr>
<tr><td>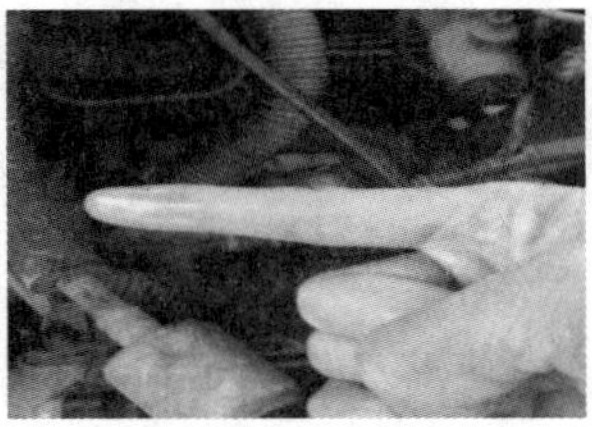</td><td>步骤 3　用手沾出变速器油，观察其颜色和是否存在金属粉末
技术要求：
(1)颜色变深、黏稠度增加、存在金属粉末都要及时更换；
(2)标准油：SAE 75W/85，API GL-4；齿轮油容量：1.9 L。
完成情况：□正常
□不正常，原因：________</td></tr>
</table>

续表

手动变速箱油质检查	
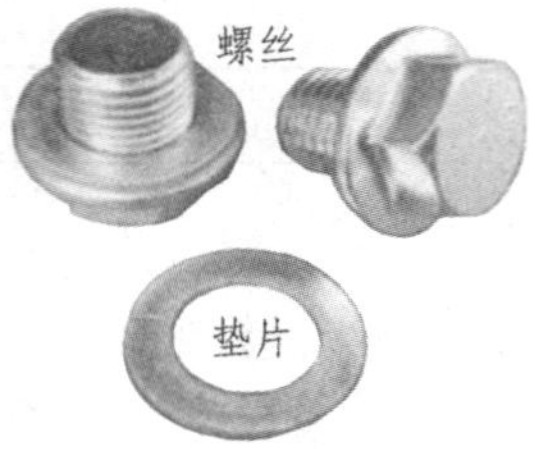	步骤 4　用新垫片重新安装加油口塞 技术要求：规定扭矩为 58.9～78.5 N·m。 完成情况：□完成 □未完成，原因：________________
手动变速箱壳体密封件检查	
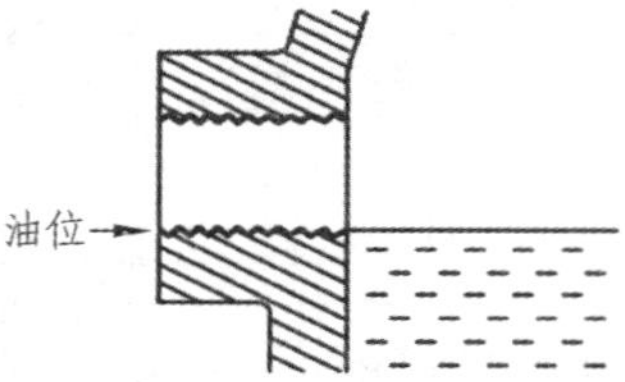	步骤 1　用手指检查油位 技术要求：油位必须在加油孔上面，如果不是，添加齿轮油，直到溢出为止。 完成情况：□正常 □不正常，原因：________________
	步骤 2　手动变速器前油封的检查 技术要求：无漏油，无渗油。 完成情况：□正常 □不正常，原因：________________
	步骤 3　检查主减差速器左右半轴（传动轴）油封 技术要求：无漏油，无渗油。 完成情况：□正常 □不正常，原因：________________
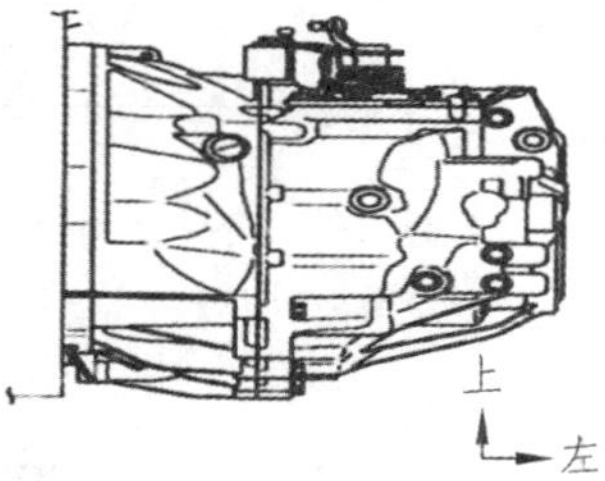	步骤 4　检查加注口、排油口是否有漏油或者渗油 技术要求：无漏油，无渗油。 完成情况：□正常 □不正常，原因：________________
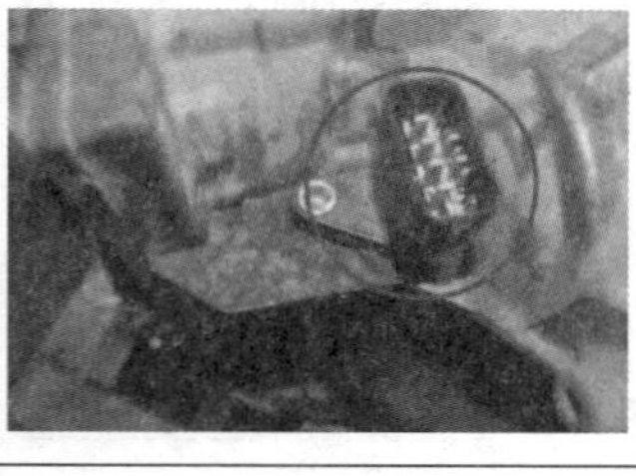	步骤 5　检查里程表传感器是否漏油或者渗油 技术要求：无漏油，无渗油。 完成情况：□正常 □不正常，原因：________________

续表

手动变速箱壳体密封件检查	
	步骤 6　检查变速器壳体结合面处是否漏油或者渗油 技术要求：无漏油，无渗油。 完成情况：□正常 □不正常，原因：________________
	步骤 7　检查变速器壳体表面是否开裂漏油或者渗油 技术要求：无漏油，无渗油。 完成情况：□正常 □不正常，原因：________________
	步骤 8　检查操纵机构挂挡与变速器壳体接合处是否漏油 技术要求：无漏油，无渗油。 完成情况：□正常 □不正常，原因：________________
	步骤 9　手动变速器壳体密封件检查 技术要求：无开裂，无老化。 完成情况：□正常 □不正常，原因：________________
手动变速器传动轴油封更换	
	步骤 1　从变速器分离传动轴（参考 DS 部分的传动轴） 完成情况：□完成 □未完成，原因：________________
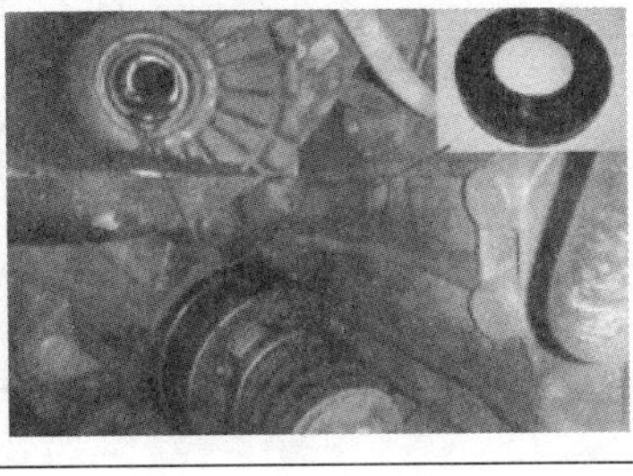	步骤 2　使用“一”字形螺丝刀拆卸油封 完成情况：□完成 □未完成，原因：________________

续表

手动变速器传动轴油封更换	
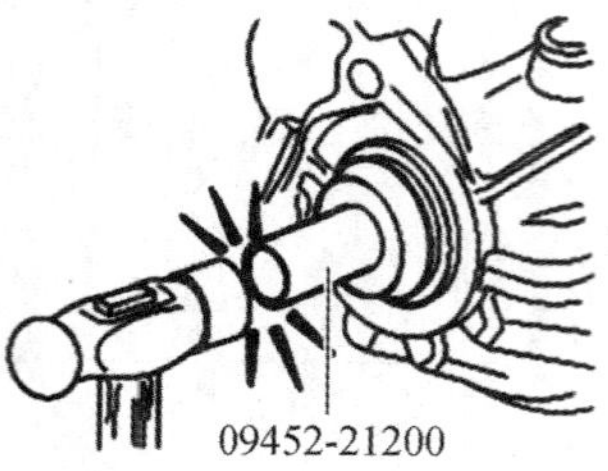	步骤 3　使用专用工具（09452-21200），将传动轴油封敲入变速器 完成情况：☐完成 ☐未完成，原因：＿＿＿＿＿＿＿＿
	步骤 4　完成 7S 作业 技术要求：整理、整顿、清扫、清洁、素养、节约、安全。 完成情况：☐完成 ☐未完成，原因：＿＿＿＿＿＿＿＿

评价总结

学习任务评价表

班级＿＿＿＿＿＿小组＿＿＿＿＿＿学号＿＿＿＿＿＿姓名＿＿＿＿＿＿

	主要测评项目	学生自评			
		A	B	C	D
关键能力总结	1. 遵守纪律，遵守学习场所管理规定，服从安排				
	2. 具有安全意识、责任意识、7S 管理意识，注重节约、节能与环保意识				
	3. 学习态度积极主动，能按时参加安排的实习活动				
	4. 具有团队合作意识，注重沟通，能自主学习及相互协作				
	5. 仪容仪表符合学习活动要求				
专业知识与能力总结	1. 能口述手动变速系统的结构、组成和工作原理				
	2. 能完成手动变速系统可视部件的指认				
	3. 能动手更换变速器总成				
	4. 能对手动变速系统进行检查与保养				
个人自评总结与建议					
小组评价					
教师评价		总评成绩			

教师签字/日期：

任务 4　万向传动装置检查保养

一、信息分析

通读下面文字内容和信息，标记出万向传动装置的结构与其工作原理关键内容。

（1）万向传动装置由哪些元件组成及其功用；

（2）各元件在车上的安装位置；

（3）万向传动装置的结构；

（4）万向传动装置的工作原理。

二、信息来源

（1）汽车公司资料；

（2）公开出版资料；

（3）互联网查询；

（4）相关车型维修手册；

（5）法律规定。

三、信息收集

1．*万向传动装置的概念*

变速器通常与发动机一起安装在汽车车架上，而驱动桥则通过弹性悬架与车架相连接，变速器输出轴轴线与驱动桥输入轴轴线很难布置成重合，并且在行驶过程中，弹性悬架受路面冲击产生振动，使两轴线相对位置经常发生变化。万向传动装置是用于工作过程中相对位置不断改变的两根轴间传递动力的装置。因此，变速器的输出轴与驱动桥的输入轴不能刚性连接，传递动力的装置就是万向传动装置。

2．*万向传动装置的组成*

万向传动装置一般由万向节和传动轴组成，对于传动距离较远的分段式传动轴，为了提高传动轴的刚度，还设置中间支撑轴承。如图 3-4-1 所示为万向传动装置。万向节一般有两种结构，即十字轴式万向节（见图 3-4-2）和球笼式万向节（见图 3-4-3）。

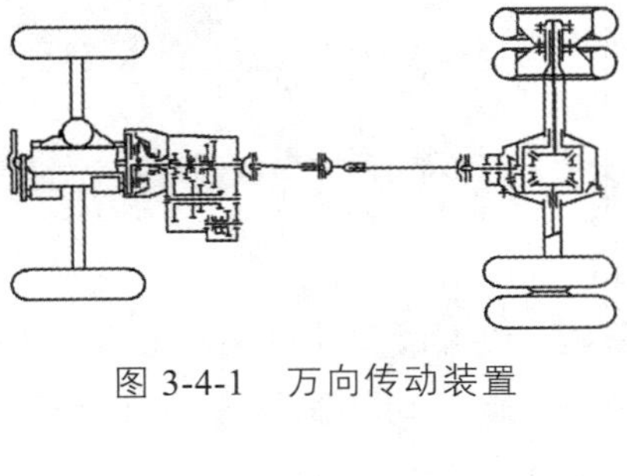

图 3-4-1　万向传动装置

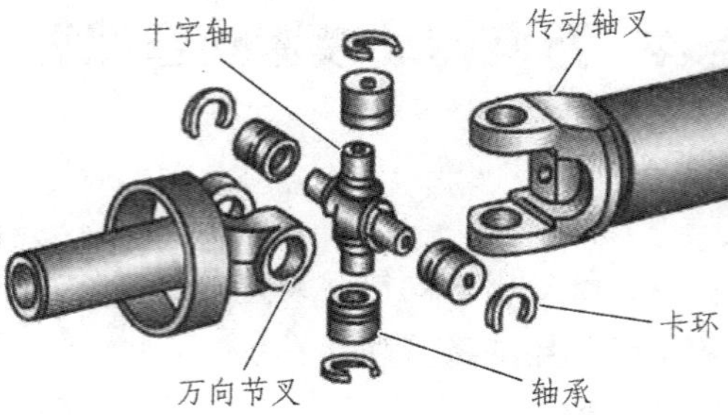

图 3-4-2　十字轴式万向节

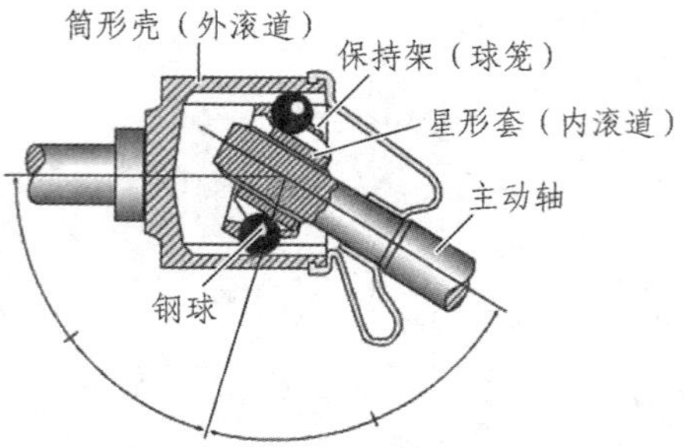

图 3-4-3　球笼式万向节

3．万向传动装置的功用

虽然很多万向传动装置的应用结构不同，但其功用都基本一致，即在轴线相交且相互位置经常发生变化的两转轴之间传递动力。

如图 3-4-4 所示位于变速器与驱动桥之间的万向传动装置，这是在汽车中最常见的应用。由于汽车布置、设计等原因，变速器输出轴和驱动桥输入轴不可能在同一轴线上，并且变速器虽然安装在车架（车身）上，可以认为位置是不动的，但驱动桥因为悬架的变形而引起其位置经常发生变化，所以在变速器和驱动桥之间装有万向传动装置正好可以满足这些使用、设计的要求。

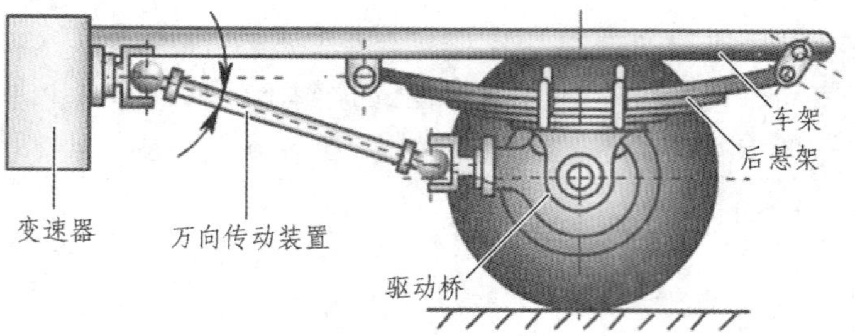

图 3-4-4　万向传动装置

4．万向节的工作原理

万向节即万向接头，是实现变角度动力传递的机件，用于需要改变传动轴线方向的位置，它是汽车驱动系统的万向传动装置的“关节”部件，如图 3-4-5 所示。

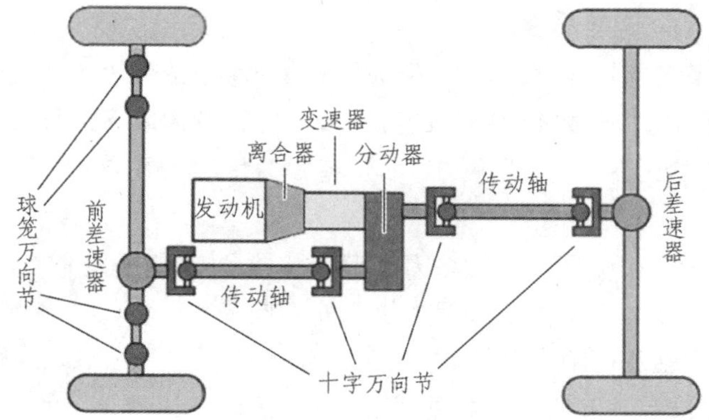

图 3-4-5 “关节”部位

万向节与传动轴组合，称为万向节传动装置。在万向节配合中，一个零部件（输出轴）绕自身轴的旋转由另一个零部件万向节（输入轴）绕其轴的旋转驱动。

5．*万向节的分类*

按万向节在扭转方向上是否有明显的弹性可分为刚性万向节（见图 3-4-6）和挠性万向节（见图 3-4-7）。刚性万向节又可分为不等速万向节（常用的为十字轴式）、准等速万向节（如双联式万向节）和等速万向节（如球笼式万向节）3 种。

图 3-4-6 刚性万向节

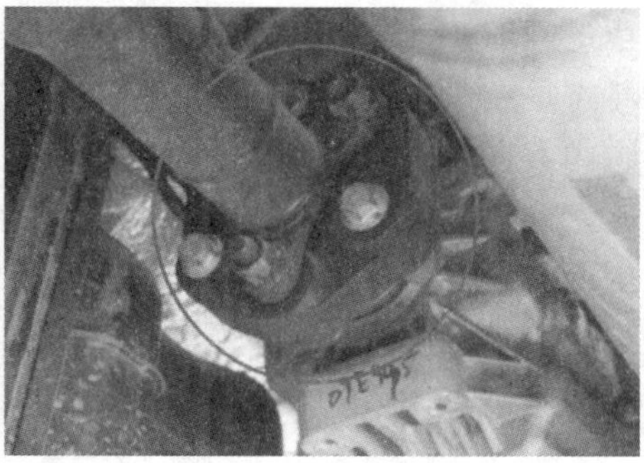

图 3-4-7 挠性万向节

（1）不等速万向节。

不等速万向节是指连接的两轴夹角大于零时，输出轴和输入轴之间以变化的瞬时角速度比传递运动，但平均角速度相等的万向节。

十字轴式刚性万向节（见图 3-4-8）由万向节叉、十字轴、滚针轴承、油封、套筒、轴承盖等组成。工作原理：转动其中一个叉经过十字轴则带动另一个叉转动，同时又可以绕十字轴中心在任意方向摆动。转动过程中滚针轴承中的滚针可自转，以便减轻摩擦。与输入动力连接的轴称为输入轴（又称主动轴），经万向节输出的轴称为输出轴（又称从动轴）。在输入、输出轴之间有夹角的条件下工作，两轴的角速度不等，并因此导致输出轴及与之相连的传动部件产生扭转振动，进而影响这些部件的寿命。

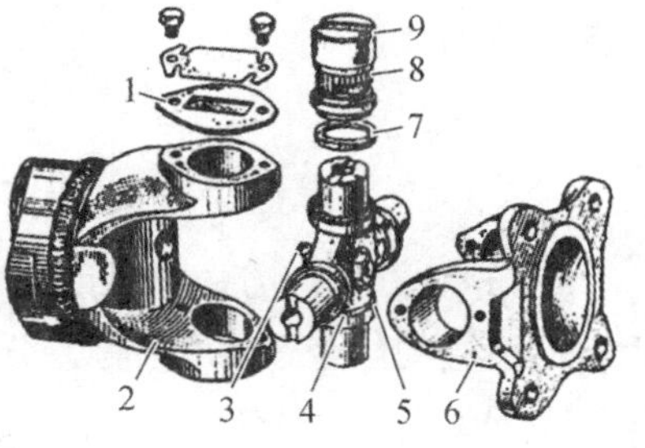

1—轴承盖；2，6—万向节叉；3—注油嘴；4—十字轴；5—安全阀；7—油封；8—滚针；9—套筒。

图 3-4-8 十字轴式刚性万向节

（2）准等速万向节。

准等速万向节是指在设计的角度下以相等的瞬时角速度传递运动，而在其他角度下以近似相等的瞬时角速度传递运动的万向节。它又分为以下几种万向节：

① 双联式准等速万向节（见图 3-4-9），指等速传动装置中的传动轴长度缩短到最小时的万向节。

② 凸块式准等速万向节，由两个万向节叉和两个不同形状的凸块组成。其中两凸块相当于双联万向节装置中的中间传动轴及两个十字销。

③ 三销轴式准等速万向节，由两个三销轴、主动偏心轴叉、从动偏心轴叉组成。

④ 球面滚轮式准等速万向节，由销轴、球面滚轮、万向节轴和圆筒组成。滚轮可在槽内做轴向移动，起着伸缩花键作用。滚轮与槽壁接触可传递转矩。

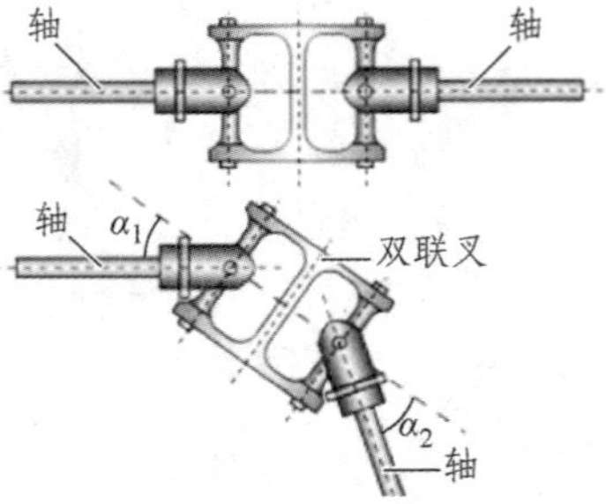

图 3-4-9　双联式准等速万向节

（3）等速万向节。

等速万向节是指输出轴和输入轴以始终相等的瞬时角速度传递运动的万向节。它又做如下划分。

① 球叉式等速万向节（见图 3-4-10），是由有滚道的球叉和钢球组成的万向节。其中的圆弧槽滚道型球叉式万向节是指球叉上的钢球滚道为圆弧形的万向节。其节结构特点是在球叉的主动叉和从动叉上做有圆弧凹槽，两者装合后形成四个钢球滚道，滚道内共容纳 4 个钢球。定心钢球装在主、从动叉中心的球形凹槽内。直槽滚道型球叉式万向节是指球叉上的钢球滚道为直槽滚道型的万向节。它的结构特点是在两个球叉上做有直槽，各直槽与轴的中心线相倾斜，且倾斜的角度相同并彼此对称。在两个球叉之间的滚道内装有 4 个钢球。

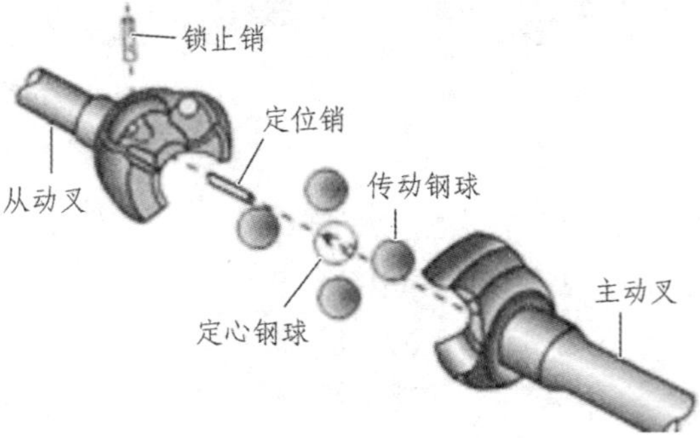

图 3-4-10　球叉式等速万向节

② 球笼式等速万向节（见图 3-4-11）。根据万向节轴向能否运动，又可区分为轴向不能伸缩型（固定型）球笼式万向节和可伸缩型球笼式万向节。结构上固定型球笼式万向节的星形套的内表面以内花键与传动轴连接，它的外表面制有 6 个弧形凹槽作为钢球的内滚道，外

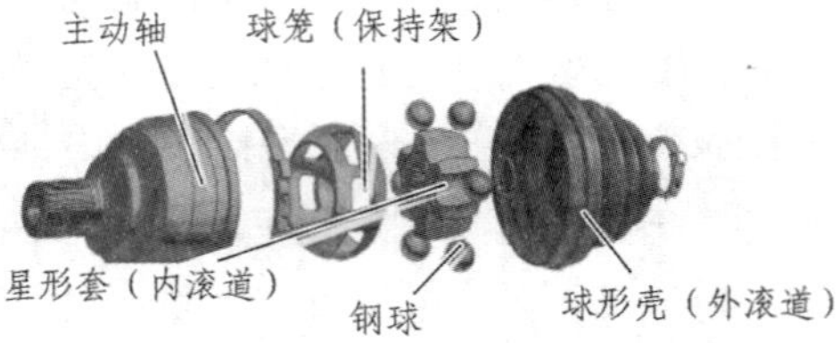

图 3-4-11　球笼式等速万向节

滚道做在球形壳的内表面上。星形套与球形壳装合后形成的 6 个滚道内各装 1 个钢球，并由保持架（球笼）使 6 个钢球处于同一平面。动力由传动轴经钢球、球形壳传出。可伸缩型球笼式万向节的结构特点在于筒形壳的内壁和星形套的外部做有圆柱形直槽，在两者装合后所形成的滚道内装有钢球。钢球同时也装在保持架的孔内。星形套内孔做有花键用于与输入轴连接。这一结构允许星形套与筒形壳相对在轴向方向移动。

6．传动轴和中间支承

传动轴（见图 3-4-12）能够传递动力，除去传递动力以外，有些传动轴长度可以伸缩，用于防止在所连接两轴之间有距离变化时产生运动干涉。

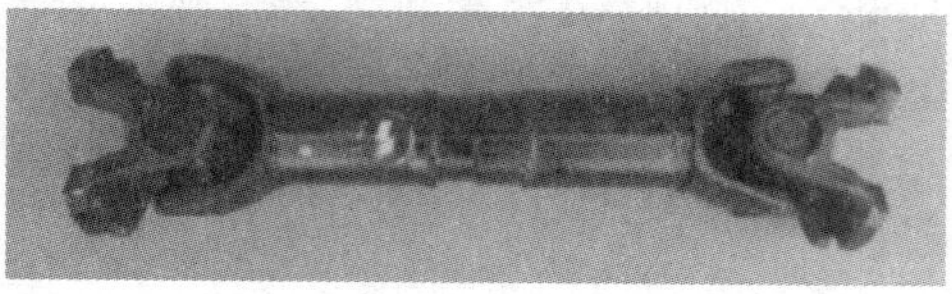

图 3-4-12　传动轴

汽车行驶过程中，变速器与驱动桥的相对位置经常变化，为避免运动干涉，传动轴用由滑动叉和花键轴组成的滑动花键连接，以适应传动轴长度的变化。为减少磨损，还装有用于加注滑脂的滑脂嘴、油封、堵盖和防尘套。传动轴在高速旋转时，由于质量不均匀引起的离心力将使传动轴发生剧烈振动，因此在传动轴与万向节装配后必须进行动平衡。中间支承传动轴过长时需在中间断开，并将它们通过支承装置支持在车架（身）上的机构。

中间支承（见图 3-4-13）安装在车架横梁或车身底架上，由橡胶弹性元件、轴承等组成。其中的橡胶弹性元件还有吸收传动轴振动、降低噪声及承受径向力的功能。因此，中间支承具有补偿传动轴的安装误差功能，以及适应行驶中由于发动机的弹性悬置引起的发动机窜动和车架变形引起的位移功能，有的中间支承采用双列圆锥滚子轴承。

图 3-4-13　中间支承

7．万向传动装置在汽车上的应用

主要有以下几个方面。

（1）变速器（或分动器）与驱动桥之间：一般汽车的变速器、离合器与发动机三者合为一体装在车架上，驱动桥通过悬架与车架相连。在负荷变化及汽车在不平路面行驶时引起的跳动，会使驱动桥输入轴与变速器输出轴之间的夹角和距离发生变化。

（2）越野汽车变速器与分动器之间：为消除车架变形及制造、装配误差等引起的其轴线同轴度误差对动力传递的影响，须装有万向传动装置。

（3）汽车转向驱动桥的半轴是分段的，转向时两段半轴轴线相交已发生相交角变化，因此要用万向节。

（4）断开式驱动桥的半轴：主减速器壳在车架上是固定的，桥壳上下摆动，半轴是分段的，须用万向节。

（5）某些汽车的转向轴装有万向传动装置，有利于转向机构的总体布置。

活页工单 3-4 万向传动装置检查保养

接受工作任务

一辆 2013 年款小轿车，行驶里程为 165 000 km。车主打电话到售后服务公司：该车行驶时万向传动装置发出响声，需要做哪些检查?

收集信息

查阅相关维修资料，学习万向传动装置的结构与工作原理，完成以下内容：

（1）对照实物，查阅资料，认识万向传动装置的内部结构，对应序号把零件名称填在图 3-4-14 中，并在实物上找到相应的零件和安装位置。

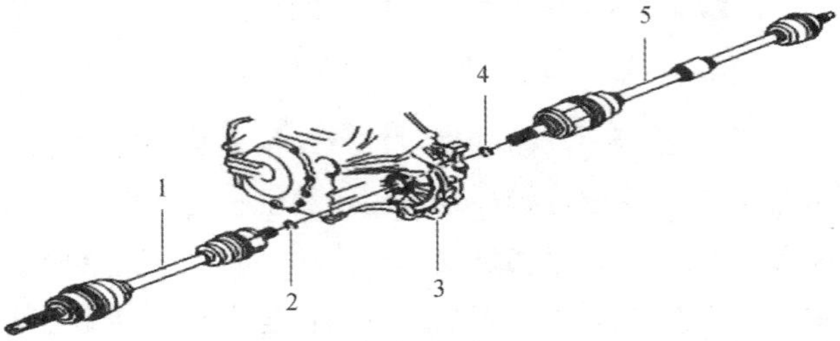

	名称	作用	位置
1			
2			
3			
4			
5			

图 3-4-14 万向传动装置结构

（2）查阅资料，学习驱动轴和轮毂总成的结构，将其结构按序号填入图 3-4-15 中。

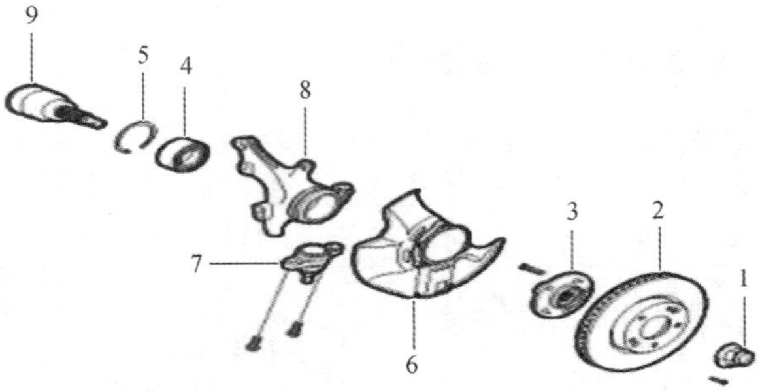

1		6	
2		7	
3		8	
4		9	
5			

图 3-4-15 驱动轴和轮毂总成结构

（3）查阅资料，根据实物十字式万向节在图 3-4-16 右边画出结构简图，并在实物中指出加注润滑油的方法。

图 3-4-16　十字式万向节

（4）查阅资料，根据实物球笼式万向节在图 3-4-17 中填上对应的名称，并在实物中指出加注润滑油的方法。

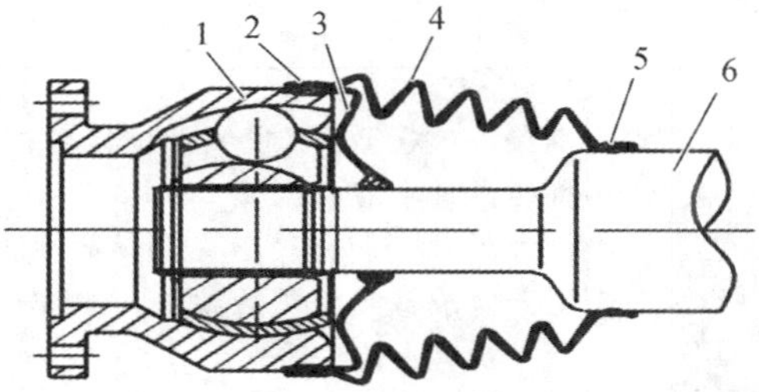

	部件名称	作用
1		
2		
3		
4		
5		
6		

图 3-4-17　球笼式万向节结构

制定任务实施方案

分组查阅维修手册，对万向传动装置进行拆卸，为维护与检测做准备。

（1）任务分工：

（2）任务实施步骤：

（3）异常情况处理办法：

任务实施

半轴防尘套及油封检查和更换如表 3-4-1 所示。

表 3-4-1　车轴防尘套及油封检查与更换

检查半轴防尘套和油封	
	步骤 1　将汽车驾驶到开阔地带，起动汽车，当汽车慢行时将转向盘左右打到底 技术要求：若此时出现金属的撞击声，则可能是传动轴外侧万向节磨损松旷所致。 完成情况：□完成 □未完成，原因：____________
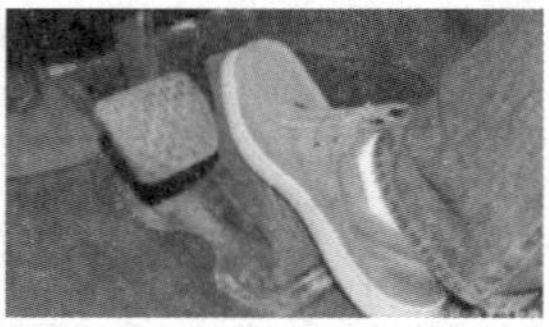	步骤 2　汽车慢行时，轻踩加速踏板使汽车加速 技术要求：若此时明显感到振动，则可能是传动轴内侧万向节磨损松旷所致。 完成情况：□完成 □未完成，原因：____________
	步骤 3　停车后，用举升机将汽车举起固定，检查底盘是否有油泥飞溅的痕迹 技术要求：底盘有油泥，说明防尘套开裂或者松弛。 完成情况：□正常 □不正常，原因：____________
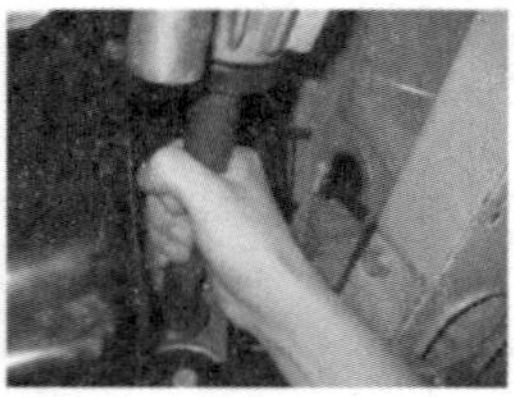	步骤 4　举升车辆，用手晃动传动轴 技术要求：若此时感觉有松旷及撞击现象，则表明万向节磨损松旷。 完成情况：□完成 □未完成，原因：____________

续表

检查半轴防尘套和油封	
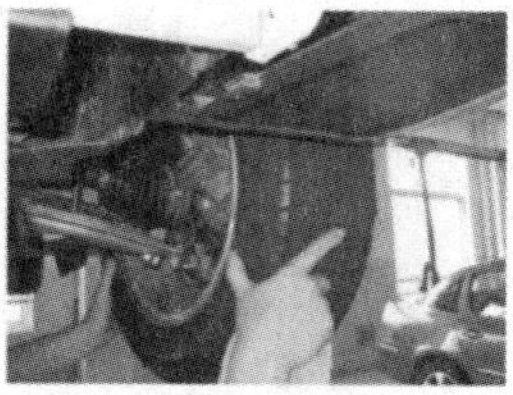	步骤 5　举升车辆，转动车轮 技术要求：若此时感觉有松旷及撞击现象，则表明万向节磨损松旷。 完成情况：□完成 □未完成，原因：________________
	步骤 6　举升车辆，检查后油封 技术要求：无漏油，无渗油。 完成情况：□正常 □不正常，原因：________________
更换半轴防尘套	
	步骤 1　拆下传动轴 完成情况：□完成 □未完成，原因：________________
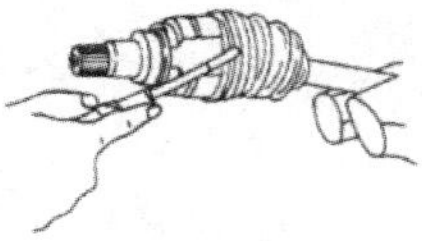	步骤 2　用一字螺丝刀及专用工具拆下防护套 完成情况：□完成 □未完成，原因：________________
	步骤 3　做好传动轴与万向节套的装配标记 完成情况：□完成 □未完成，原因：________________
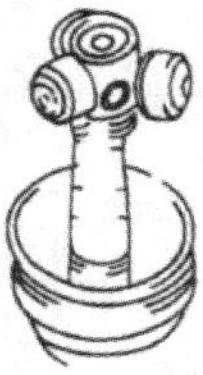	步骤 4　从万向节套中拔出传动轴及三销总成 完成情况：□完成 □未完成，原因：________________
	步骤 5　做好三销轴总成与传动轴的装配标记；拆下传动轴端头弹性卡环，从三销总成中拔出传动轴 完成情况：□完成 □未完成，原因：________________
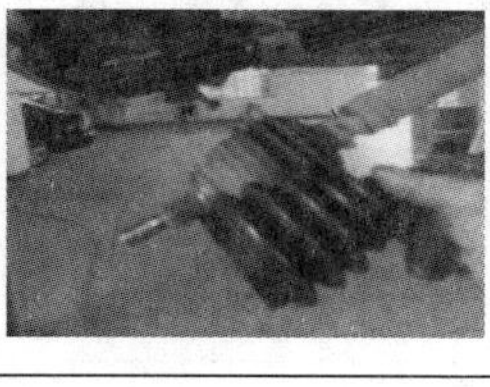	步骤 6　换上新的带有 170 g 润滑脂的防护套 完成情况：□完成 □未完成，原因：________________

续表

更换半轴防尘套	
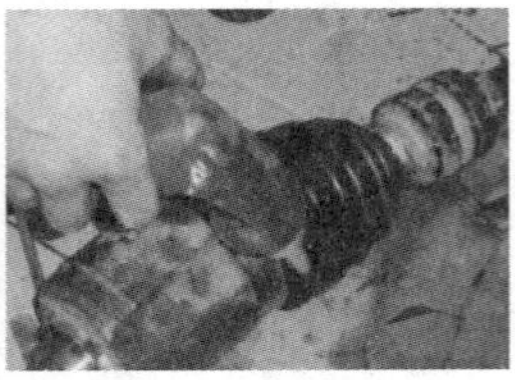	步骤 7　将润滑脂涂到万向节运动件工作表面 完成情况：□完成 □未完成，原因：＿＿＿＿＿＿＿＿
	步骤 8　按装配标记及拆防护套的反向顺序装上传动轴、万向节三销总成及防护套 完成情况：□完成 □未完成，原因：＿＿＿＿＿＿＿＿
	步骤 9　装上防护套卡箍，卡牢防护套 完成情况：□完成 □未完成，原因：＿＿＿＿＿＿＿＿
法兰盘检查	
	步骤 1　检查法兰盘是否老化、开裂、干净 技术要求：无老化，无开裂，表面无油污。 完成情况：□正常 □不正常，原因：＿＿＿＿＿＿＿＿
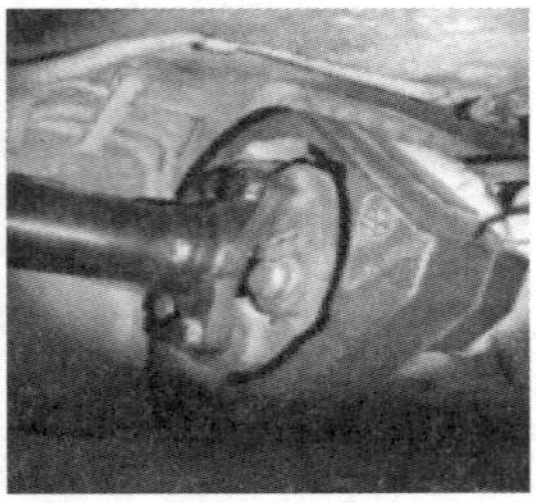	步骤 2　法兰盘应定期检查和更换 技术要求：2 年、4 万 km，先到为准。 完成情况：□正常 □不正常，原因：＿＿＿＿＿＿＿＿
	步骤 3　检测驱动桥法兰盘的跳动量 完成情况：□正常 □不正常，原因：＿＿＿＿＿＿＿＿

续表

垫片调整	
	步骤 1　垫片的选择 技术要求： （1）型号和尺寸应按照接合面的形式和尺寸来确定，材料应与法兰盘的工况条件相适应； （2）应仔细检查确认无任何缺陷后方可使用。 完成情况：□完成 □未完成，原因：____________
	步骤 2　上垫片前，应清理密封面 完成情况：□完成 □未完成，原因：____________
	步骤 3　垫片安装在接合面上的位置要正确 完成情况：□完成 □未完成，原因：____________
	步骤 4　垫片只许用一片，并且螺栓要按扭矩拧紧 完成情况：□完成 □未完成，原因：____________
传动轴、万向节、齿圈、主动小齿轮组及壳体检查	
	步骤 1　检查传动轴轴管有无凹陷和裂纹 技术要求：不得有裂纹及严重的凹瘪，否则应更换传动轴。 完成情况：□正常 □不正常，原因：____________
	步骤 2　检查传动轴弯曲程度（即径向圆跳动公差） 技术要求：轿车传动轴径向圆跳动公差应比如表 3-4-2 所示标准相应减小 0.20 mm，否则应校正或更换传动轴。 完成情况：□正常 □不正常，原因：____________
	步骤 3　检查中间传动轴支承轴颈的径向圆跳动公差 技术要求：不应超过 0.10 mm，否则应镀铬修复或更换。 完成情况：□正常 □不正常，原因：____________
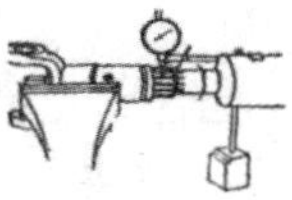	步骤 4　检查传动轴花键、滑动叉花键、凸缘叉与所配合花键套的间隙 技术要求：轿车应不大于 0.15 mm，其他类型的汽车应不大于 0.30 mm，装配后应能滑动自如。若超差，则应更换传动轴或滑动叉。 完成情况：□正常 □不正常，原因：____________
	步骤 5　检查传动轴管焊接组合件 技术要求：传动轴管焊接组合件经修理后，原有的动平衡已不复存在。修理后，应进行传动轴花键、滑动叉花键、凸缘叉与所配合花键套的间隙试验。传动轴两端任一端的动不平衡量规定：轿车应不大于 10 g·cm；其他车型应不大于如表 3-4-3 所示标准规定。传动轴管焊接组合件的平衡可在轴管的两端加焊平衡片，每端最多不得多于 3 片。 完成情况：□正常 □不正常，原因：____________

续表

<table>
<tr><td colspan="2">万向节的检查（注意：检查时，应停车，举升车辆，将变速器挂空挡并放松驻车制动器）</td></tr>
<tr><td></td><td>步骤 1　检查凸缘与凸缘叉的连接螺栓和中间轴承支架固定螺栓有无松动
完成情况：□正常
□不正常，原因：______</td></tr>
<tr><td rowspan="6"></td><td>步骤 2　检查径向晃动中间传动轴前凸缘叉，检查凸缘螺母锁紧情况
技术要求：若径向间隙大，说明第二轴后轴承损坏或松旷。
完成情况：□正常
□不正常，原因：______</td></tr>
<tr><td>步骤 3　检查径向晃动中间传动轴后凸缘，检查凸缘螺母有无松动
技术要求：若径向间隙大，说明中间轴承磨损松旷或垫环磨损松旷。
完成情况：□正常
□不正常，原因：______</td></tr>
<tr><td>步骤 4　检查锁片的紧固情况，晃动万向节叉检查各个万向节是否松旷
完成情况：□正常
□不正常，原因：______</td></tr>
<tr><td>步骤 5　检查传动轴是否弯曲、平衡块有无脱落、两端万向节叉是否在一个平面内、三个万向节是否符合等速排列
完成情况：□正常
□不正常，原因：______</td></tr>
<tr><td>步骤 6　检查径向晃动传动轴后凸缘叉，检查凸缘螺母是否松动
技术要求：若径向间隙及传动轴自由转角过大，则故障在后桥。
完成情况：□正常
□不正常，原因：______</td></tr>
<tr><td>步骤 7　举起车辆，起动发动机，挂挡，检查异响部位
完成情况：□正常
□不正常，原因：______</td></tr>
<tr><td colspan="2">齿圈的检查</td></tr>
<tr><td>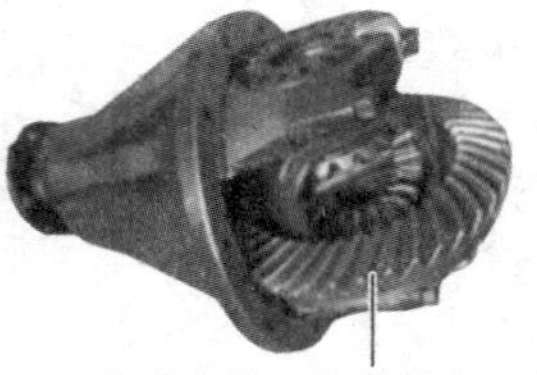
转动齿轮，检查啮合印痕</td><td>步骤 1　检查齿圈有无剥落，啮合印痕是否正确，磨损是否严重
技术要求：若损伤严重须成对更换从动锥齿轮。
完成情况：□正常
□不正常，原因：______</td></tr>
</table>

续表

齿圈的检查	
	步骤 2　检查是否有轻微擦伤或毛刺 技术要求：若有，用油石修磨后再使用。 完成情况：□正常 □不正常，原因：________________
	步骤 3　检查从动锥齿轮的花键部分是否磨损严重 技术要求：若严重应更换。 完成情况：□正常 □不正常，原因：________________
	步骤 4　检查主、从动锥齿轮是否疲劳性剥落 技术要求：轮齿损坏超过齿长的 1/5 和齿高的 1/3 时，应成对更换，不准新旧搭配使用。 完成情况：□正常 □不正常，原因：________________
主动小齿轮组的检查	
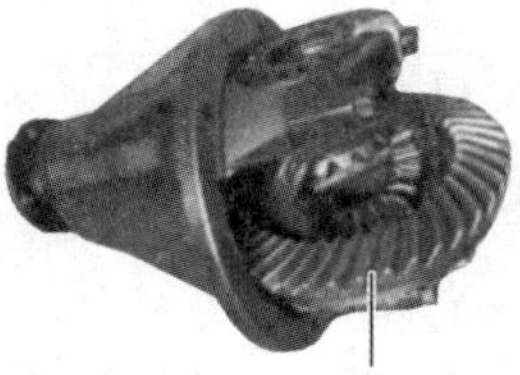 转动齿轮，检查啮合印痕	步骤 1　检查主动锥齿轮有无剥落，啮合印痕是否正确，磨损是否严重 技术要求：若损伤严重须成对更换主、从动锥齿轮。 完成情况：□正常 □不正常，原因：________________
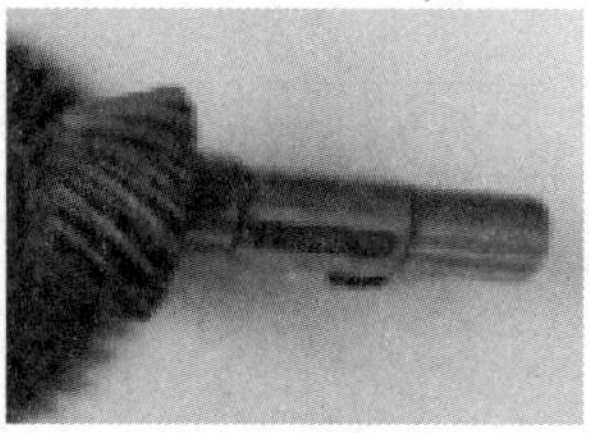	步骤 2　检查是否有轻微擦伤或毛刺 技术要求：若有，应用油石修磨后再使用。 完成情况：□正常 □不正常，原因：________________
	步骤 3　检查主动锥齿轮的花键部分是否磨损严重 技术要求：若严重，应更换。 完成情况：□正常 □不正常，原因：________________

续表

主动小齿轮组的检查	
	步骤 4　检查主、从动锥齿轮是否疲劳性剥落 技术要求：轮齿损坏超过齿长的 1/5 和齿高的 1/3 时，应成对更换，不准新旧搭配使用。 完成情况：□正常 □不正常，原因：________________
	步骤 5　检查轴承是否能自由转动 技术要求：不应有阻力感；如轴承内座圈、外座圈或滚柱损坏，磨损或间隙过大，则应更换轴承；如剥落、支持架变形也应更换轴承。 完成情况：□正常 □不正常，原因：________________
	步骤 6　检查垫片安装是否完好，有无漏油现象 技术要求：无漏油，无渗油。 完成情况：□正常 □不正常，原因：________________
	步骤 7　检查油封安装是否完好，有无漏油现象 技术要求：无漏油，无渗油。 完成情况：□正常 □不正常，原因：________________
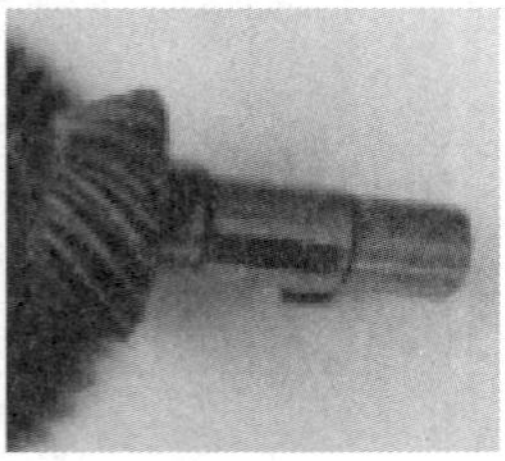	步骤 8　检查主动小齿轮组有无内外伤 完成情况：□正常 □不正常，原因：________________
壳体的检查	
	步骤 1　检查壳体是否开裂漏油 技术要求：无漏油，无渗油。 完成情况：□正常 □不正常，原因：________________
	步骤 2　检查壳体接合处是否漏油 技术要求：无漏油，无渗油。 完成情况：□正常 □不正常，原因：________________

续表

壳体的检查	
	步骤 3　检查放油螺栓和加油螺栓是否漏油 技术要求：无漏油，无渗油。 完成情况：□正常 □不正常，原因：________
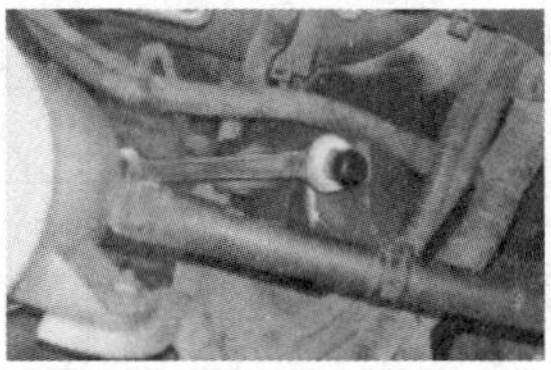	步骤 4　检查通气孔是否堵塞 完成情况：□正常 □不正常，原因：________
	步骤 5　检查驱动桥油封是否老化漏油 技术要求：无漏油，无渗油。 完成情况：□正常 □不正常，原因：________
	步骤 6　完成 7S 作业 技术要求：整理、整顿、清扫、清洁、素养、节约、安全。 完成情况：□完成 □未完成，原因：________

表 3-4-2　传动轴轴管的径向圆跳动公差　　单位：mm

轴长	<600	500～1 000	>1 000
径向圆跳动公差	0.60	0.80	1.00

表 3-4-3　传动轴管焊接组合件的允许动不平衡量

传动轴管外径/cm	<58	58～80	>80
允许动不平衡量/g	3	50	100

评价总结

学习任务评价表

班级__________ 小组__________ 学号__________ 姓名__________

<table>
<tr><td rowspan="2"></td><td rowspan="2">主要测评项目</td><td colspan="4">学生自评</td></tr>
<tr><td>A</td><td>B</td><td>C</td><td>D</td></tr>
<tr><td rowspan="5">关键能力总结</td><td>1. 遵守纪律，遵守学习场所管理规定，服从安排</td><td></td><td></td><td></td><td></td></tr>
<tr><td>2. 具有安全意识、责任意识、7S 管理意识，注重节约、节能与环保意识</td><td></td><td></td><td></td><td></td></tr>
<tr><td>3. 学习态度积极主动，能按时参加安排的实习活动</td><td></td><td></td><td></td><td></td></tr>
<tr><td>4. 具有团队合作意识，注重沟通，能自主学习及相互协作</td><td></td><td></td><td></td><td></td></tr>
<tr><td>5. 仪容仪表符合学习活动要求</td><td></td><td></td><td></td><td></td></tr>
<tr><td rowspan="4">专业知识与能力总结</td><td>1. 能口述万向传动装置系统的结构、组成和工作原理</td><td></td><td></td><td></td><td></td></tr>
<tr><td>2. 能完成万向传动系统可视部件的指认</td><td></td><td></td><td></td><td></td></tr>
<tr><td>3. 能动手更换万向传动装置总成</td><td></td><td></td><td></td><td></td></tr>
<tr><td>4. 能对万向传动系统进行检查与保养</td><td></td><td></td><td></td><td></td></tr>
<tr><td>个人自评总结与建议</td><td colspan="5"></td></tr>
<tr><td>小组评价</td><td colspan="5"></td></tr>
<tr><td rowspan="2">教师评价</td><td rowspan="2"></td><td colspan="4">总评成绩</td></tr>
<tr><td colspan="4"></td></tr>
</table>

教师签字/日期：

任务 5　分动变速系统检查保养

一、信息分析

通读下面文字内容和信息，标记出分动变速系统结构与工作原理关键内容。

（1）分动变速系统由哪些元件组成及其功用；

（2）各元件在车上的安装位置；

（3）分动变速系统的保养检查；

（4）分动箱油液的更换。

二、信息来源

（1）汽车公司资料；

（2）公开出版资料；

（3）互联网查询；

（4）相关车型维修手册；

（5）法律规定。

三、信息收集

（一）四轮驱动系统概述

1．四轮驱动系统分类（见表 3-5-1）

表 3-5-1　四轮驱动系统分类

类别	介　绍	优　点	缺　点	应　用
分时四驱	固定扭矩分配的一种；手动切换；两驱模式；高速四驱；低速四驱	结构简单，技术成熟；可靠性高	切换需要驾驶员手动进行，甚至在高速四驱和低速四驱挡位切换时，必须停车后方可进行，操作烦琐不轻便	江铃陆风、吉普牧马人、铃木吉姆尼
全时四驱	车辆在整个行驶过程中一直保持四轮驱动的模式，不需要驾驶员进行操作结合或断开四驱系统	因为四个车轮一直都是驱动轮，不存在两驱与四驱之间切换的响应时间，遇到极端恶劣路况能够在最短的时间迅速反应，把握最佳的脱困时机，直接逃离现场，所以其安全性最高	结构复杂、成本较高、油耗偏大，经济性差	吉普指挥官、丰田陆地巡洋舰、斯巴鲁森林人、奥迪 Q7
适时四驱	可以根据车辆的行驶工况，自动将驱动力分配到前轮和后轮，响应驾驶条件所需	相较分时四驱，避免操作不当带来的系统损坏和脱困时机措施；相较全时四驱，油耗低	控制算法较为复杂，成本较高	大众途观、吉普指南者、广汽 GS8、现代 IX35/IX45

2．按轴间扭矩分配方式分类（见图 3-5-1）

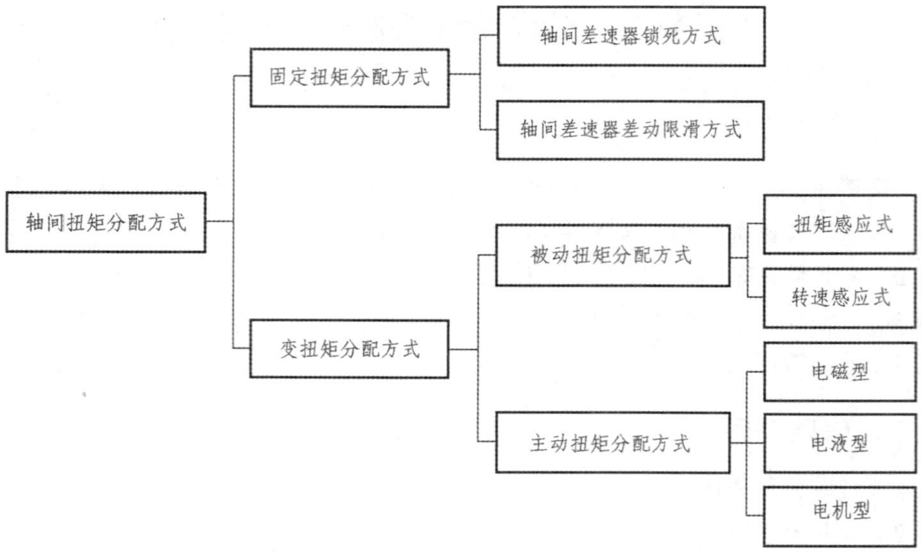

图 3-5-1　轴间扭矩分配方式分类

（二）分动器概述

分动器又称分动箱，如图 3-5-2 所示，是实现四驱汽车的特有部件。其作用是将从变速器传来的动力分配给前轴和后轴。分动器一般都设有高低挡，以进一步增大转矩。分动器为链式或齿轮传动系统，单独固定在车架上，其输入轴与变速器的输出轴用万向传动装置连接。分动器的输出轴有两根，分别经万向传动装置与前后驱动桥相连。

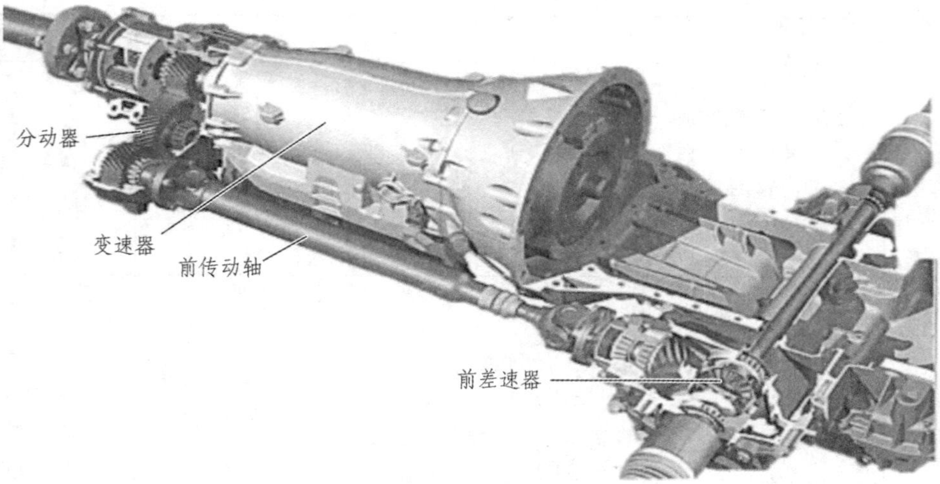

图 3-5-2　分动器

分动器种类较多，如图 3-5-3 所示为带多片离合器分动器构造，在分时四驱汽车上比较简单，一般采用离合器的结构，直接由驾驶人手动操作，让多片离合器分离或接合，从而选择两驱和四驱行驶方式。在全时四驱上，分动器的主要结构就是中央差速器，由它负责向前后驱动桥分配驱动力。在适时四驱上，一般采用黏性联轴节，它可以自动调节前后轮的驱动力。

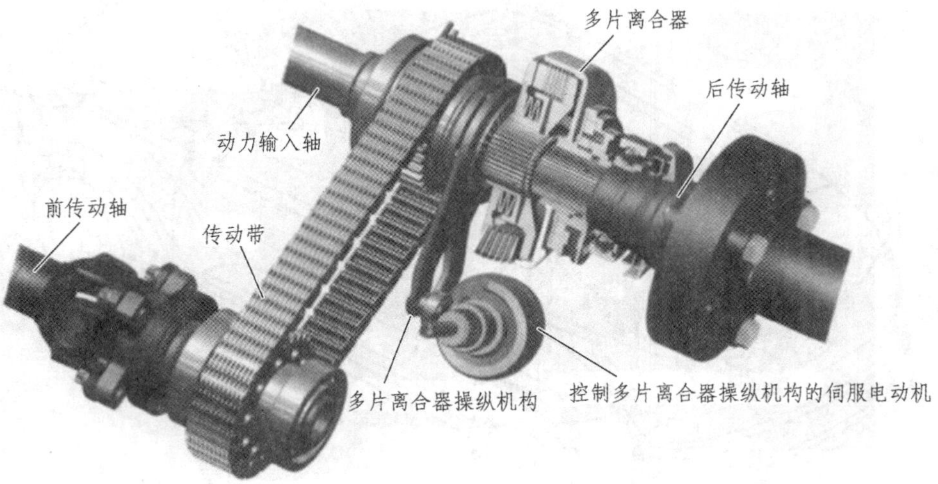

图 3-5-3　带多片离合器分动器构造

（三）分动变速系统检查与保养

分动变速系统检查与保养安全事项如下：

（1）操作时请使用翼子板防护盖布，以免损坏车漆表面。

（2）在使用举升机操作时人员应离开车辆，举升到需要高度时，必须插入保险锁销，并确保安全可靠方可开始车底作业。

（3）在检查或排放分动箱油过程中小心不要碰触排气管等高温部件，预防烫伤。

（4）完成分动箱保养后应及时用肥皂和温水彻底洗手，保护皮肤，因皮肤持续长时间接触使用过的润滑油，可能导致皮肤过敏等伤害。

（5）使用实训台或实训车辆进行操作时，必须用三角块塞住车辆，严格按照操作规程，不得违章操作，非必要不得带电进行操作，非必要学生不得进入驾驶舱。

（6）在冷却系统保养过程中严禁明火。

（7）安装拆卸部件和零件时，扭矩的大小请参考相关车型维修手册。

（8）为了保护环境，只能在指定的处理地点处理废分动箱机油，切勿将机油倒入下水道或随意倒在地上。

根据某型轿车四轮驱动系统的结构原理图（见图 3-5-4、图 3-5-5），参照维修手册口述序号部件，并结合日常保养要求进行润滑系统的检查和保养工作任务，如表 3-5-2 所示。

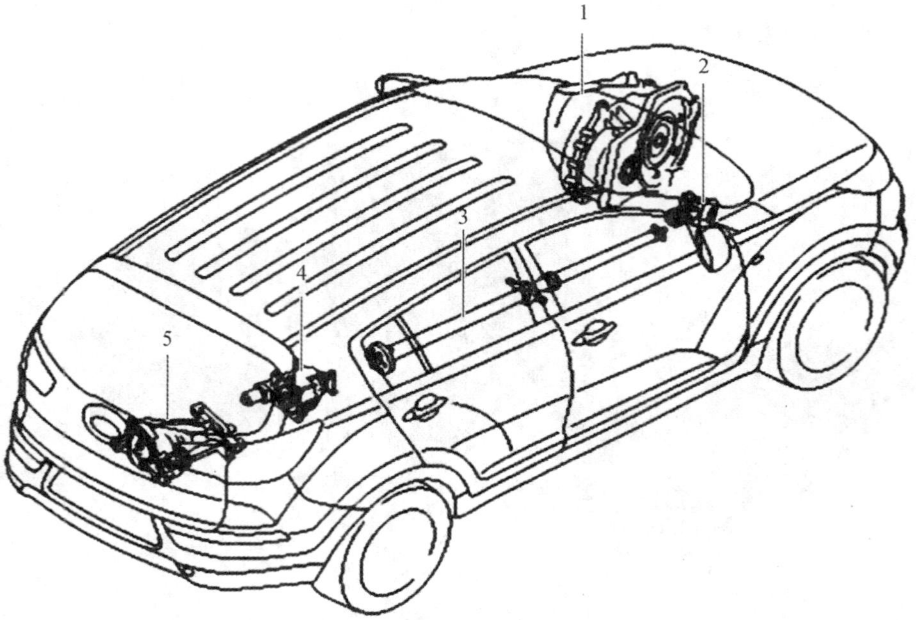

1—自动变速器；　4—耦合器总成；
2—分动器总成；　5—差速器总成。
3—转动轴；

图 3-5-4　安装布置图

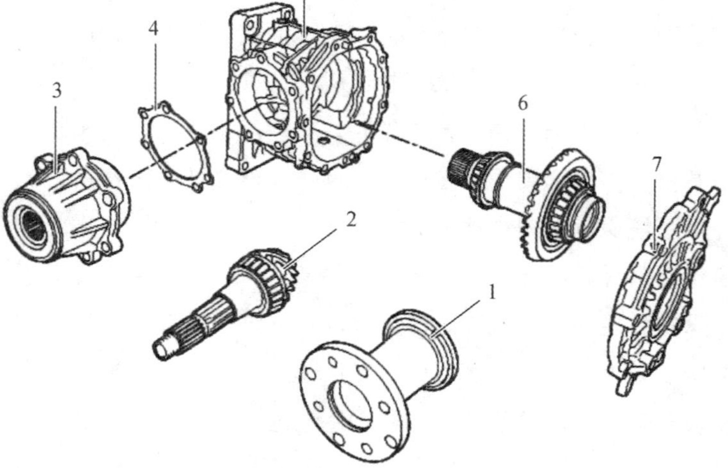

1—后法兰总成；　5—分动器壳；
2—小齿轮轴；　6—准双曲面齿轮轴总成；
3—小齿轮壳；　7—分动器盖。
4—座片；

图 3-5-5　装配图

表 3-5-2　分动变速系统检查与保养

<table>
<tr><th>序号</th><th>内　容</th><th>图　示</th></tr>
<tr><td colspan="3">分动箱油液检查</td></tr>
<tr><td>1</td><td>在检查分动箱油液前做如下安全防护工作：
将车辆驶入工位，拉紧手刹，车轮放置三角块，并安装翼子板防护盖布，断开蓄电池负极连接线</td><td></td></tr>
<tr><td>2</td><td>用专用检查工具或手指（注意：高温时禁止采用）检查油量。油量高度应在 0～5 mm；将分动器油滴在检测滤纸上，放置一段时间后观察油滴的扩散情况和油斑中心颜色</td><td>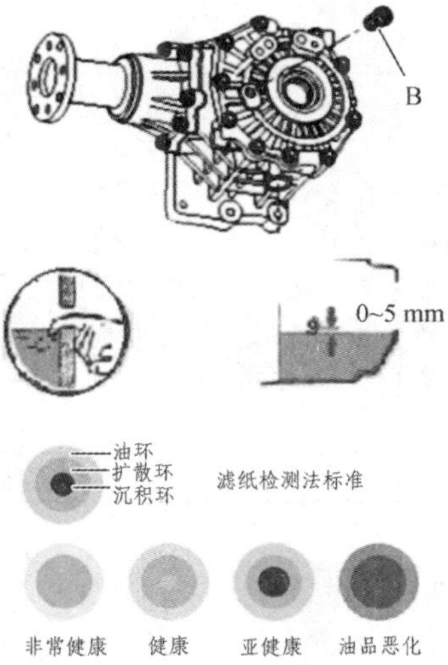
</td></tr>
<tr><td>3</td><td>拧出加注口塞 B，拆卸排油塞，并将分动箱机油排入收集容器中，装复排油塞</td><td>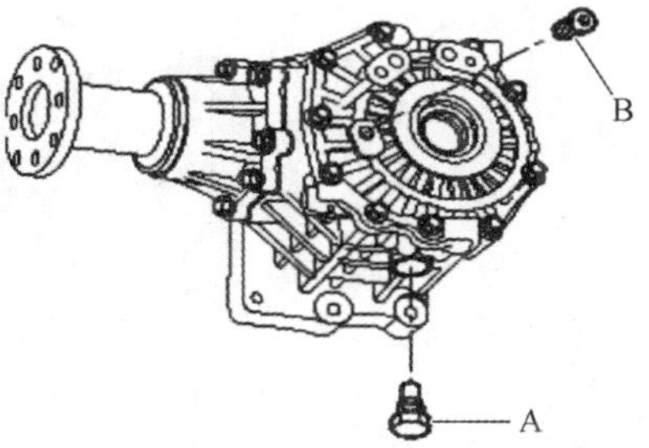
</td></tr>
<tr><td>4</td><td>加注新的分动箱机油，用专用检查工具或手指（注意：高温时禁止采用）检查油量。油位应在加注口 0～5 mm 处</td><td>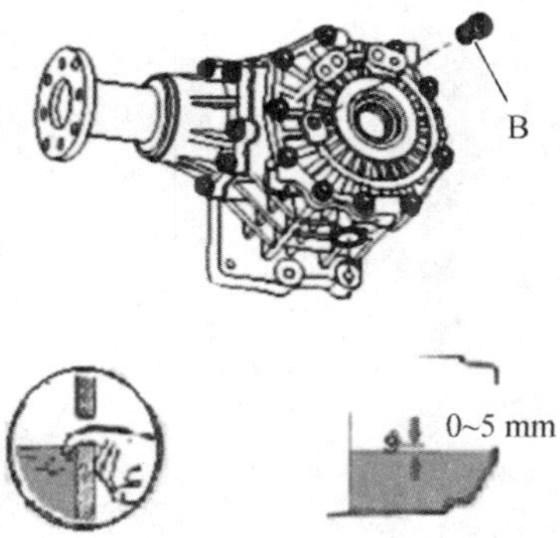
</td></tr>
</table>

续表

序号	内　容	图　示
分动器壳体密封件检查和更换		
5	检查加注口塞、排油塞处是否漏油； 检查分动器壳体锁紧螺栓处及壳体接合处是否漏油； 检查小齿轮壳盖锁紧螺栓及壳体接合处是否漏油； 检查法兰总成处是否漏油	
6	进行分动箱油封的更换，拆下分动器端传动轴螺栓，拆卸右驱动半轴，拆下滚动杆支架，拧下右侧上下分动器壳螺栓，撬下分动器壳，取出并更换 O 形密封环 A	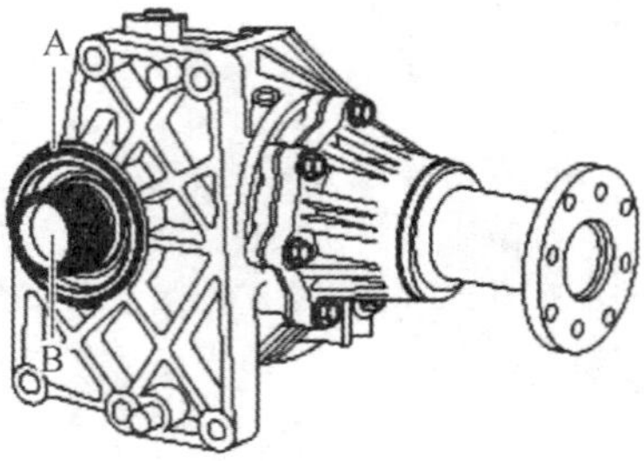

活页工单 3-5　分动变速系统检查与保养

接受工作任务

根据给定的某型车辆，对分动系统进行检查与保养。

收集信息

查阅相关维修资料，学习分动器系统结构和组成原理，完成以下内容。

（1）阐述分动器（见图 3-5-6）的工作原理及其工作过程。

图 3-5-6　分动器实物

（2）查阅资料，并结合相关维修手册完成对分动器结构的认识，如图 3-5-7 所示。

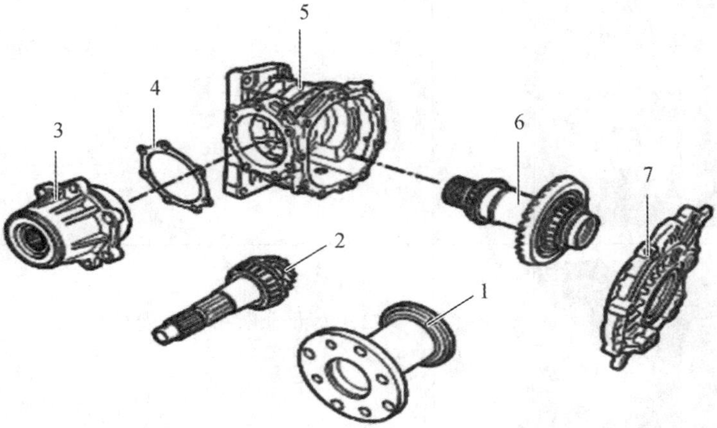

1—齿轮凸缘总成；2—小齿轮轴；3—小齿轮壳；4—座圈；5—分动器壳；
6—准双曲面齿轮轴总成；7—分动器盖。

图 3-5-7　分动器系统结构

（3）查阅相关资料，简述更换分动器油需要注意哪些事项。

制定任务实施方案

分组查阅维修手册，认识分动变速系统结构及工作原理，为维护与保养做准备。

（1）任务分工：

（2）任务实施步骤：

（3）异常情况处理办法：

任务实施

如表 3-5-3 所示。

表 3-5-3　分动变速系统检查与保养

分动箱油位和油品质量检查	
	步骤 1　将车辆驶入工位，拉紧手刹，车轮放置三角块，并安装翼子板防护盖布 完成情况：□完成 □未完成，原因：________
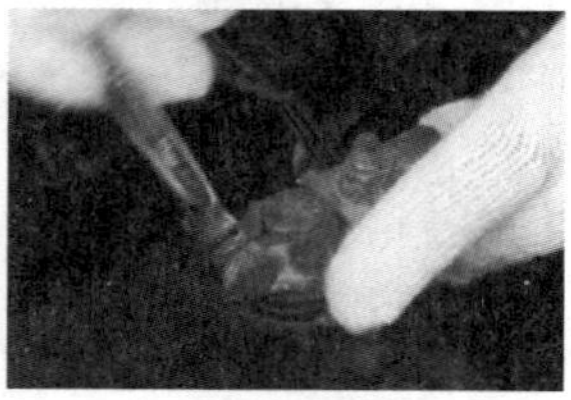	步骤 2　断开蓄电池负极连接线 完成情况：□完成 □未完成，原因：________
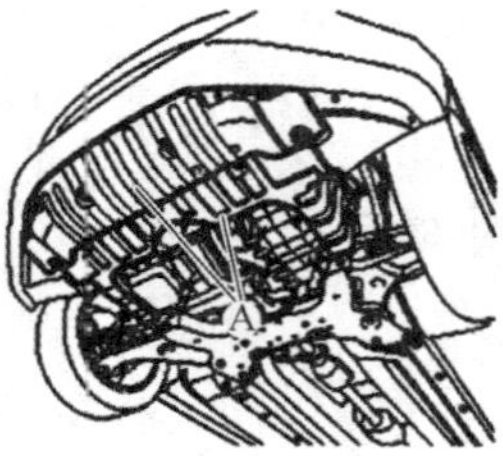	步骤 3　将车辆举升到工作高度 完成情况：□完成 □未完成，原因：________

续表

分动箱油位和油品质量检查	
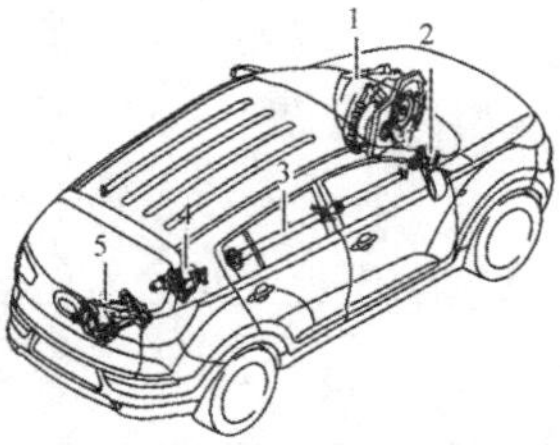	步骤 4　确认分动器位置，并清洁分动器外部 完成情况：□完成 □未完成，原因：________________
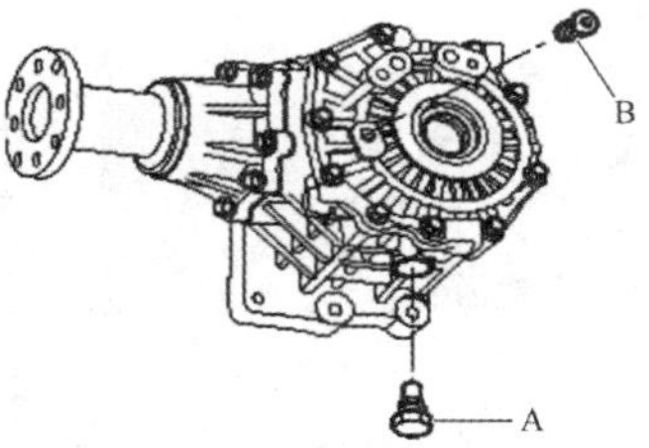	步骤 5　拧出加注口塞 完成情况：□完成 □未完成，原因：________________
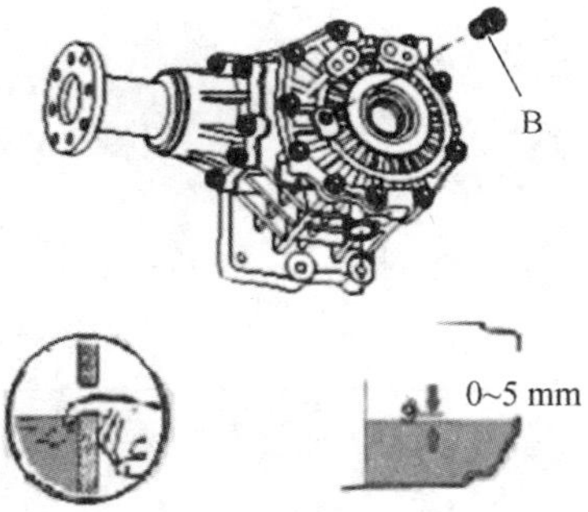	步骤 6　分动箱油量检查 完成情况：□完成 □未完成，原因：________________
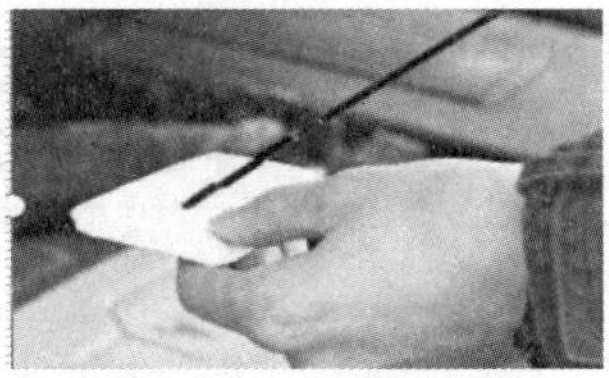	步骤 7　判断机油的使用情况 完成情况：□完成 □未完成，原因：________________
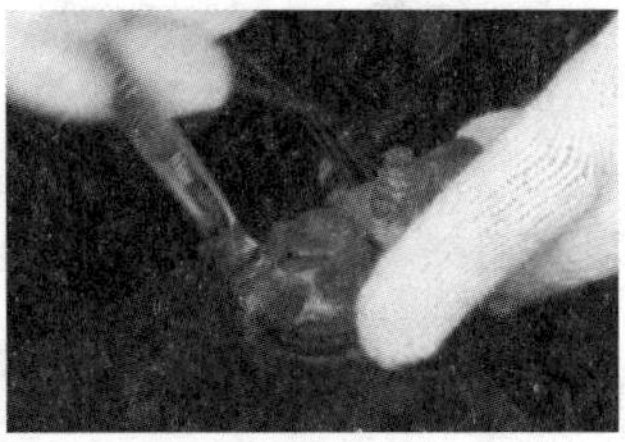	步骤 8　复位，并装复蓄电池 完成情况：□完成 □未完成，原因：________________
分动箱油品更换	
	步骤 1　将车辆驶入工位，拉紧手刹，车轮放置三角块，并安装翼子板防护盖布 完成情况：□完成 □未完成，原因：________________

续表

分动箱油品更换	
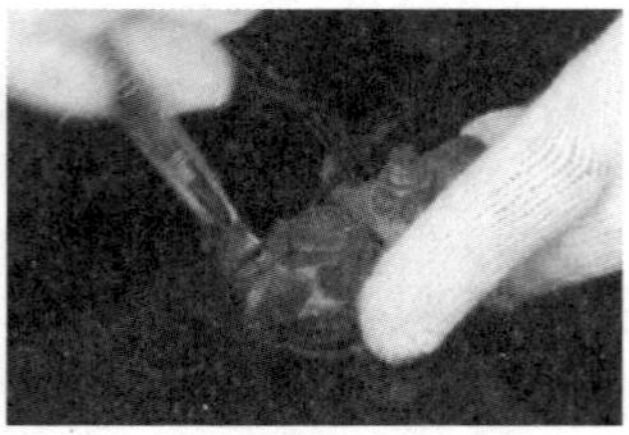	步骤 2　断开蓄电池负极连接线 完成情况：□完成 □未完成，原因：________
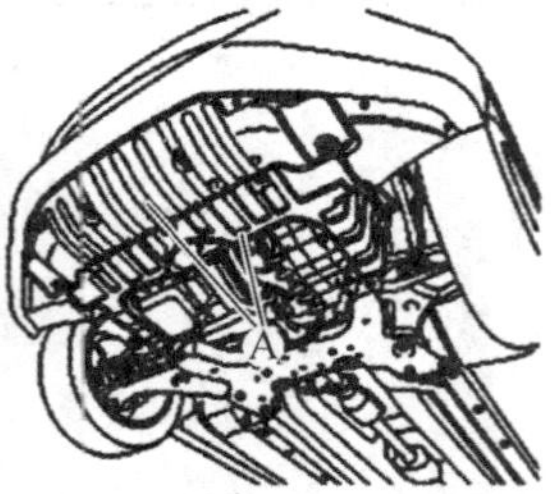	步骤 3　将车辆举升到工作高度 完成情况：□完成 □未完成，原因：________
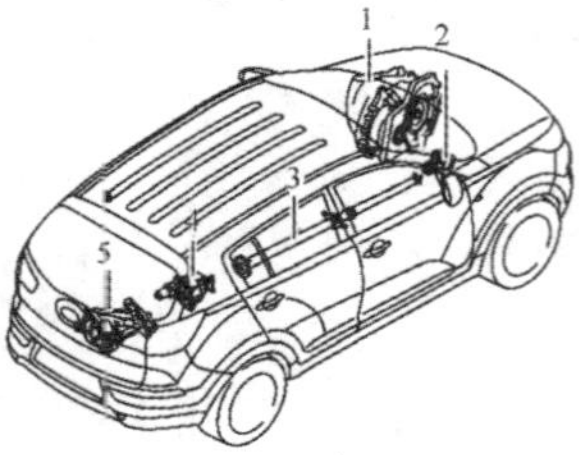	步骤 4　确认分动器位置，并清洁分动器外部 完成情况：□完成 □未完成，原因：________
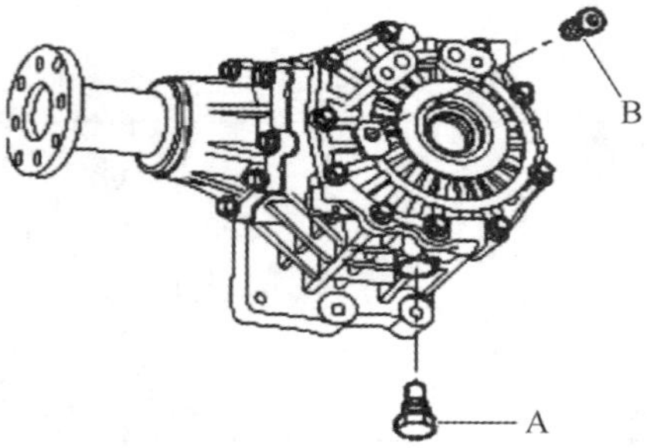	步骤 5　拧出加注口塞 完成情况：□完成 □未完成，原因：________
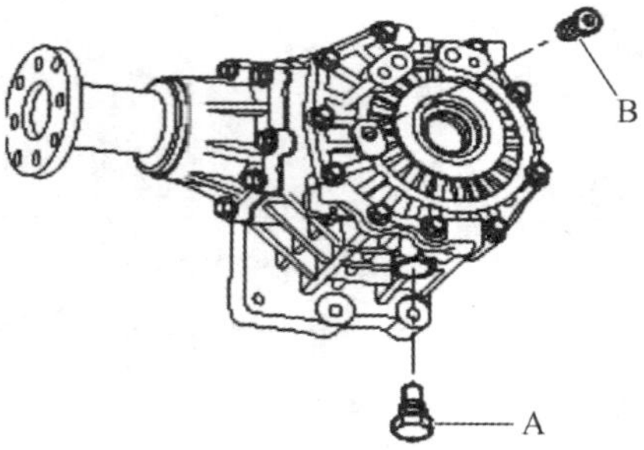	步骤 6　拆卸排油塞，并将分动箱机油排入收集容器中 完成情况：□完成 □未完成，原因：________
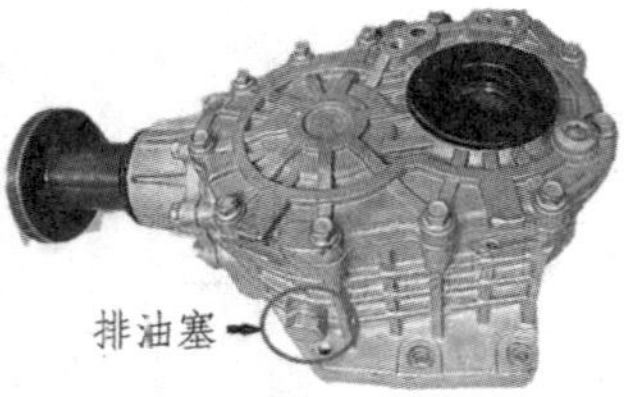	步骤 7　装复排油塞 完成情况：□完成 □未完成，原因：________

续表

分动箱油品更换	
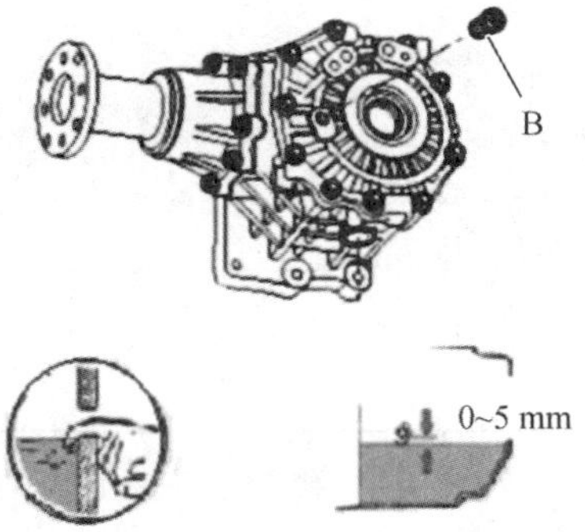	步骤 8　加注新的分动箱机油至规定量 完成情况：□完成 □未完成，原因：________________
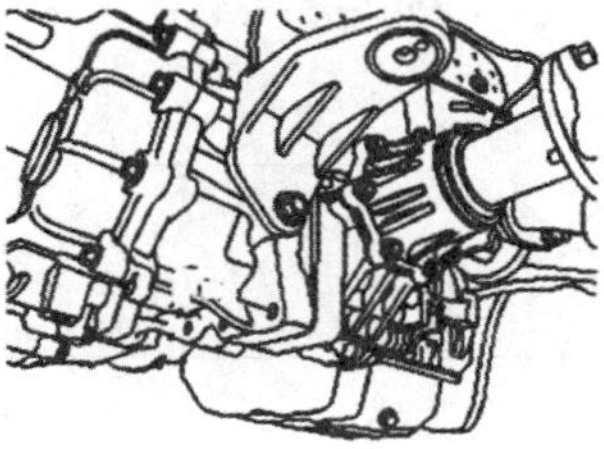	步骤 9　装复加注口塞 完成情况：□完成 □未完成，原因：________________
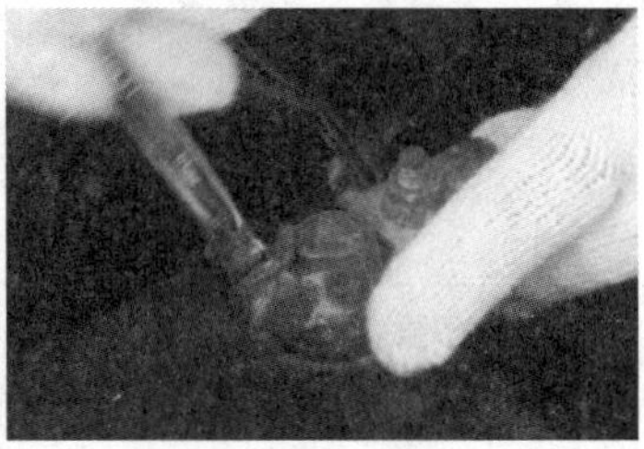	步骤 10　检查油底壳位置是否漏油 完成情况：□完成 □未完成，原因：________________
分动器壳体密封件检查和更换	
	步骤 1　将车辆驶入工位，拉紧手刹，车轮放置三角块，并安装翼子板防护盖布 完成情况：□完成 □未完成，原因：________________
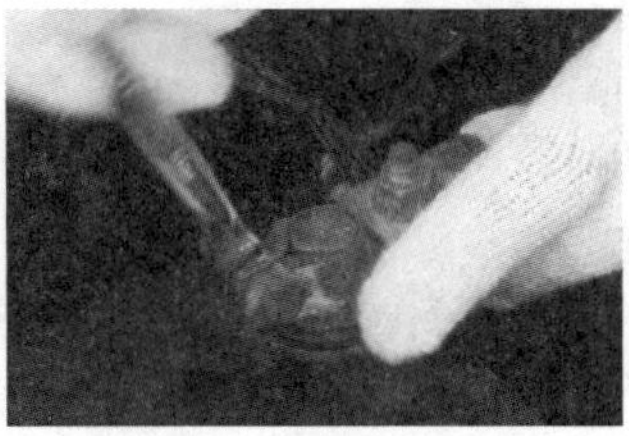	步骤 2　断开蓄电池负极连接线 完成情况：□完成 □未完成，原因：________________

续表

分动器壳体密封件检查和更换	
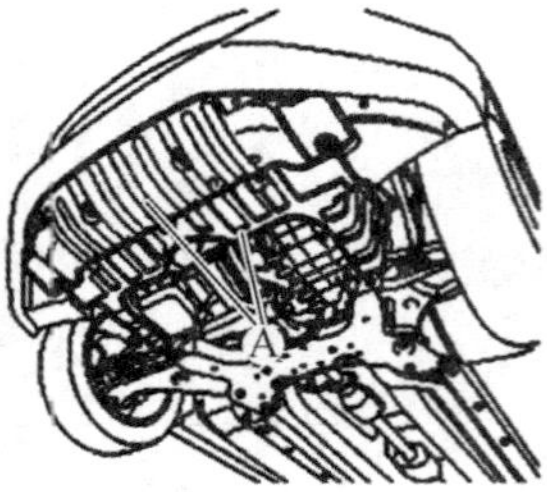	步骤 3　将车辆举升到工作高度 完成情况：□完成 □未完成，原因：________________
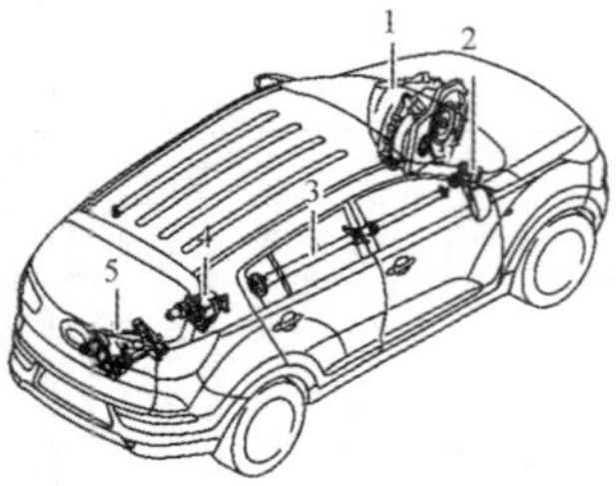	步骤 4　确认分动器位置，并清洁分动器外部 完成情况：□完成 □未完成，原因：________________
	步骤 5　检查加注口塞、排油塞处是否漏油 完成情况：□完成 □未完成，原因：________________
	步骤 6　检查分动器壳体锁紧螺栓及壳体接合处是否漏油 完成情况：□完成 □未完成，原因：________________
	步骤 7　检查小齿轮壳盖锁紧螺栓及壳体接合处是否漏油 完成情况：□完成 □未完成，原因：________________
	步骤 8　检查法兰总成是否漏油 完成情况：□完成 □未完成，原因：________________

续表

分动器壳体密封件检查和更换	
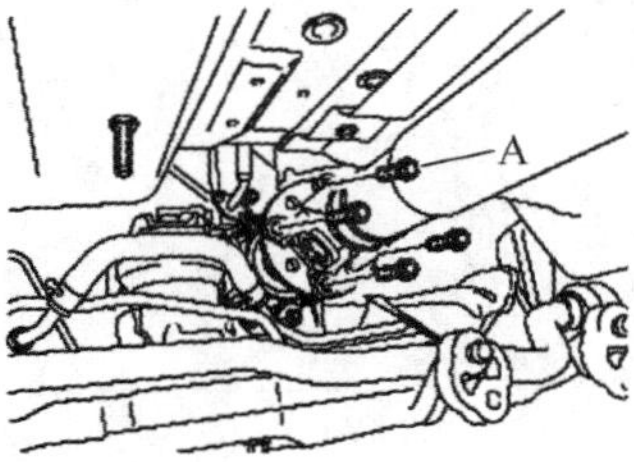	步骤 9　进行分动箱油封的更换，首先拆下分动器端传动轴螺栓 完成情况：□完成 □未完成，原因：________
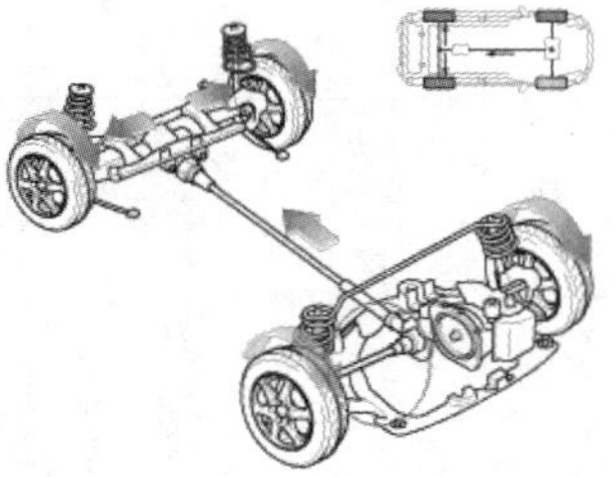	步骤 10　从分动器壳上拆卸右驱动半轴 完成情况：□完成 □未完成，原因：________
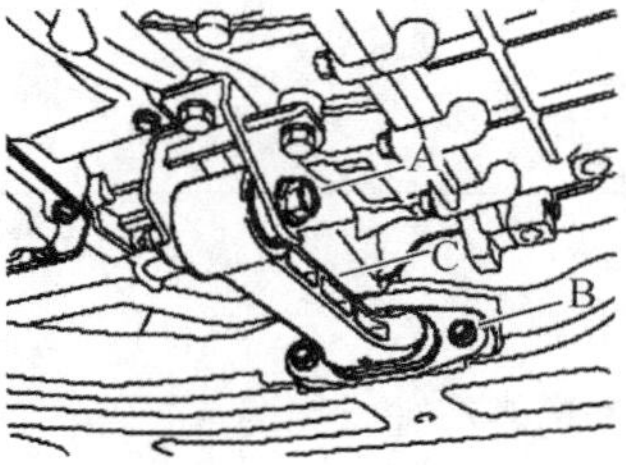	步骤 11　拆下稳定杆支架 完成情况：□完成 □未完成，原因：________
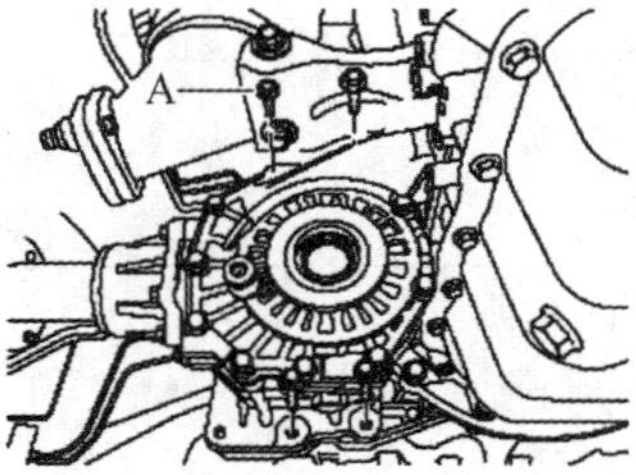	步骤 12　拧下右侧上下分动器壳螺栓 完成情况：□完成 □未完成，原因：________
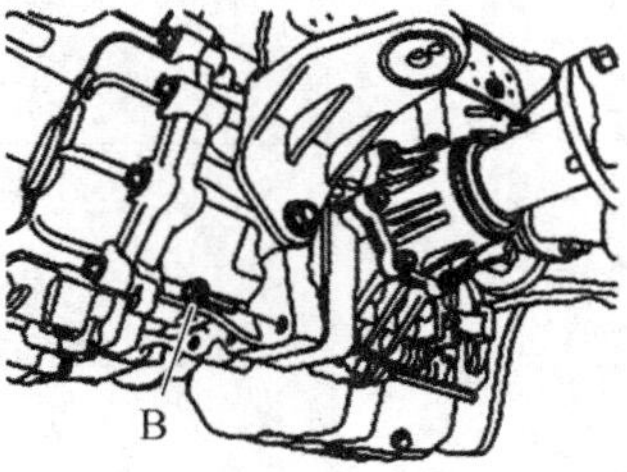	步骤 13　拧下左侧上下分动器壳螺栓 完成情况：□完成 □未完成，原因：________
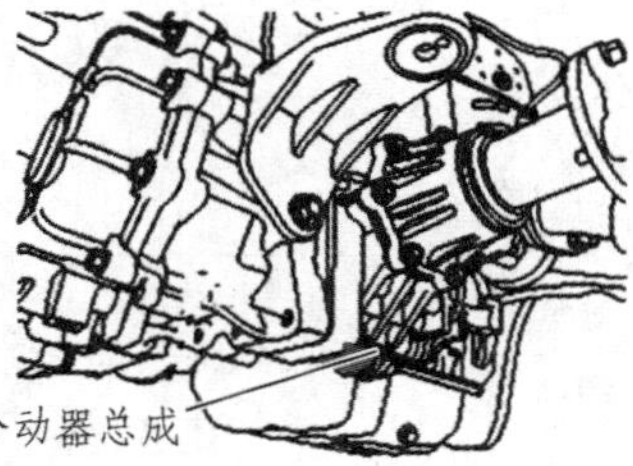	步骤 14　分离分动器 完成情况：□完成 □未完成，原因：________

续表

分动器壳体密封件检查和更换	
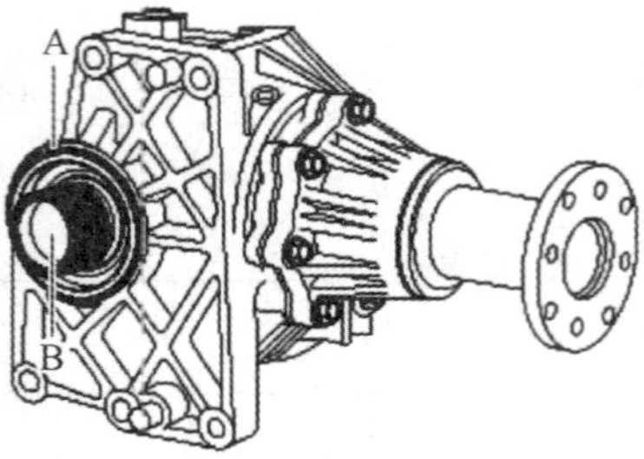	步骤 15　取出 O 形密封环 完成情况：□完成 □未完成，原因：________________
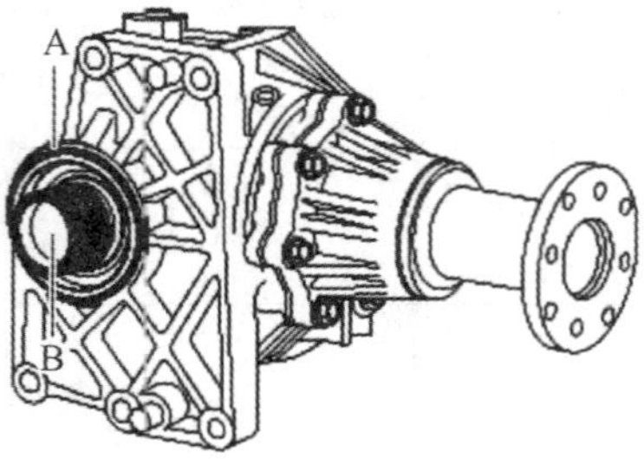	步骤 16　安装新 O 形密封环 完成情况：□完成 □未完成，原因：________________
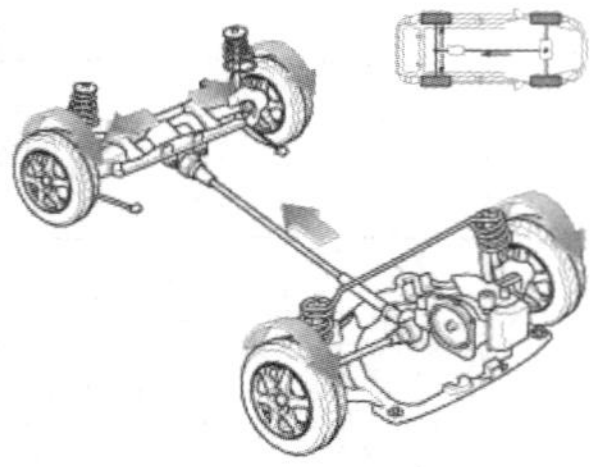	步骤 17　按拆卸的相反顺序进行装复 完成情况：□完成 □未完成，原因：________________
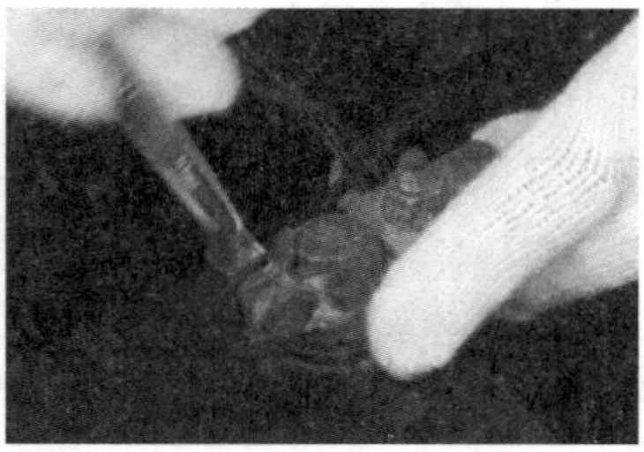	步骤 18　装复蓄电池负极连接线 完成情况：□完成 □未完成，原因：________________
	步骤 19　完成 7S 作业 完成情况：□完成 □未完成，原因：________________

评价总结

学习任务评价表

班级＿＿＿＿＿＿小组＿＿＿＿＿＿学号＿＿＿＿＿＿姓名＿＿＿＿＿＿

	主要测评项目	学生自评			
		A	B	C	D
关键能力总结	1. 遵守纪律，遵守学习场所管理规定，服从安排				
	2. 具有安全意识、责任意识、7S 管理意识，注重节约、节能与环保意识				
	3. 学习态度积极主动，能按时参加安排的实习活动				
	4. 具有团队合作意识，注重沟通，能自主学习及相互协作				
	5. 仪容仪表符合学习活动要求				
专业知识与能力总结	1. 能口述分动箱系统的结构、组成和工作原理				
	2. 能完成分动箱油位和油品质量的检查				
	3. 能完成分动箱油液的更换				
	4. 能完成分动箱壳体密封件检查和更换				
个人自评总结与建议					
小组评价					
教师评价		总评成绩			

教师签字/日期：

任务 6　后驱传动系统检查保养

一、信息分析

通读下面文字内容和信息，标记出后驱传动系统的工作原理及检查方法关键内容。

（1）后驱动桥齿轮油检查内容；

（2）如何更换后驱动桥齿轮油；

（3）如何处理后驱动桥漏油故障。

二、信息来源

（1）汽车公司资料；

（2）公开出版资料；

（3）互联网查询；

（4）相关车型维修手册；

（5）法律规定。

三、信息收集

（一）后驱动桥的构造与保养

后驱动桥一般由主减速器、差速器、半轴和驱动桥壳等组成（见图 3-6-1）。它的作用是将万向传动装置传来的动力折转 90°，改变力的传递方向，并由主减速器降低转速，增大转矩后，经差速器分配给左右半轴和驱动轮。后桥驱动在奔驰、宝马、奥迪等高档车型中应用较多，能获得更好的操控性和加速性能，但成本较高，汽车空间利用不便，较廉价的车型通常使用前桥驱动。使用全轮驱动的越野车同时使用了前驱动桥和后驱动桥，本任务以某型轿车为例讲解后驱动桥的检查与保养。

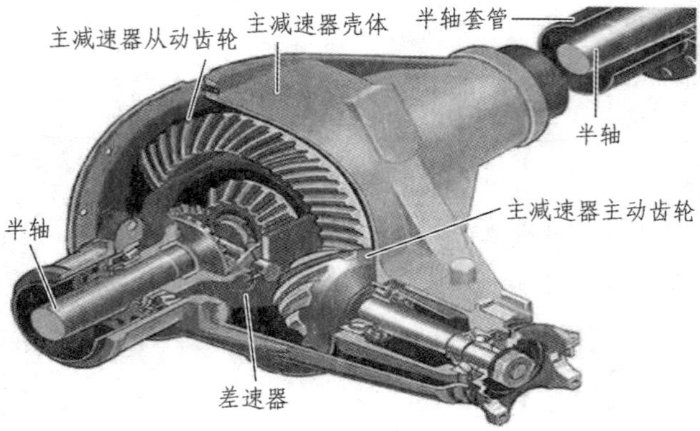

图 3-6-1　后驱动桥的结构

（二）后驱动桥齿轮油

齿轮油的作用是确保车辆驱动桥内减速器、差速器齿轮及轴承的正常润滑。驱动桥齿轮油过多，会加大齿轮运转阻力和动力消耗，压力过大会损坏油封和接合处密封垫，造成漏油；齿轮油过少，则造成各齿轮干摩擦，烧坏减速器和差速器齿轮及轴，引起严重机械事故。为此，经常检查后桥内齿轮油数量、质量十分重要。

检查时，要同时查看齿轮油的颜色，如颜色发黑、发黄或发红，有异味，都为变质齿轮油，应及时更换；用手研磨检查齿轮油是否有黏滑感，如没有，也需更换新机油。

按车辆的用户手册或维修手册上规定或推荐选购齿轮油，如该型轿车使用齿轮油为

齿轮油等级：准双曲面齿轮油 API GL-5。

推荐油黏度：高于 – 18 °C 时，SAE 90；低于 – 18 °C 时，SAE 80W 或 80W-90。

容量：0.9 + / – 0.05 L。

起动车辆行驶一段距离，使桥壳内的齿轮油升温，在齿轮油还处于温热状态时，拆下放油螺塞，放出齿轮油。放净齿轮油后，擦净螺塞并牢固地拧回。然后拧下加油螺塞或油位检查孔螺塞，加入新的齿轮油，直到齿轮油从油位检查孔向外溢出为止，装好检查孔螺塞。没有检视孔的驱动桥按规定的质量或体积加油。

更换齿轮油后，清洁桥壳上的通气孔，使其保持通畅。驾驶车辆并检查油位，差速器机油过多或过少都可能引起故障。

（1）齿轮油更换过程，如表 3-6-1 所示。

表 3-6-1　齿轮油更换

序号	内　容	图　示
1	用举升机升起车辆	
2	拆下差速器注油螺塞和衬垫	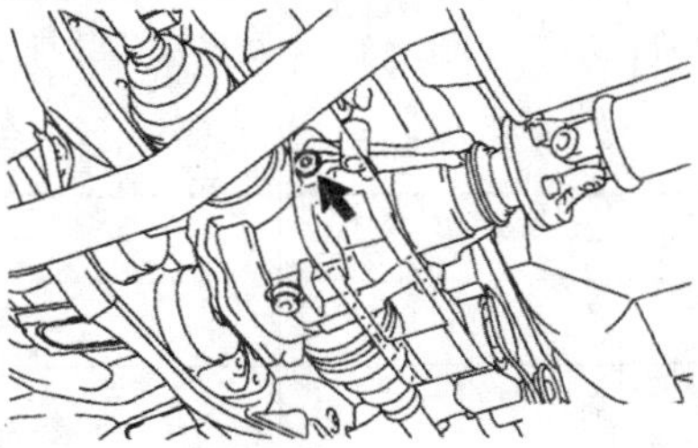
3	用六角扳手（10 mm）拆下后差速器放油螺塞和后差速器放油螺塞衬垫，并排空差速器机油	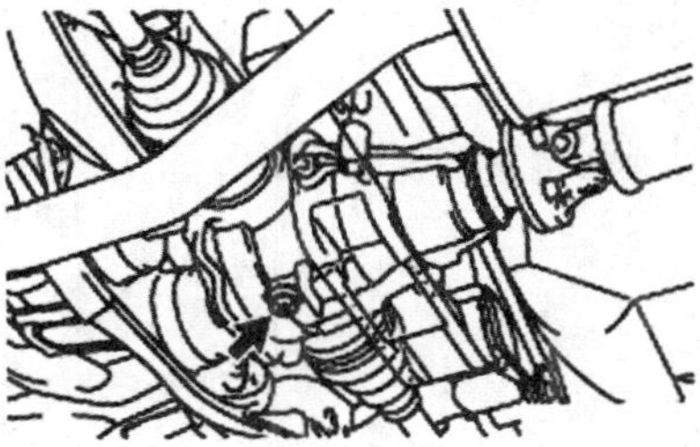

续表

序号	内　容	图　示
4	用六角扳手（10 mm）安装带新衬垫的注油螺塞；给后差速器支架总成加注准双曲面齿轮油	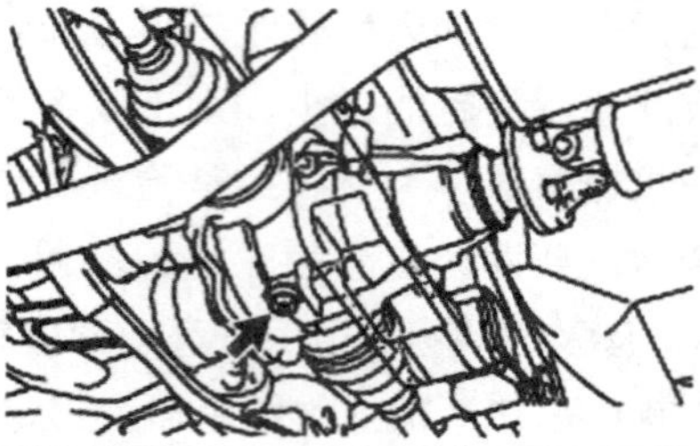
5	检查并确认油面在差速器注油螺塞开口内表面 5 mm 以内	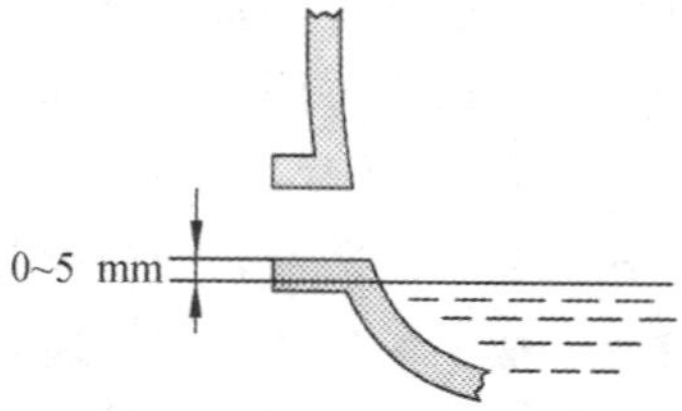
6	油位过低时，检查机油是否泄漏	
7	用六角扳手（10 mm）安装差速器注油螺塞和新衬垫	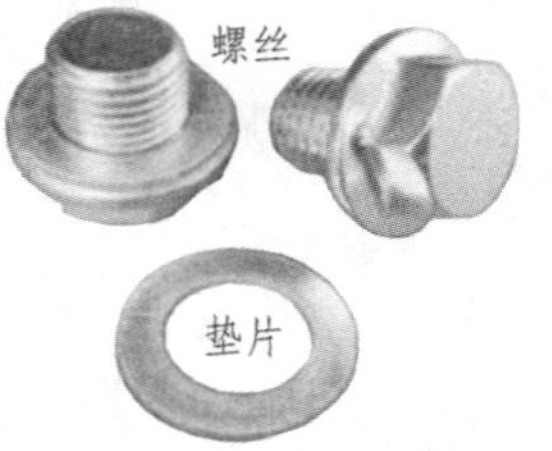

（2）后驱动桥油封检查更换，如表 3-6-2 所示。

表 3-6-2　后驱动桥油封检查

序号	内　容	图　示
检　查		
1	使用举升机升起车辆	

续表

序号	内　容	图　示
检　查		
2	从车辆底部观察差速器壳周围是否渗油或有油迹，重点检查左右半轴油封，支架油封接合处是否严密或有油迹	
拆　卸		
1	用 SST 和锤子松开后主动小齿轮螺母的锁紧部件	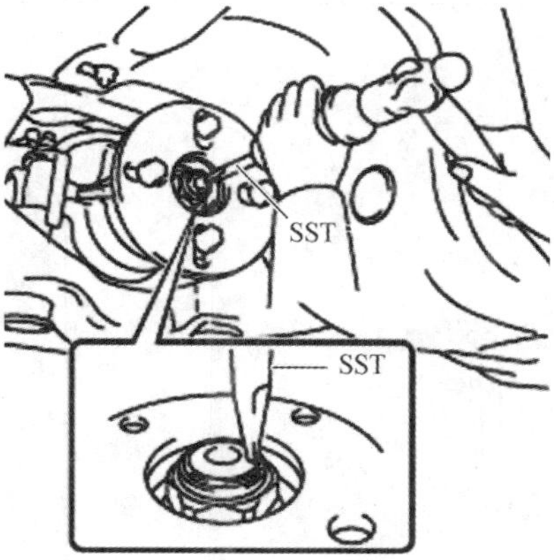
2	用 SST 固定后主动小齿轮结合法兰分总成，拆下后主动小齿轮螺母	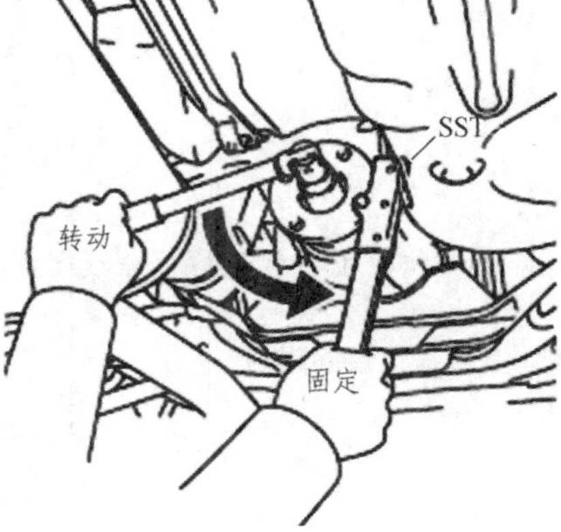

续表

序号	内　容	图　示
拆　卸		
3	用 SST 拆下后主动小齿轮结合法兰分总成	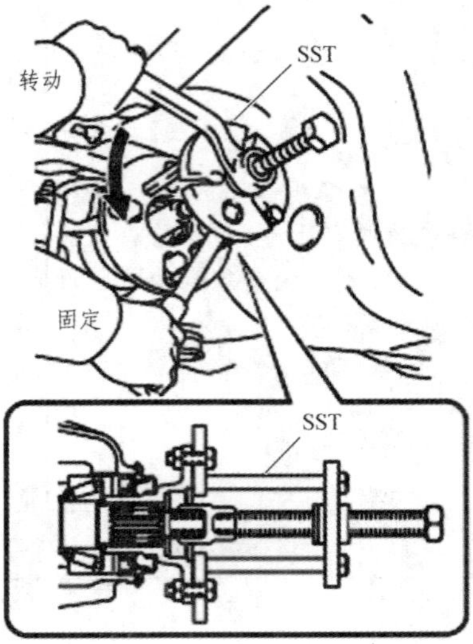
4	用 SST 拆下后差速器支架油封	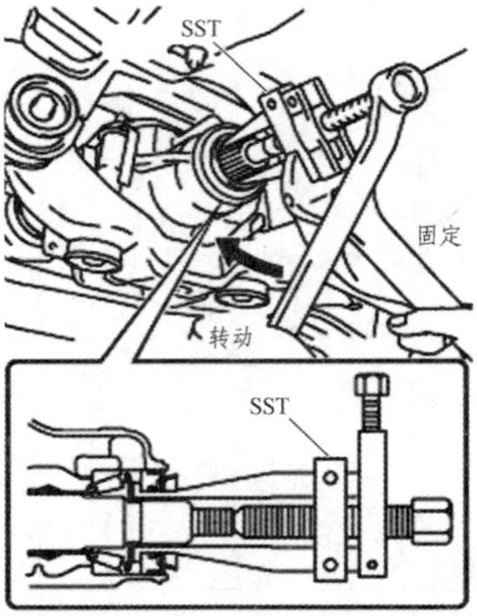
安　装		
1	用 SST 和锤子安装新的后差速器支架油封；在后差速器支架油封唇口上涂抹通用润滑脂	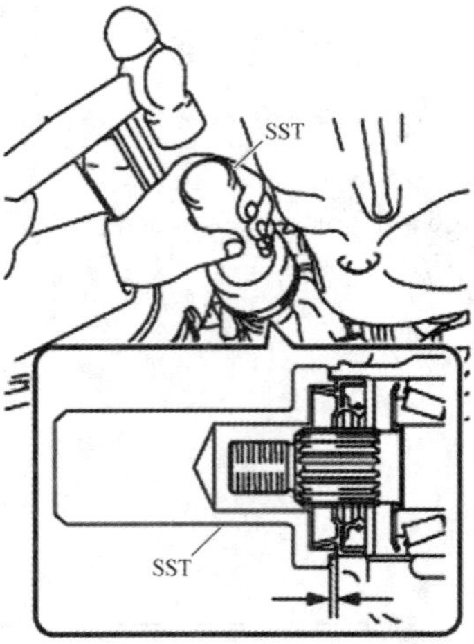

续表

序号	内　容	图　示
安　装		
2	用 SST 将后主动小齿轮结合法兰分总成安装到轴上；在新的后主动小齿轮螺母的螺纹上涂抹准双曲面齿轮油	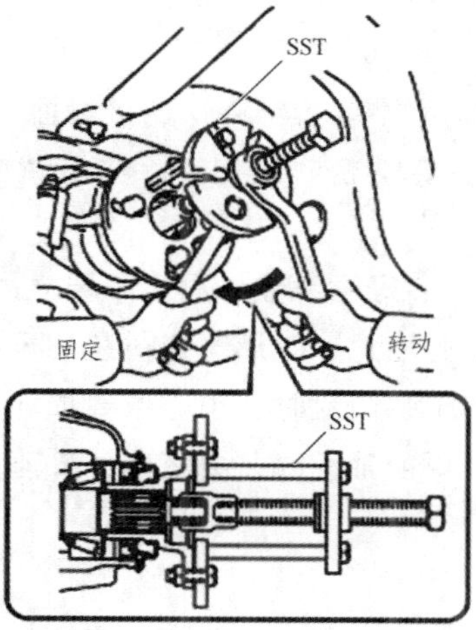
3	用 SST 固定法兰，紧固后主动小齿轮螺母	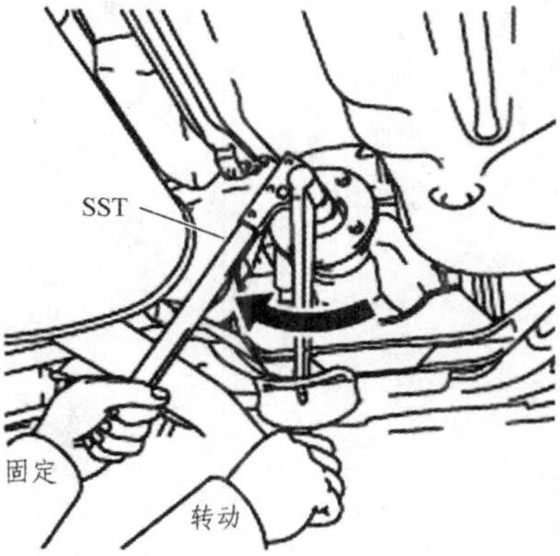
4	用扭矩扳手测量主动小齿轮的预紧力。如果预紧力大于规定值，则更换后差速器主动小齿轮轴承隔垫	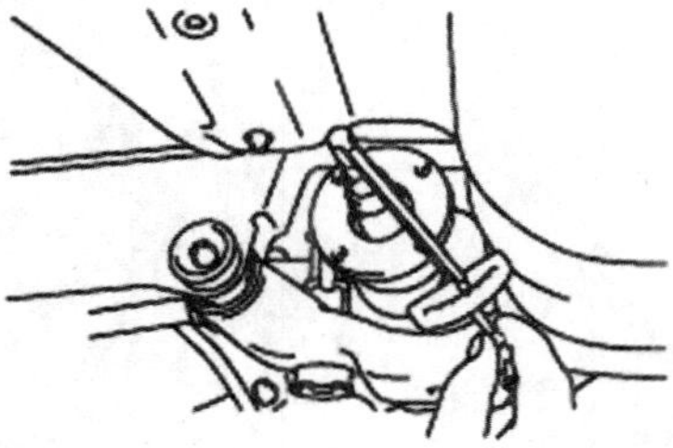

注意事项：

（1）拆解前，清洁后差速器总成外部并清除所有的泥沙，以防止在拆解和重新装配过程中泥沙进入总成内部。

（2）拆下如后差速器支架盖之类的轻合金连接零件时，要用塑料锤将其敲下。不要试图用螺丝刀将其撬下。

（3）务必按顺序放置拆下的零件，且不要让灰尘落到上面。

（4）重新装配前，应彻底清洁并干燥各个零件，然后涂抹齿轮油 LSD。不要用碱性清洗剂清洁铝质、橡胶零件和齿圈固定螺栓；同样，也不要用非残留性溶剂清洁 O 形圈或油封之类的橡胶零件。

（5）在所有滑动面和旋转部件上涂抹准双曲面齿轮油 LSD。

（6）将零部件固定至台钳内时，一定要将铝片放置在零件下，不要将其直接放在台钳上。

（7）小心不要损坏壳体的接触面，如果损坏，则可能引起漏油。

（8）在涂抹密封胶前，除去沉积的机油密封胶，并用非残留性溶剂清洁待密封部位。

（9）安装好密封零件后，不要立即添加机油，应至少等待 1 h。

（10）若油封、O 形圈或衬垫的表面损坏，则可能引起漏油。

（11）压装油封时，小心不要损坏油封唇口及其外围。

（12）更换轴承时，要将内、外座圈作为一个组件进行更换。

活页工单 3-6　后桥驱动系统检查保养

接受工作任务

一辆某型 SUV，行驶里程 130 000 km。车主反映停车时发现地上有油迹，检查发现后驱动桥壳与半轴连接处有漏油，需要更换半轴油封与齿轮油。

收集信息

查阅相关维修资料，学习后驱动系统的结构和组成原理，完成以下内容。

（1）查阅维修手册等资料，记录后驱动桥使用齿轮油的型号、更换周期及使用量。

（2）查询维修手册资料，找出驱动油封及半轴油封的位置（见图 3-6-2）。

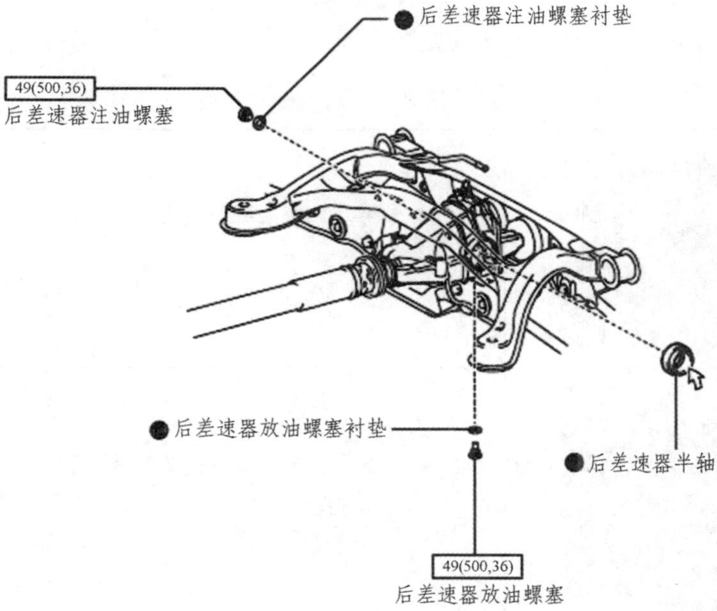

图 3-6-2　后驱动桥壳与半轴

制定任务实施方案

分组查阅维修手册，认识后驱动桥的结构原理，为维护与检查后驱动桥做准备。

（1）任务分工：

（2）任务实施步骤：

（3）异常情况处理办法：

任务实施

检查与更换差速器半轴油封如表 3-6-3 所示。

表 3-6-3　差速器半轴油封检查与更换

	步骤 1　用举升机举起车辆 完成情况：□正常 □不正常，原因：＿＿＿＿＿＿＿＿
	步骤 2　从车辆底部观察差速器壳体周围是否有渗油 完成情况：□正常 □不正常，原因：＿＿＿＿＿＿＿＿
	步骤 3　拆卸后轮 完成情况：□正常 □不正常，原因：＿＿＿＿＿＿＿＿
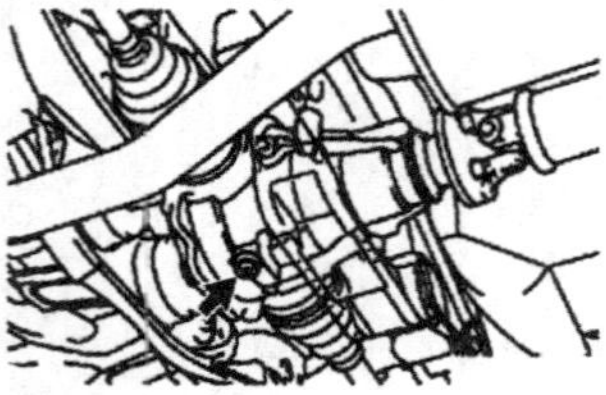	步骤 4　拆卸后差速器注油螺塞及放油螺塞，排出齿轮油 完成情况：□正常 □不正常，原因：＿＿＿＿＿＿＿＿

续表

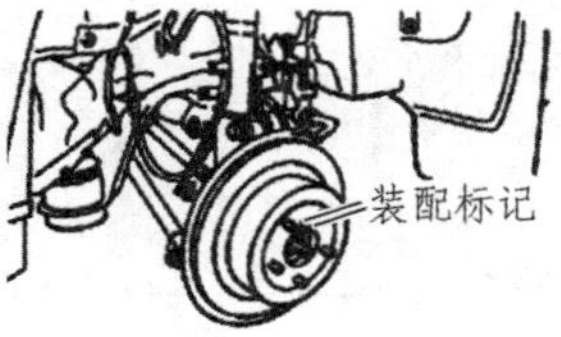	步骤 5　拆卸后制动钳及制动盘 技术要求：在后制动盘和车桥轮毂上做好装配标记。 完成情况：□正常 □不正常，原因：________________
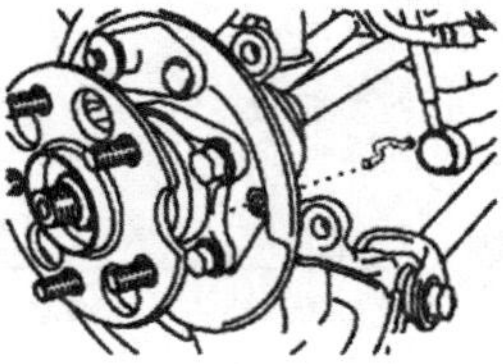	步骤 6　拆卸后桥轮毂和轴承总成 完成情况：□正常 □不正常，原因：________________
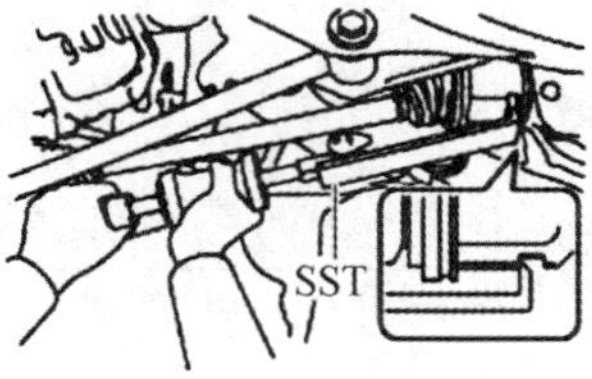	步骤 7　拆卸后桥半轴总成 完成情况：□正常 □不正常，原因：________________
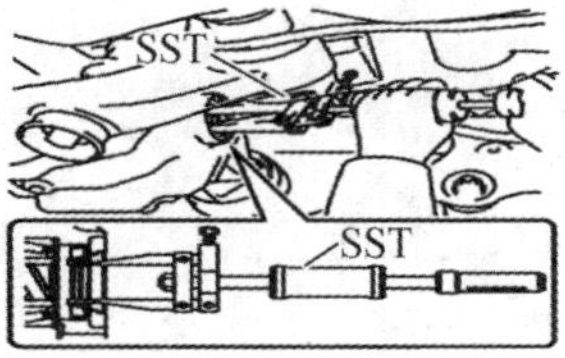	步骤 8　用 SST 拆下后差速器半轴齿轮轴油封 完成情况：□正常 □不正常，原因：________________
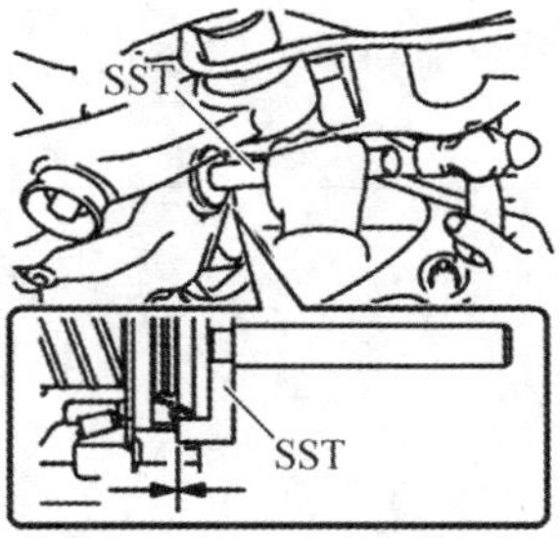	步骤 9　用 SST 和锤子安装新的后差速器半轴齿轮轴油封，使之与支架端面平齐 技术要求：在后差速器半轴齿轮轴油封唇口上涂抹通用润滑脂。 完成情况：□正常 □不正常，原因：________________
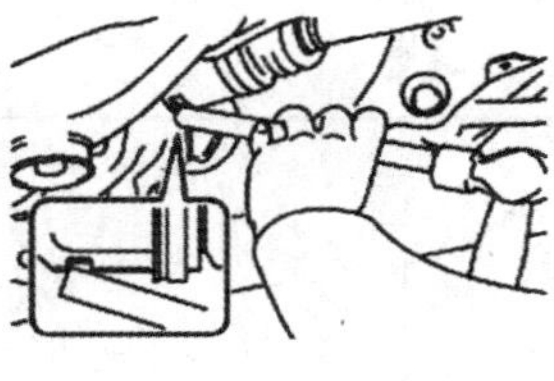	步骤 10　安装后桥半轴总成 完成情况：□正常 □不正常，原因：________________

续表

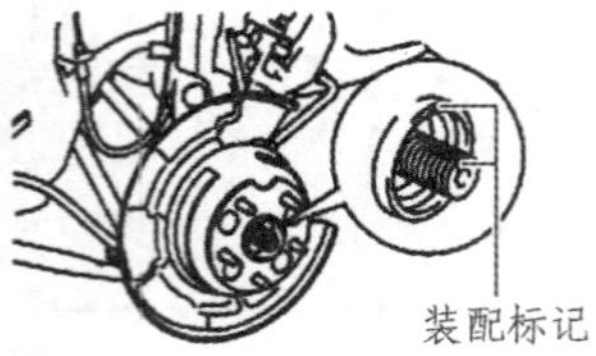	步骤 11　安装后桥轮毂和轴承总成 技术要求：对齐半轴和后桥轮毂上的装配标记。 完成情况：□正常 □不正常，原因：________________
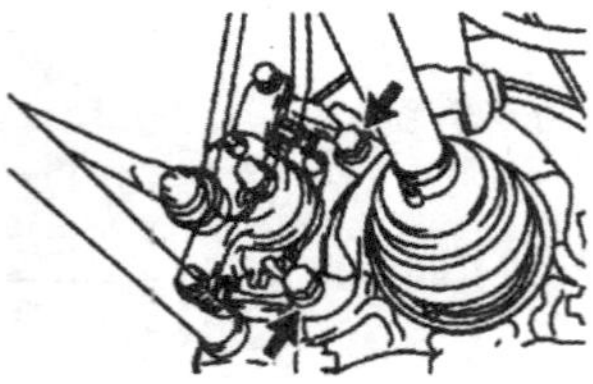	步骤 12　安装后制动盘及制动钳总成 完成情况：□正常 □不正常，原因：________________
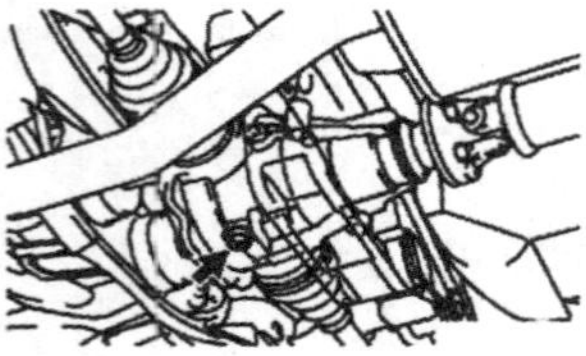	步骤 13　安装后差速器放油螺塞 完成情况：□正常 □不正常，原因：________________
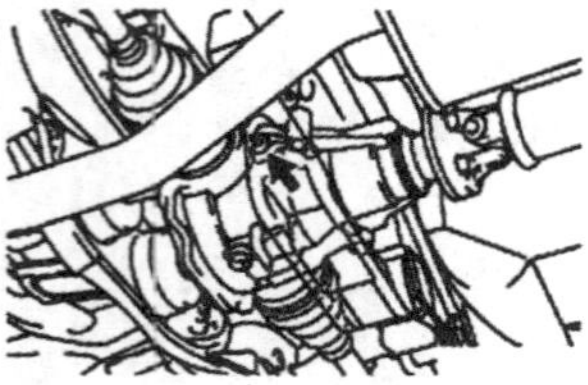	步骤 14　添加差速器机油，检查油量并安装注油螺塞 完成情况：□正常 □不正常，原因：________________
步骤 15　安装后轮 完成情况：□正常 □不正常，原因：________________	
	步骤 16　完成 7S 作业 完成情况：□完成 □未完成，原因：________________

评价总结

学习任务评价表

班级____________小组____________学号____________姓名______________

<table>
<tr><td rowspan="2"></td><td rowspan="2">主要测评项目</td><td colspan="4">学生自评</td></tr>
<tr><td>A</td><td>B</td><td>C</td><td>D</td></tr>
<tr><td rowspan="5">关键能力总结</td><td>1. 遵守纪律，遵守学习场所管理规定，服从安排</td><td></td><td></td><td></td><td></td></tr>
<tr><td>2. 具有安全意识、责任意识、7S 管理意识，注重节约、节能与环保意识</td><td></td><td></td><td></td><td></td></tr>
<tr><td>3. 学习态度积极主动，能按时参加安排的实习活动</td><td></td><td></td><td></td><td></td></tr>
<tr><td>4. 具有团队合作意识，注重沟通，能自主学习及相互协作</td><td></td><td></td><td></td><td></td></tr>
<tr><td>5. 仪容仪表符合学习活动要求</td><td></td><td></td><td></td><td></td></tr>
<tr><td rowspan="3">专业知识与能力总结</td><td>1. 能正确检查齿轮油的油质及油位是否正常</td><td></td><td></td><td></td><td></td></tr>
<tr><td>2. 能完成后驱动桥齿轮油的更换</td><td></td><td></td><td></td><td></td></tr>
<tr><td>3. 能完成驱动油封及半轴油封的更换</td><td></td><td></td><td></td><td></td></tr>
<tr><td>个人自评总结与建议</td><td colspan="5"></td></tr>
<tr><td>小组评价</td><td colspan="5"></td></tr>
<tr><td rowspan="2">教师评价</td><td rowspan="2"></td><td colspan="4">总评成绩</td></tr>
<tr><td colspan="4"></td></tr>
</table>

教师签字/日期：

测评考核

项目 3　传动与分动功能检查保养

<table>
<tr><td colspan="3">模块：汽车动力与驱动系统综合分析技术（初级）</td><td colspan="2">考核时间：50 分钟</td></tr>
<tr><td>姓名：</td><td>班级：</td><td>学号：</td><td rowspan="3" colspan="2">考评员签字：</td></tr>
<tr><td>初评：□合格□不合格</td><td>复评：□合格□不合格</td><td>师评：□合格□不合格</td></tr>
<tr><td>日期：</td><td>日期：</td><td>日期：</td></tr>
<tr><td colspan="5">考核项目 3　传动与分动功能检查保养【实操考核报告】</td></tr>
</table>

一、车辆信息记录

品牌		整车型号		生产日期	
发动机型号		发动机排量		行驶里程	
车辆识别码					

二、手动变速箱油液检查

检查项目	液位检查情况	检查结果	检测项目	检测数据	结果
手动变速箱油	太低□太高□无□	正常□异常□	变速箱油油质	层	正常□异常□

三、手动变速箱油泄漏检查

检查项目	泄漏检查情况	泄漏部件名称	维修措施
手动变速箱油	泄漏□ 正常□		更换□ 调整□ 紧固□ 无□

四、查询用户手册和维修手册，完成手动变速箱油的更换

<table>
<tr><td>作业项目</td><td colspan="4">维修资料</td></tr>
<tr><td rowspan="2">手动变速箱油更换</td><td>变速箱油类型</td><td></td><td>变速箱油更换周期</td><td></td></tr>
<tr><td>变速箱油容量</td><td></td><td>放油螺栓扭力</td><td></td></tr>
</table>

五、查询维修手册，完成离合器踏板检查

<table>
<tr><td>作业项目</td><td colspan="6">检查项目</td></tr>
<tr><td rowspan="2">离合器踏板检查</td><td rowspan="2">自由行程</td><td>数据</td><td></td><td rowspan="2">离合器踏板高度</td><td>数据</td><td></td></tr>
<tr><td>判定</td><td>正常□ 异常□</td><td>判定</td><td>正常□ 异常□</td></tr>
</table>

六、完成传动系统部件检查

检查项目	检查情况	维修措施
半轴内球笼套	变形□ 老化□ 松动□ 泄漏□ 正常□	更换□ 调整□ 紧固□ 无□
半轴外球笼套	变形□ 老化□ 松动□ 泄漏□ 正常□	更换□ 调整□ 紧固□ 无□

项目4 动力与驱动功能检查保养

项目目标

（1）能够利用仪表故障灯和故障诊断仪判断车辆故障；
（2）会检查发动机驱动皮带，正时皮带及正时链条；
（3）能够更换、调整驱动皮带，正时皮带及正时链条；
（4）会检查发动机的密封性；
（5）能够更换气门室罩垫、排气歧管衬垫及曲轴前、后油封。

项目任务

（1）动力电控系统诊断测试；
（2）驱动皮带系统正时功能检查；
（3）动力系统密封功能检查。

资源准备

整车实训一体化教室，并准备如下实训设备、仪器设备、工量具等。
（1）设备：发动机台架和教学实训车辆（每小组一台，4～6人一组）。
（2）工量具、仪器设备：故障诊断仪、发动机拆装专用工具、常用工具等。
（3）辅助工具：翼子板防护垫三件套、汽车内用防护四件套等。
（4）其他材料：维修手册、实训指导书、教学软件、教学微课等。

情境导入

有一台轿车，车主在行车中突然发现仪表中亮起一盏发动机形状的黄色指示灯，但是车辆能够正常行驶，并没有任何异常。为了保险起见，车主马上找到附近的维修中心进行检查。假如你是维修人员，将如何检查车主的汽车？

接车与填写接车问诊表

<table>
<tr><td colspan="3">接 车 问 诊 表</td></tr>
<tr><td colspan="3">车牌号：________ 车架号：________行驶里程：________（km）</td></tr>
<tr><td colspan="3">用户名：________ 电话：________ 来店时间：________</td></tr>
<tr><td colspan="3">用户陈述及故障发生时的状况：发动机故障灯亮，车辆没出现异常</td></tr>
<tr><td colspan="3">故障发生状况提示：行驶速度、发动机状态、发生频率、发生时间、部位、天气、路面状况、声音描述</td></tr>
<tr><td colspan="3">接车员检测确认建议：检查故障码及数据流后再做进一步处理</td></tr>
<tr><td colspan="3">车间检测确认结果及主要故障零部件：</td></tr>
<tr><td colspan="3">车间检查确认者：</td></tr>
<tr><td rowspan="3">外观确认：
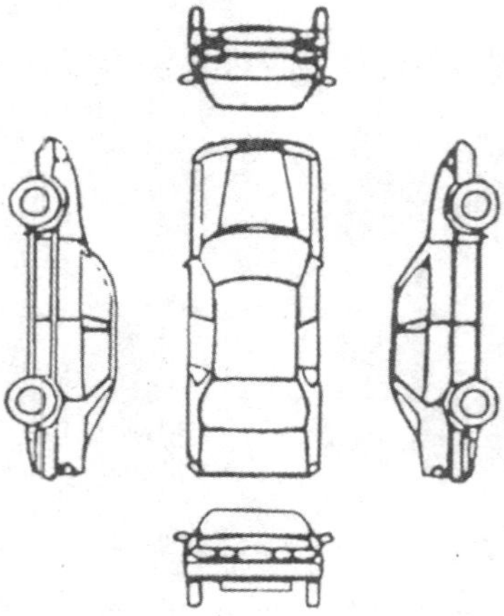
（请在有缺陷部位作标识）</td><td colspan="2">功能确认：（工作正常√；不正常×）
□音响系统 □门锁（防盗器）□全车灯光
□工具 □后视镜 □天窗 □座椅
□点烟器 □玻璃升降器 □玻璃</td></tr>
<tr><td colspan="2">物品确认：（有√；无×）</td></tr>
<tr><td>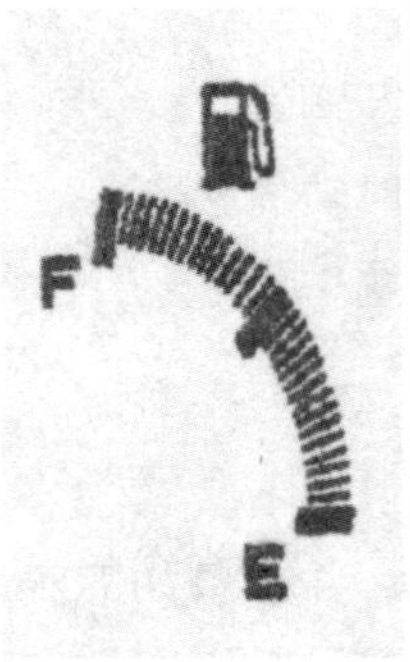
</td><td>□贵重物品提示
□工具 □备胎
□灭火器
□其他（ ）
旧件是否交还用户
□是 □否
用户是否需要洗车
□是 □否</td></tr>
<tr><td colspan="3">• 检测费说明：本次检测的故障如用户在本店维修，检测费包含在修理费用内；如用户不在本店维修，请支付检测费。本次检测费：¥ 元。
• 贵重物品：在将车辆交给我店检查修理前，已提示将车内贵重物品自行收起并保存好，如有遗失恕不负责。
接车员：________ 用户确认：________</td></tr>
</table>

任务1 动力电控系统诊断测试

一、信息分析

通读下面文字内容和信息，标记出发动机控制系统的工作原理及检查方法关键内容。

（1）汽车警告灯和指示灯有哪些；

（2）发动机电控系统的基本原理；

（3）故障诊断仪有哪些功能；

（4）如何使用故障诊断仪。

二、信息来源

（1）汽车公司资料；
（2）公开出版资料；
（3）互联网查询；
（4）相关车型维修手册；
（5）法律规定。

三、信息收集

（一）汽车警告灯和指示灯

汽车仪表盘警告灯和指示灯大致分为指示类、提示类、警示类 3 种。

指示类：用来说明车辆的一些基本状况，表示车辆目前的一个工作状态，便于了解车辆的各项功能和状态（如灯光系统指示灯、水温指示灯、燃油量指示灯）。

提示类：用来说明车辆当前状态不正常或者操作不正确（如安全带提示灯、车门开启提示灯）。

警示类：说明车辆存在故障，需要维修（如发动机故障灯、机油灯）。

如图 4-1-1 所示，列出了某型轿车仪表盘上的警告灯与指示灯符号。

图 4-1-1　仪表盘上的警告灯与指示灯符号

部分警告灯和指示灯的详细说明，如表 4-1-1 所示。

表 4-1-1　部分警告灯和指示灯说明

名　称	图　例	说　明
发动机故障指示灯		点火开关打开后此警告灯亮约 3 s 后熄灭，否则说明电控发动机系统有故障，需要检查维修。如果该指示灯在行车过程中点亮，发动机没有明显的抖动、漏油等故障，则可以继续行驶到维修厂进行检查维修
水温报警指示灯	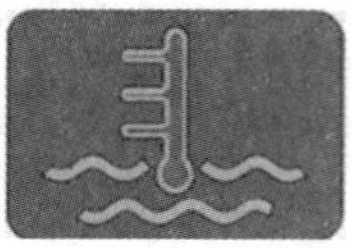	显示发动机冷却液温度过高或者缺少冷却液的指示灯，此灯点亮时，首先立即靠边停车并关闭发动机，检查是否缺少冷却液，或者水温过高，待冷却至发动机正常工作温度再补充冷却液或者继续行驶
充电指示故障灯		显示发电机工作状态的指示灯，点火开关打开时指示灯点亮，起动发动机后，指示灯熄灭。如果指示灯不亮或者长亮说明充电系统有问题，需要立即维修
机油压力指示灯		显示发动机机油压力的指示灯，灯亮起表示发动机润滑系统失去压力，可能是缺少机油，也可能是润滑系统故障或者机械故障。此时必须立即将发动机关闭，并进行检查维修或者拖车至维修厂。如果继续行驶，会造成发动机的过度损坏
制动系统指示灯		手刹拉起时，该指示灯点亮。如果制动液不足或者制动压力不正常，该指示灯也会点亮。如果指示灯常亮，说明制动系统有故障,有部分车辆在 ABS 系统指示灯点亮的同时也会点亮该指示灯
安全气囊警告灯		显示安全气囊是否正常工作的指示灯，点火开关打开指示灯点亮，7 s 内应该熄灭，如果该指示灯长亮或者不亮，说明安全气囊系统有故障，需要维修
ABS 指示灯		点火开关打开，该警告灯亮约 3 s 后熄灭。如果长亮或者不亮，说明系统有故障，此时可以继续行驶车辆，但应该避免高速急刹车
燃油低液位报警指示灯		燃油不足指示灯，表示燃油即将耗尽，一般从该灯亮起到燃油耗尽，通常情况下行驶 20 km 肯定是没有问题的，有的车辆还能行驶 50 km 左右

（二）故障诊断仪的使用

1．车载诊断装置（OBD）的诊断原理

车载诊断系统是由 ECU（电子控制单元）提供的车辆自我诊断功能。ECU 接收汽车上各种传感器发来的信号，经过处理后向执行器发出最合适当前条件的指令（见图 4-1-2）。通常 ECU 以电压的形式接收来自传感器的信号，根据传感器输出信号电压的

变化，确定系统的工况。就这样，ECU 不断监视传感器的信号电压，并把这些电压与储存在 ECU 存储器内的标准值相比较，判断是否有异常工况。如图 4-1-3 所示显示了水温传感器的特性。正常时，水温传感器的电压在 0.1 ~ 4.8 V，如果电压保持在此范围内，则 ECU 确定工况正常。如果出现短路（输入电压小于 0.1 V），或开路（输入电压大于 4.8 V），ECU 确定输入信号异常，并点亮 MIL（故障指示灯）向驾驶员报警，并在存储器中储存一个 DTC（诊断故障代码）。

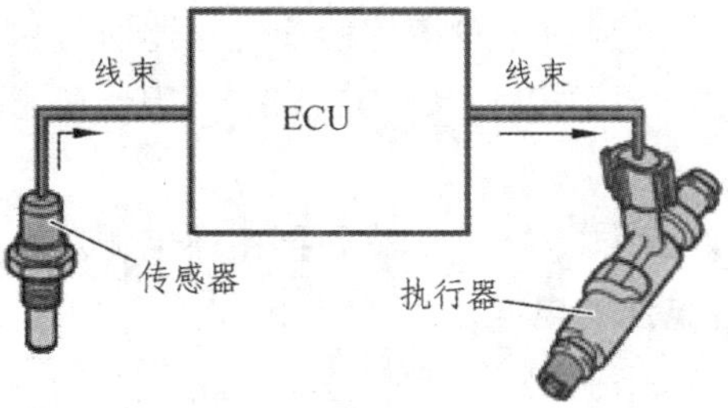

图 4-1-2　ECU 控制原理

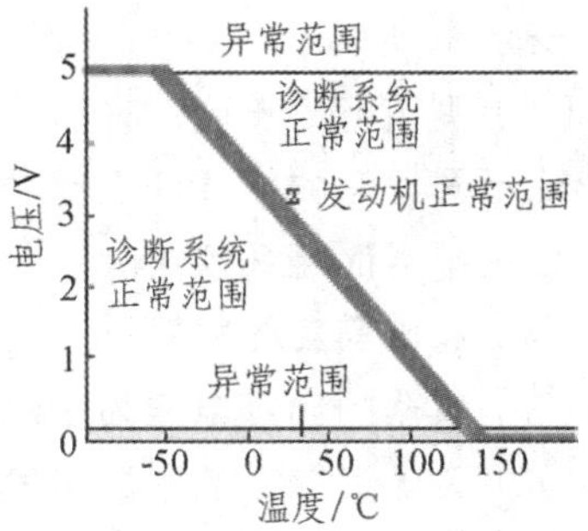

图 4-1-3　水温传感器特性图

2．汽车故障诊断仪

汽车故障诊断仪是在读码器的基础上发展起来的检测仪器，除了读码、清码功能外，还具有显示诊断代码内容的功能，即具有解码功能。因此，使用解码器无须再从汽车维修手册中查取诊断代码的含义，使用起来更为便捷。

（1）汽车故障诊断仪的类型。

汽车故障诊断仪可分为专用型和通用型两大类。专用型汽车故障诊断仪，是汽车制造厂家为检测诊断本厂生产的汽车而专门设计制造的解码器。世界上一些大的汽车厂家，如奔驰、宝马、大众、通用等都有专用型解码器。通用型解码器，是检测设备厂家为适应检测诊断多种车型而设计制造的解码器。通用型解码器存储有几十种甚至几百种不同厂家、不同车型汽车电控系统的检测程序、检测数据和故障码等资料，并配备有各种车型的检测接头，可以检测诊断多种车型，适合于综合型维修企业使用，如图 4-1-4 所示。

图 4-1-4　X431 故障诊断仪

（2）汽车故障诊断仪的功能。

① 可直接读取故障码，不需通过发动机故障报警灯的闪烁读取。

② 可直接清除故障码，使发动机故障报警灯熄灭。

③ 能与汽车 ECU 中的微机直接进行交流，显示电控发动机数据流，使电控系统工作状况一目了然，为诊断故障提供依据。

④ 能在静态或动态下，向电控系统各执行器发出检修作业需要的动作指令，以便检查执行器的工作状况。

⑤ 行车时可监测并记录数据流。

⑥ 有的具有示波器功能、万用表功能或打印功能。

⑦ 有的能显示系统控制电路图和维修指导，以供诊断时参考。

⑧ 可与 PC 机相连，进行资料的更新与升级。

⑨ 功能强大的专用解码器，还能对车上 ECU 进行某些数据的重新输入和更改。

（三）车辆故障信息读取

安全事项：

（1）测试前应正确选择检测适配接头，这是因为各车型的检查连接器所提供的电源形式不同，有的需要外接电源，有的不需要外接电源（如 OBDⅡ），因此要避免因选择接头不当而烧坏仪器。

（2）测试前应先将测试卡插入仪器主机的测试卡接口，然后再接通电源。

（3）仪器的额定电压为 12 V，检测时蓄电池的电压应为 11 ~ 14 V。

（4）关闭汽车上的附属电气设备（如空调、前照灯、音响等）。

（5）发动机的节气门应处于关闭状态。

（6）接通电源，仪器屏幕会闪烁。若程序未运行或出现乱码现象，可拔下仪器的数据线并重新连接一次，即可继续操作。

（7）测试接头和诊断插座应接触良好，以保证信号传输不会中断。

（8）测试结束后，应先切断电源，再从主机上拆下数据线和测试卡。

如表 4-1-2 所示。

表 4-1-2 车辆故障信息读取

序号	步骤	图示
读取发动机故障码		
1	起动发动机，将故障诊断仪连接到车辆 OBD 接口	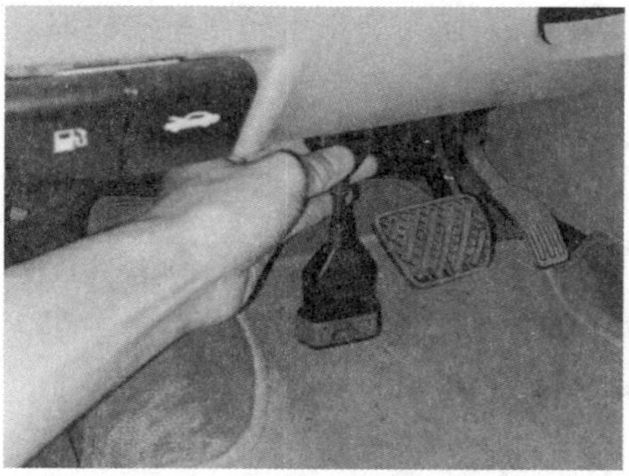
2	选择故障车辆的型号及年份	

续表

序号	步　骤	图　示
读取发动机故障码		
3	进入发动机控制模块	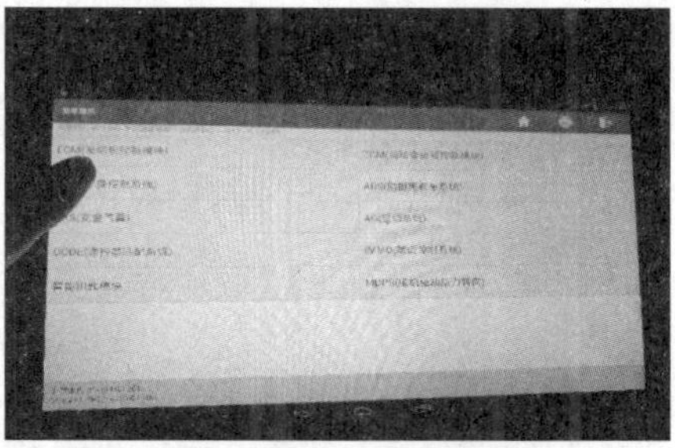
4	读取故障码，如果有，则记录在维修工单中	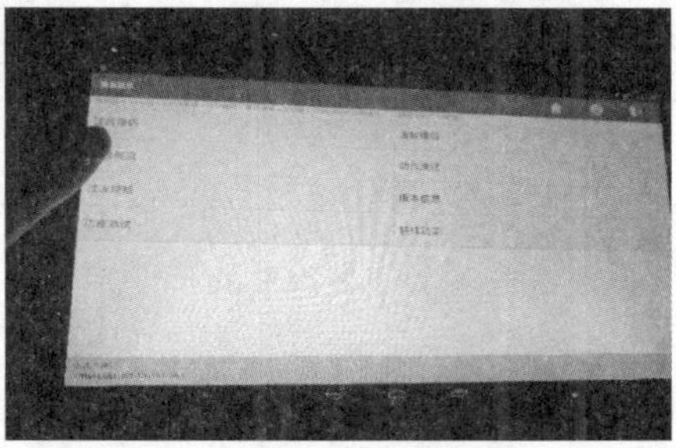
5	清除故障码，1 min 后再重新读取故障码，比较与前一次读取的故障码是否相同	
读取数据流		
1	点击进入读取数据流列表	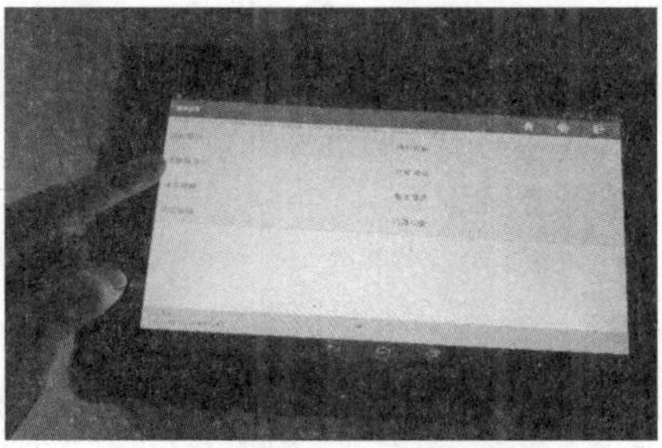
2	选择需要查看的数据流项目，点击确定按钮	

续表

序号	步　骤	图　示
	读取数据流	
3	记录数据流并与标准值比较是否有异常	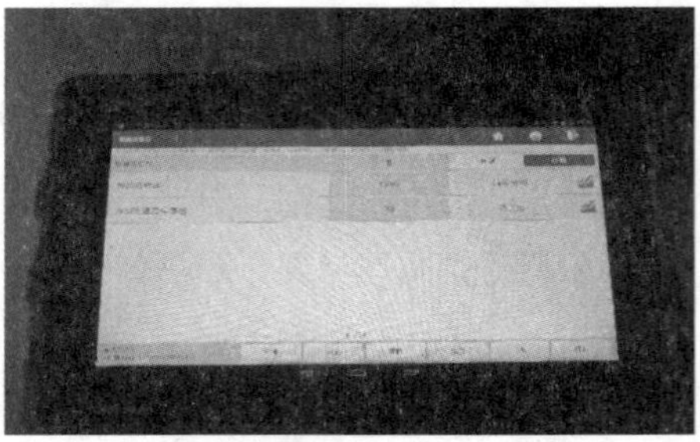
	动作测试	
1	点击进入动作测试列表	
2	选择动作测试项目，如散热风扇	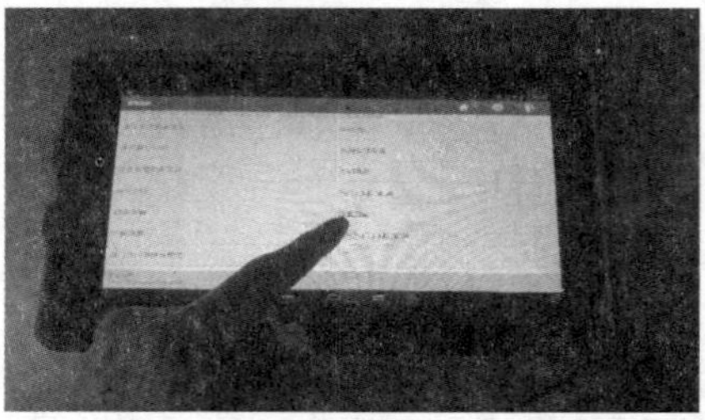
3	点击 On（开）按钮，观察冷却风扇是否转动	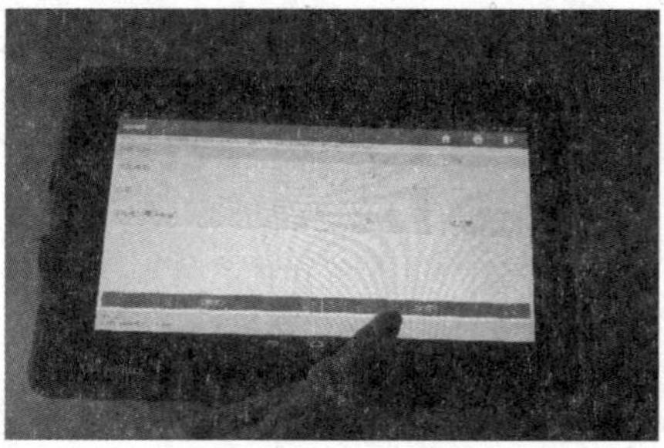
4	返回到开机界面，关闭电源，关闭点火开关，取下仪器，放回仪器	

活页工单 4-1　动力电控系统诊断测试

接受工作任务

一辆轿车，行驶里程为 90 000 km。车辆行驶中发动机故障灯亮，水温表显示水温高，请检查发动机系统有何故障。

收集信息

查阅相关维修资料，学习电控系统的结构和组成原理，完成以下内容：

（1）查阅维修手册等资料，写出如图 4-1-5 所示仪表中数字对应的指示灯名称及作用。

1—＿＿＿＿＿＿＿＿＿＿＿＿＿＿＿＿＿＿＿＿＿＿＿＿；

2—＿＿＿＿＿＿＿＿＿＿＿＿＿＿＿＿＿＿＿＿＿＿＿＿；

3—＿＿＿＿＿＿＿＿＿＿＿＿＿＿＿＿＿＿＿＿＿＿＿＿；

4—＿＿＿＿＿＿＿＿＿＿＿＿＿＿＿＿＿＿＿＿＿＿＿＿。

图 4-1-5　汽车仪表

（2）查阅相关维修手册，熟悉如图 4-1-6 所示发动机电控系统各元件的名称及所在位置。

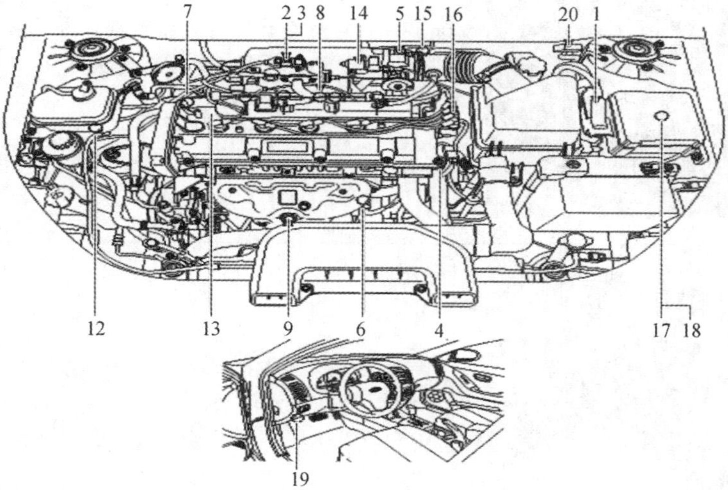

图 4-1-6　中控电控系统布置图

制定任务实施方案

分组查阅维修手册，认识发动机电控系统的工作原理，为检查诊断做准备。

（1）任务分工：

（2）任务实施步骤：

（3）异常情况处理办法：

任务实施

发动机电控系统检查如表 4-1-3 所示。

表 4-1-3　发动机电控系统检查

	步骤 1　起动发动机检查故障指示灯（MIL）是否熄灭（关闭所有电气电源，如空调开关等） 完成情况：□正常 □不正常，原因：________
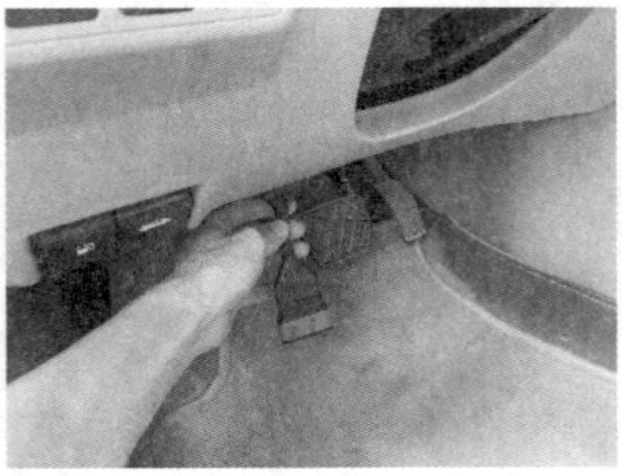	步骤 2　将故障诊断仪连接到车辆 OBD 接口 完成情况：□正常 □不正常，原因：________

续表

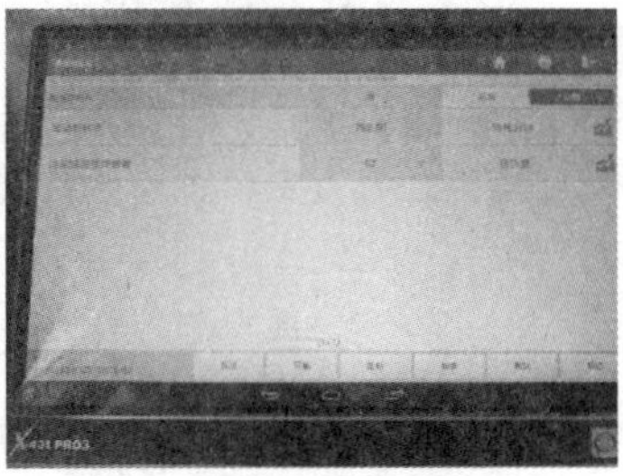	步骤 3　在数据流列表中选择冷却液温度和发动机转速，检查并记录数据。 冷却液温度：　　°C 发动机转速：　　Rpm 完成情况：□正常 □不正常，原因：________________
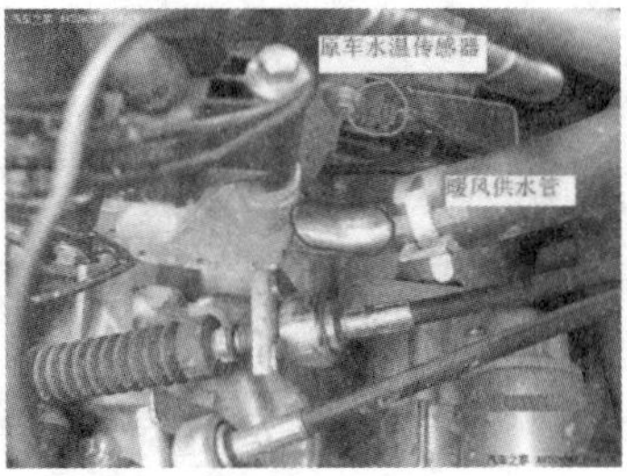 	步骤 4　断开水温传感器连接器 技术要求：小心操作，因为发动机处于运转状态。 完成情况：□正常 □不正常，原因：________________
 	步骤 5　检查发动机故障指示灯是否点亮 完成情况：□正常 □不正常，原因：________________
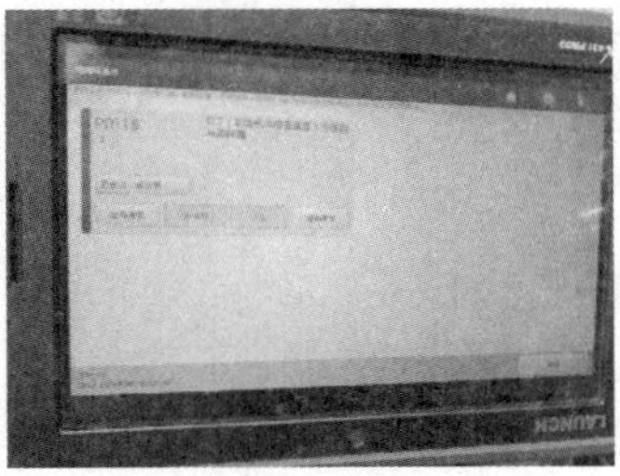	步骤 6　检查并记录水温传感器断开时的故障码（DTC） 故障码：　　　　　__________ 完成情况：□正常 □不正常，原因：________________
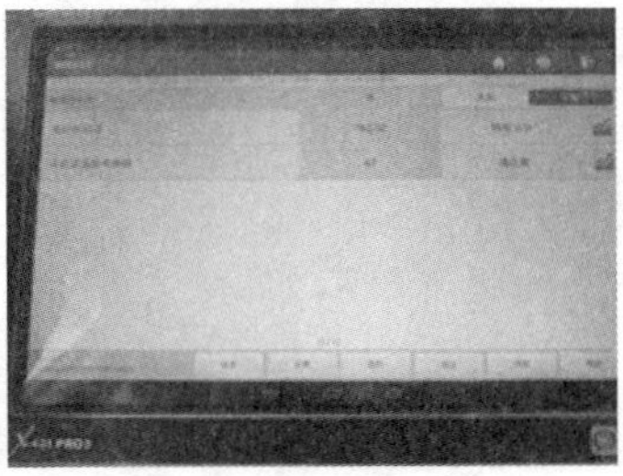	步骤 7　在数据流列表中选择冷却液温度和发动机转速，检查并记录数据。 冷却液温度：　　°C 发动机转速：　　Rpm 完成情况：□正常 □不正常，原因：________________

续表

	步骤 8　重新连接水温传感器的连接器，检查发动机故障指示灯是否熄灭（小心操作，因为发动机处于运转状态） 完成情况：□正常 □不正常，原因：________________
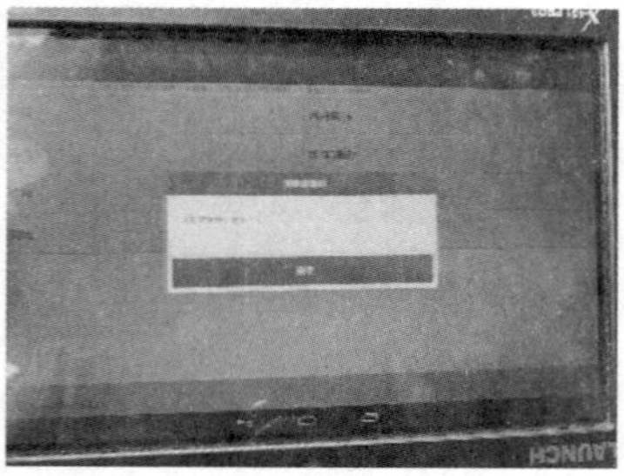	步骤 9　用故障诊断仪清除故障码，检查故障指示灯是否熄灭 完成情况：□正常 □不正常，原因：________________
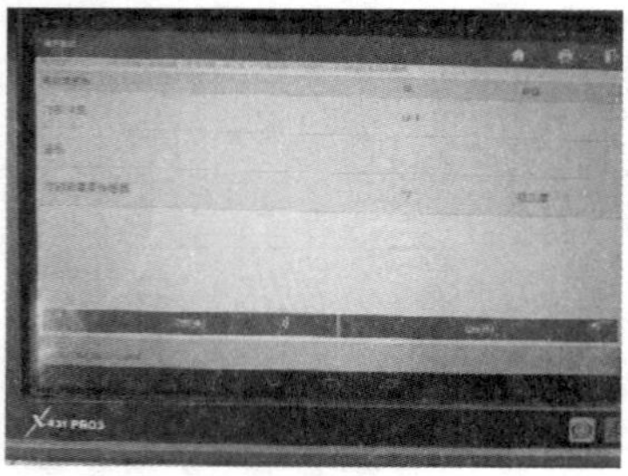	步骤 10　在动作测试列表中选择散热风扇，进行启动测试，观察散热风扇是否转动 完成情况：□正常 □不正常，原因：________________
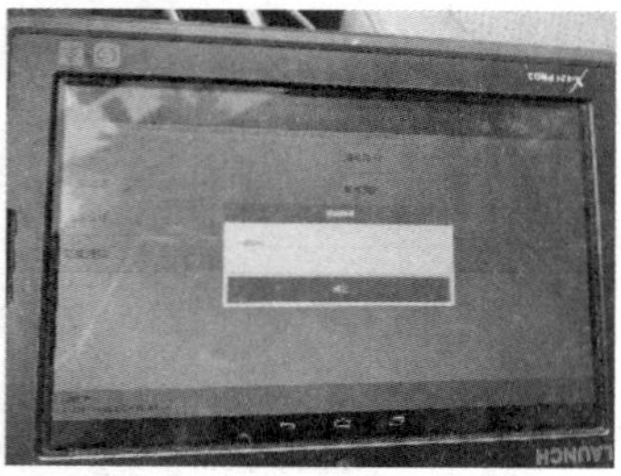	步骤 11　确保发动机电控单元中的故障码已经完全清除后，停止发动机并从 OBD 接口上拆下故障诊断仪 完成情况：□正常 □不正常，原因：________________

评价总结

学习任务评价表

班级＿＿＿＿＿＿小组＿＿＿＿＿＿学号＿＿＿＿＿＿姓名＿＿＿＿＿＿

	主要测评项目	学生自评			
		A	B	C	D
关键能力总结	1. 遵守纪律，遵守学习场所管理规定，服从安排				
	2. 具有安全意识、责任意识、7S 管理意识，注重节约、节能与环保意识				
	3. 学习态度积极主动，能按时参加安排的实习活动				
	4. 具有团队合作意识，注重沟通，能自主学习及相互协作				
	5. 仪容仪表符合学习活动要求				
专业知识与能力总结	1. 能口述电控系统的结构、组成和工作原理				
	2. 能根据仪表信息判断车辆是否正常				
	3. 能使用故障诊断仪读取及清除故障码，读取数据流等				
个人自评总结与建议					
小组评价					
教师评价		总评成绩			

教师签字/日期：

任务 2　驱动皮带系统正时功能检查

一、信息分析

通读下面文字内容和信息，标记出驱动皮带结构与工作原理关键内容。

（1）驱动皮带带动哪些发动机附件运转；

（2）正时皮带的工作原理；

（3）驱动皮带的检查；

（4）驱动皮带的更换。

二、信息来源

（1）汽车公司资料；

（2）公开出版资料；

（3）互联网查询；

（4）相关车型维修手册；

（5）法律规定。

三、信息收集

（一）驱动皮带的检查与更换

驱动皮带的作用是驱动发动机附件，如空调压缩机、水泵、发电机、动力转向泵等（见图 4-2-1）。

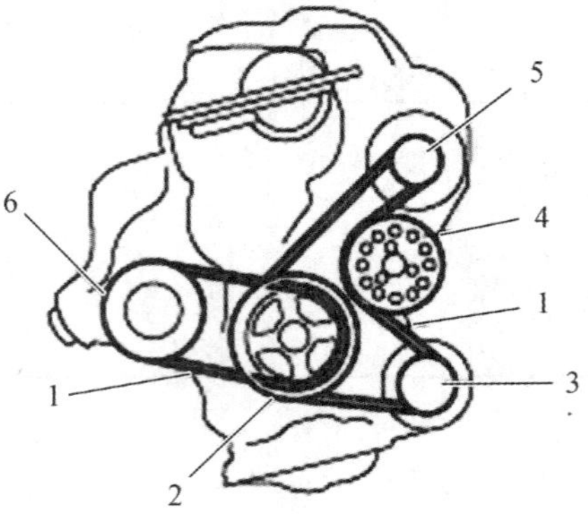

1—驱动皮带；2—曲轴皮带轮；3—空调压缩机；4—水泵皮带轮；
5—发电机皮带轮；6—动力转向泵皮带轮。

图 4-2-1　驱动皮带的作用

为保证发动机正常工作，需要定期检查驱动皮带有无磨损、破裂、松脱或其他损坏的迹象，并检查驱动皮带的张紧力是否符合规定值，如某些轿车，根据保养手册应每 24 个月或行驶 30 000 km 后检查驱动皮带。当发现驱动皮带出现破裂、皮带磨穿至芯线暴露出来、皮带的棱面有局部脱落现象（见图 4-2-2），则应更换驱动皮带。

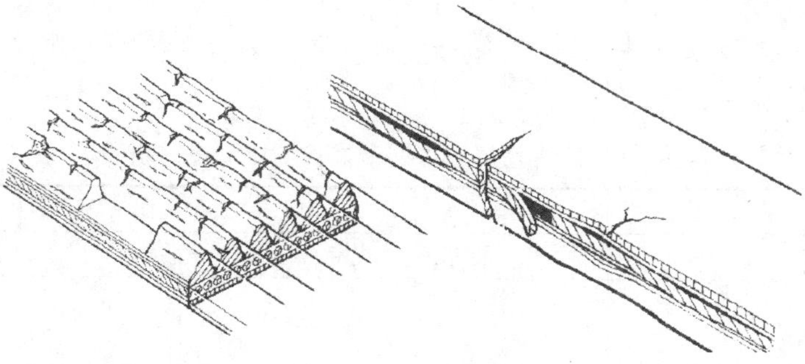

图 4-2-2　损坏的驱动皮带

同时，检查并确认传动皮带是否正确地安装在各个皮带轮的楔形槽内，如果已经滑出，如图 4-2-3 所示，则应更换驱动皮带。

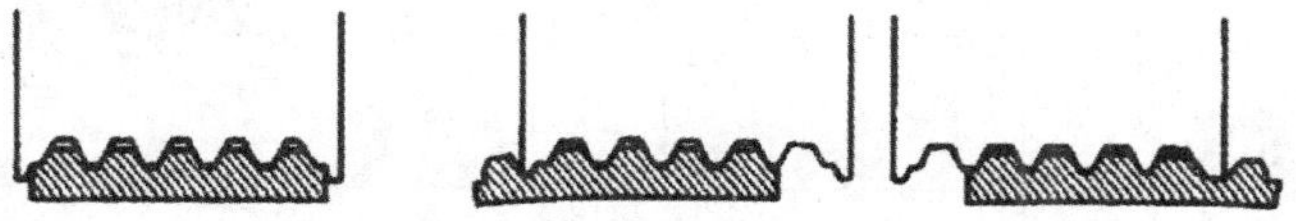

（a）　　（b）

图 4-2-3　驱动皮带安装到楔形槽内

拆下驱动皮带前，需要放松张紧力，而安装驱动皮带后需要对张紧力进行调节。必须定期检查皮带并调节其张紧力，若张紧力不当，皮带会滑脱或产生异常噪声。驱动皮带根据张紧力调节方法的不同可分为 4 种（见图 4-2-4）：无惰轮型（无调节螺栓）、无惰轮型（带调节螺栓）、蛇形皮带型、惰轮型。不同类型的驱动皮带，其拆装和调节方法也不同。

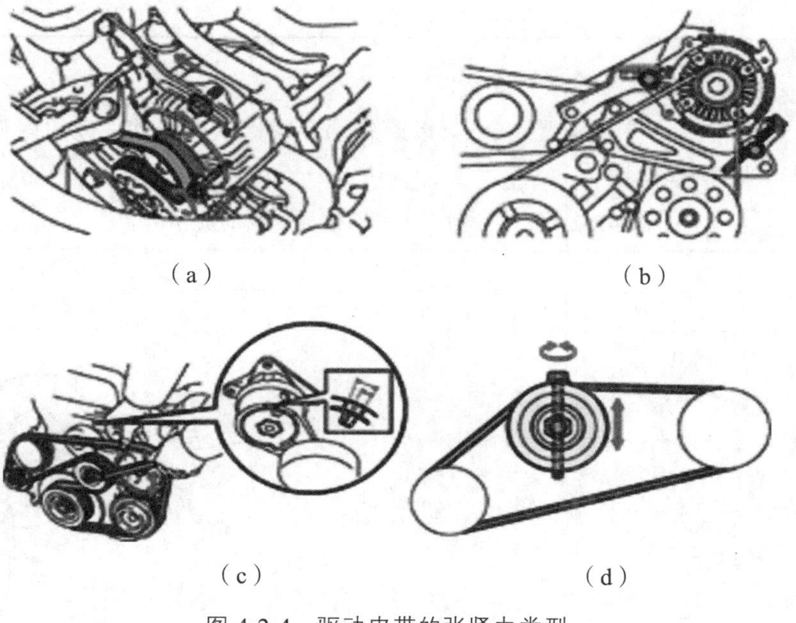

（a）　　（b）

（c）　　（d）

图 4-2-4　驱动皮带的张紧力类型

在拆卸驱动皮带前，应先断开蓄电池负极端子，防止在拆卸过程中发生短路。

1．无惰轮型（无调节螺栓）

对于无惰轮型（无调节螺栓），驱动皮带张紧力的调节通过用杠杆移动发动机附件来实现。如表 4-2-1 所示。

表 4-2-1　无惰轮型（带调节螺栓）驱动皮带拆装

序号	步　骤	图　示
拆卸驱动皮带		
1	（1）松开用于调节驱动皮带张紧力的发电机的安装螺栓 2 和 3； （2）用手将发电机朝发动机推动，然后拆卸皮带	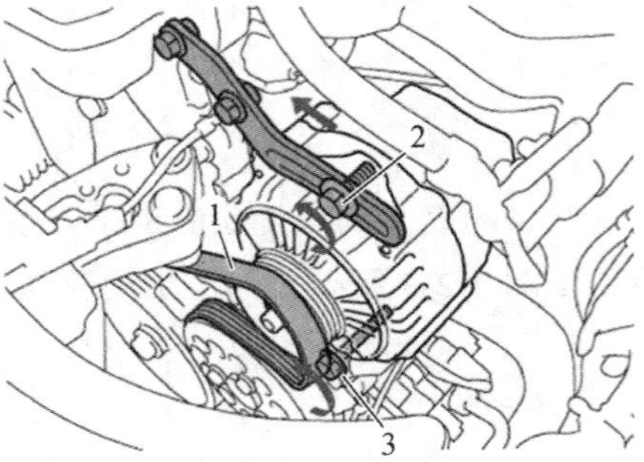
安装驱动皮带		
2	（1）当发电机安装螺栓 2 和 3 松开后，将皮带安装到所有的滑轮上； （2）用杠杆（锤子的把手或轮毂螺母扳手）移动发电机以调节皮带张紧力，然后旋紧螺栓 3； （3）检查驱动皮带松紧并旋紧螺栓 2	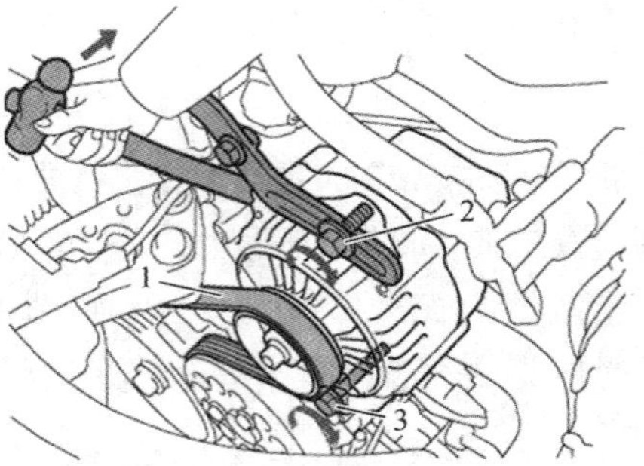

2．无惰轮型（带调节螺栓）

对于无惰轮型（带调节螺栓），可以旋转调节螺栓从而移动发动机附件对皮带施加张紧力。如表 4-2-2 所示。

表 4-2-2　无惰轮型（带调节螺栓）驱动皮带拆装

序号	步　骤	图　示
拆卸驱动皮带		
1	（1）松开用于调节驱动皮带张紧力的发电机的安装螺栓 2 和固定螺栓 3； （2）松开调节螺栓 4，然后向可松开皮带的方向移动发电机，再拆下皮带	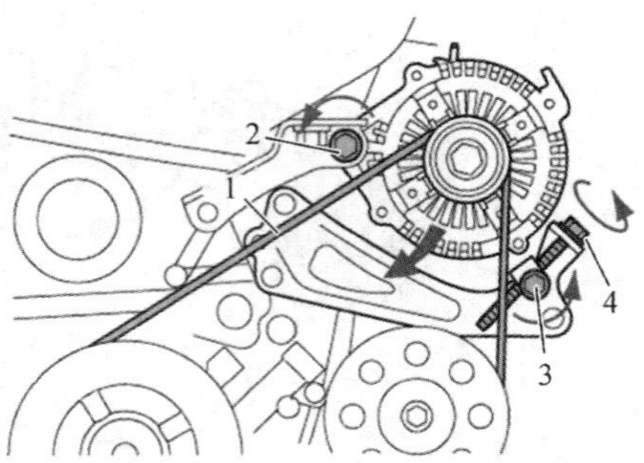

续表

序号	步 骤	图 示
安装驱动皮带		
2	（1）当松开安装螺栓 2、固定螺栓 3、调节螺栓 4 后，将皮带安装到所有的带轮上； （2）将发电机朝可以拉紧皮带的方向移动，然后将其固定住； （3）用手尽量旋紧调节螺栓 4； （4）用工具旋紧调节螺栓 4，检查皮带张紧力，然后旋紧固定螺栓 3，旋紧安装螺栓 2	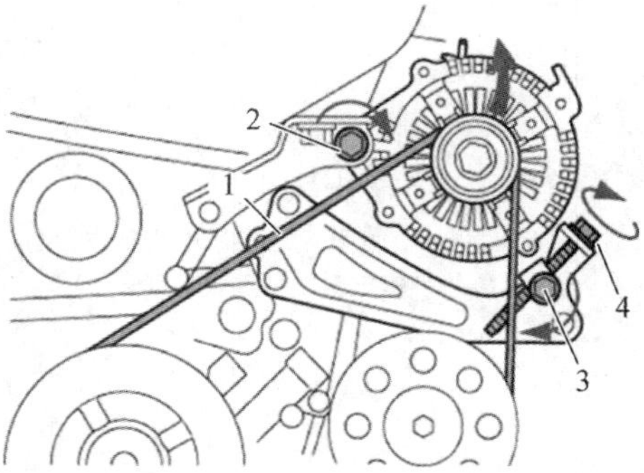

3．蛇形皮带型

对于蛇形皮带型，必须调节皮带张紧力，自动皮带张紧器对驱动皮带施加张紧力，如表 4-2-3 所示。

表 4-2-3 蛇形皮带型驱动皮带拆装

序号	步 骤	图 示
拆卸驱动皮带		
1	（1）用套筒扳手或 SST3 安装张紧器皮带轮，顺时针方向旋转张紧器皮带轮 1，然后放松皮带； （2）拆卸皮带	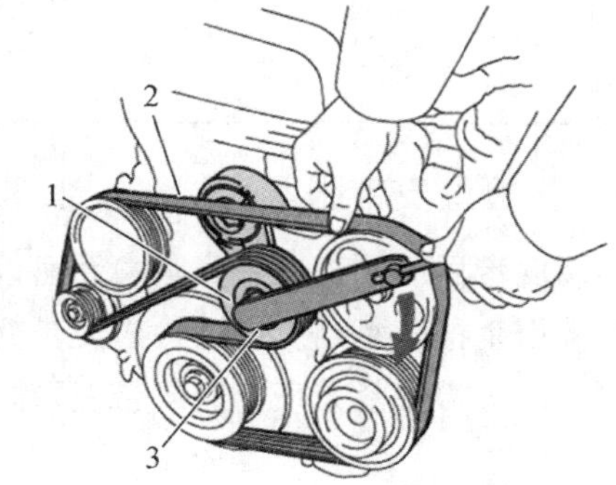
安装驱动皮带		
2	（1）将皮带安装在除动力转向泵皮带轮以外的所有皮带轮上； （2）用套筒扳手或 SST 安装张紧器皮带轮并顺时针方向旋转，然后将皮带安装到动力转向泵皮带轮； （3）检查皮带张紧力以确认张紧器指示器标识的位置（新皮带：范围 A；重新利用的皮带：范围 B）	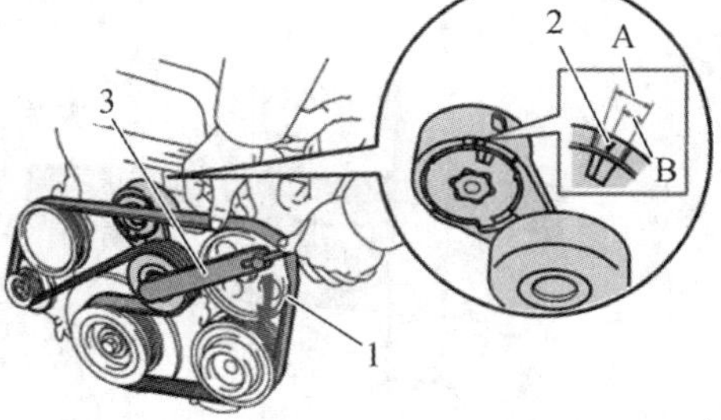

4．惰轮型

惰轮型驱动皮带拆装如表 4-2-4 所示。

表 4-2-4　惰轮型驱动皮带拆装

序号	步　骤	图　示
拆卸驱动皮带		
1	（1）松开锁止螺母 3； （2）松开调节螺栓 4 并将驱动皮带从惰轮 2 上拆下	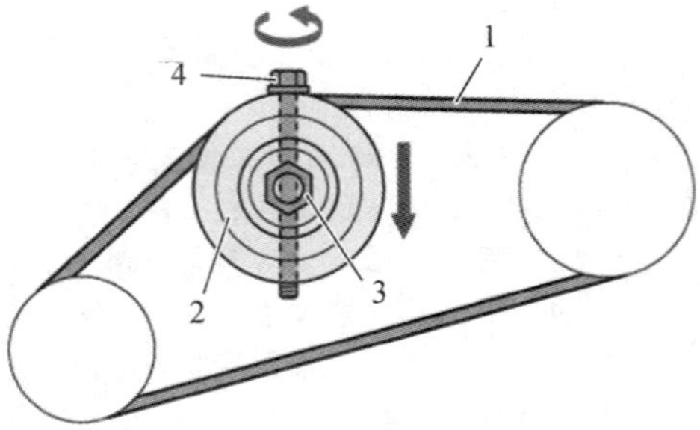
安装驱动皮带		
2	（1）将驱动皮带安装到所有的皮带轮上； （2）旋紧调节螺栓以调节皮带张紧力； （3）旋紧锁止螺母到指定的力矩； （4）检查驱动皮带张紧力	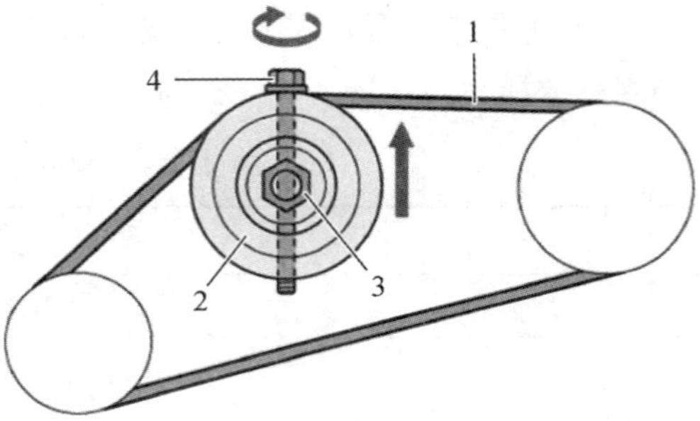

（二）检查皮带张紧力

安装皮带后应检查皮带张紧力，可以使用以下两种方法（见图 4-2-5）。

（1）用手指压驱动皮带以检查皮带变形。

（2）用皮带张紧力表检查皮带变形。

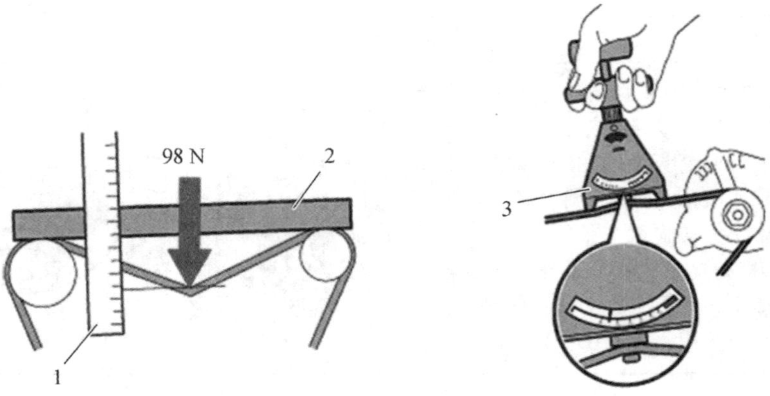

1—直尺；2—精密直规；3—皮带张紧力表。

图 4-2-5　皮带张紧力检查方法

新皮带安装后不久伸展距离较大，但重复使用的皮带这个距离会缩小。因此，所安装的皮带是新的还是重复使用过的，它们的张紧力大小也有所区别。皮带张紧力调整至规定值后，立即转动曲轴至少两圈并再次检查。如果皮带张力不符合规定值，则重新调整直至规定值，然后再次转动曲轴两圈以上检查。如表 4-2-5 所示。

表 4-2-5　皮带张紧力检查

序号	步　骤	图　示
1	用手指压驱动皮带以检查皮带变形。 （1）将精密直规倚放在发电机和曲轴皮带轮之间的皮带上。 （2）用 98 N 的力推压皮带的中后部。 （3）用直尺测量变形量： ① 若安装的是新皮带，变形量为 7～8.5 mm； ② 若安装的是重复使用的皮带，变形量为 11～13 mm。 发动机不同，测量位置不同；调节数值也不同，因此请参考相关修理手册	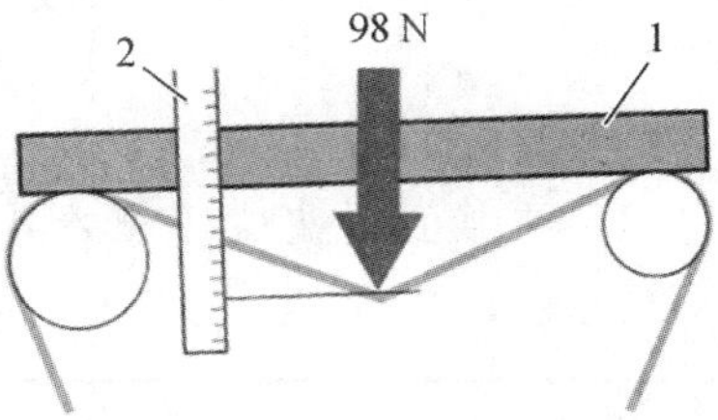 1—精密直规；2—直尺
2	用皮带张紧力表检查皮带变形。 （1）旋转重置杠杆从而重置针阀。 （2）夹紧皮带上的把手、手柄和卡钩；新旧皮带施加的夹紧力不同： ① 若安装的是新的皮带，为 539～637 N； ② 若安装的是旧皮带，为 245～392 N。 （提示：确认皮带牢固地系在卡钩上；确认测量表与皮带垂直） （3）把手松开后，卡钩用收缩性弹簧力拉动皮带，张紧力表中指针指示张紧力的大小 （提示：可以在任意两个皮带轮之间测量张紧力；根据发动机的不同，测量值也不同）	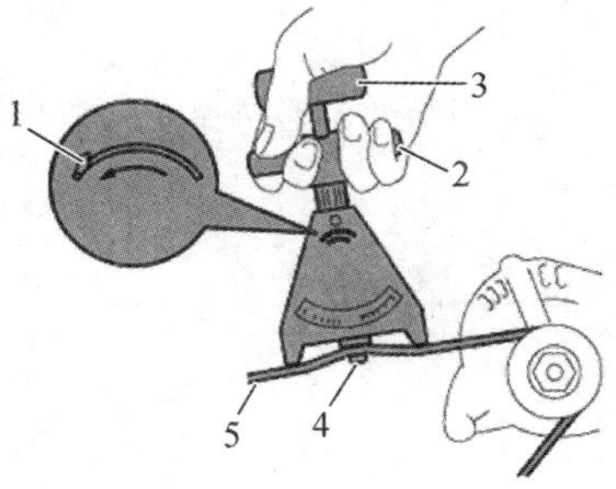 1—重置杠杆；2—把手；3—手柄；4—卡钩；5—驱动皮带

（三）正时皮带检查与更换与调整

正时皮带是发动机配气系统的重要组成部分，通过与曲轴的连接并配合一定的传动比来保证进、排气时间的准确（见图 4-2-6）。正时皮带将曲轴旋转输送到凸轮轴以控制气门正时，为保证正确的气门正时必须保持正确的定位和张紧力。拆卸正时皮带时，需要放松皮带张紧力。安装正时皮带时，则要对皮带施加压力。除了以上步骤外，还必须对齐曲轴正时链轮、凸轮正时链轮以及喷油泵驱动链轮的位置。正时皮带由橡胶制成，会被拉长和磨损，因此在恰当的维护间隔内必须更换皮带。例如某型轿车每行驶 60 000 km 或 48 个月应检查正时皮带，每行驶 90 000 km 或 72 个月应更换正时皮带。

图 4-2-6　正时皮带

1．更换正时皮带（见表 4-2-6）

表 4-2-6　正时皮带更换

序号	步　骤	图　示
正时皮带拆卸		
1	拆卸驱动皮带： （1）松开锁止螺母 3； （2）松开调节螺栓 4 并将驱动皮带从惰轮上拆下	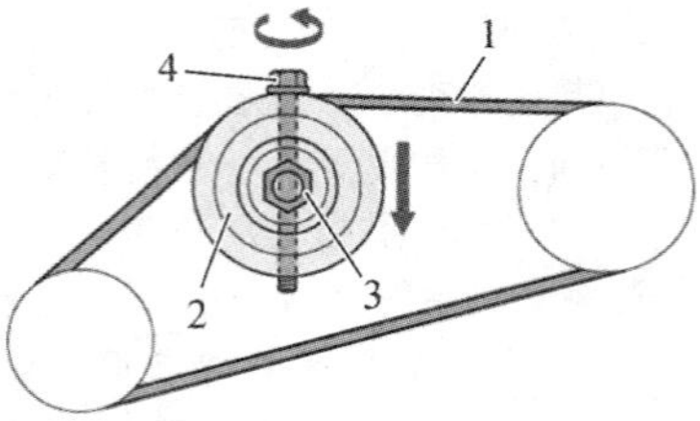
2	拆卸曲轴皮带轮： 用 SST 2 固定曲轴皮带轮并拆卸曲轴皮带轮定位螺栓	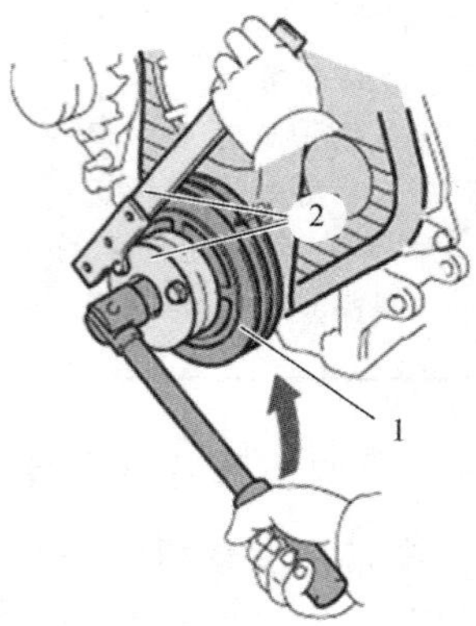
3	用 SST 3 拆卸曲轴皮带轮；拆卸正时皮带护罩	

续表

序号	步骤	图示
	正时皮带拆卸	
4	拆卸正时皮带： （1）在曲轴上安装曲轴皮带轮定位螺栓； （2）顺时针旋转曲轴并将 No.1 气缸设在上止点（TDC）/压缩； （3）将曲轴从上止点（TDC）逆时针旋转 90°；正时皮带拆卸后旋转曲轴会导致气门和活塞干涉，因此必须将活塞放下； （4）松开螺栓 A 和 B； （5）将带轮朝未安装皮带的方向推，并且临时上紧螺栓	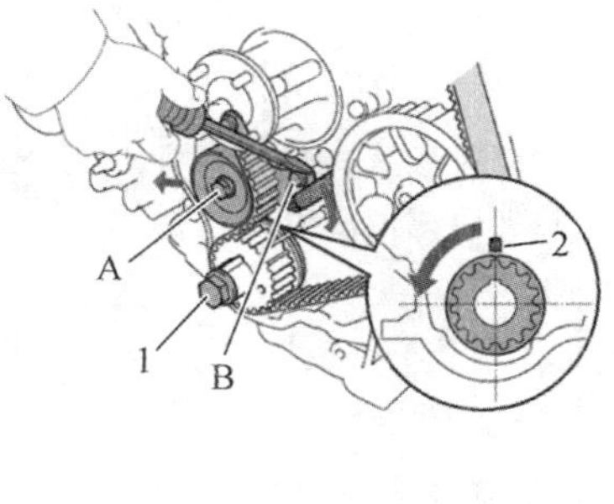
5	（1）将正时皮带导向器从曲轴上拆卸； （2）将皮带在正时链轮上滑落并拆卸	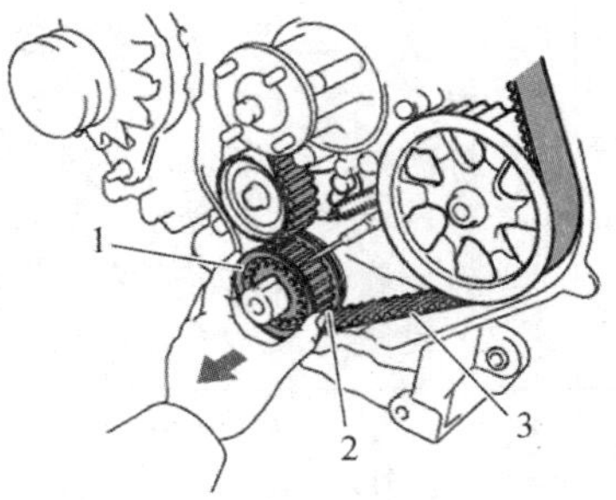
	正时皮带安装及调整	
6	（1）将凸轮轴正时链轮和缸盖正时标记 4 对齐。 （2）顺时针旋转曲轴并将 No.1 气缸设到上止点（TDC）；注意：逆时针旋转曲轴会引起气门和活塞干涉。 （3）清洁每个链轮并将油和水从链轮上除去	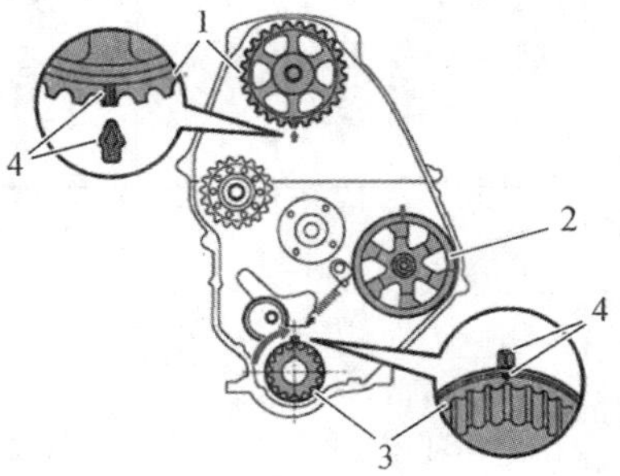
7	（1）将皮带安装到曲轴正时链轮和张紧皮带轮； （2）用 SST，将喷油泵驱动链轮 3 和正时标记 6 对齐并固定，然后安装皮带；喷油泵驱动链轮，由内凸轮和弹簧的力驱动旋转，并不会在正时标记的位置上停止 （3）保持第（2）步骤的状态下将皮带安装到凸轮轴正时链轮 4 上；安装皮带的时候还必须同时保持曲轴、喷油泵以及凸轮轴正时链轮之间皮带的张紧力； （4）将皮带安装到其余的链轮上	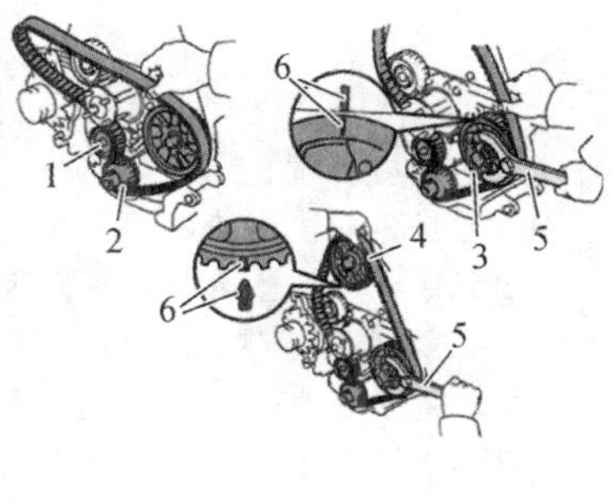

续表

序号	步　骤	图　示
正时皮带安装及调整		
8	松开张紧皮带轮螺栓 1，然后用张紧皮带轮对皮带施加压力	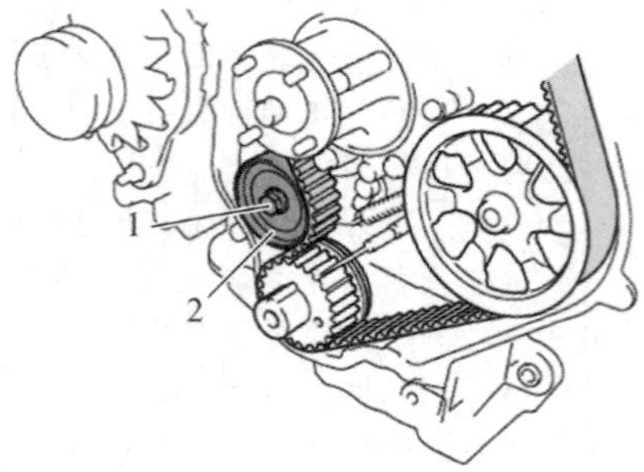
9	（1）顺时针旋转曲轴两圈并确保所有的链轮正时记号都返回到初始位置；若正时没有匹配，活塞和气门会干涉，因此曲轴无法转动，在此情况下，切勿强行旋转曲轴； 若旋转两圈后正时标记没有匹配，则皮带没有正确安装，应重新安装皮带； （2）旋紧张紧皮带轮螺栓	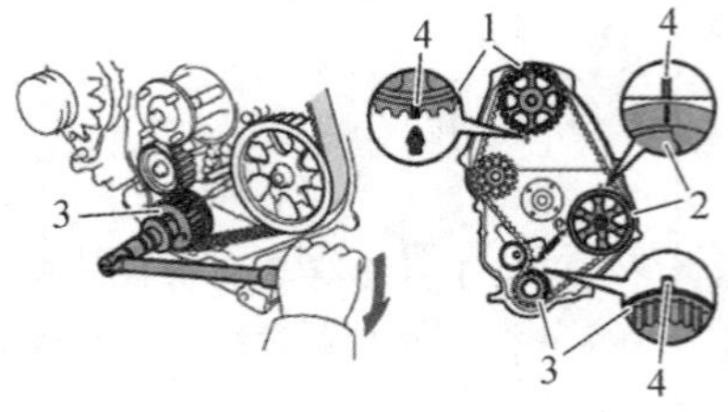
10	安装皮带导向器： 检查皮带导向器 1 方向并安装曲轴；要注意若皮带导向器向后安装，则皮带和皮带导向器会干涉，从而导致皮带断裂	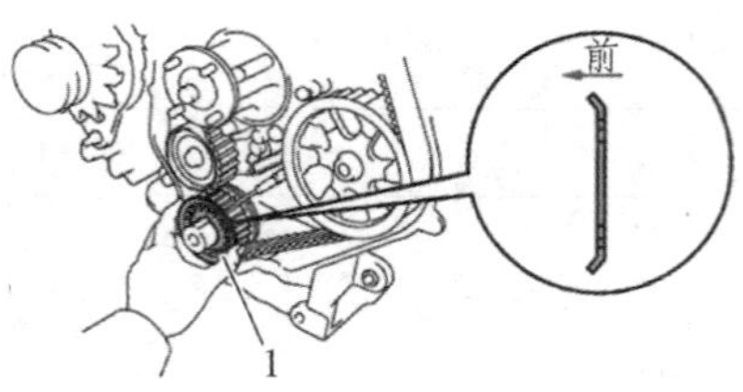
11	用 SST 固定曲轴皮带轮并旋紧曲轴皮带轮定位螺栓	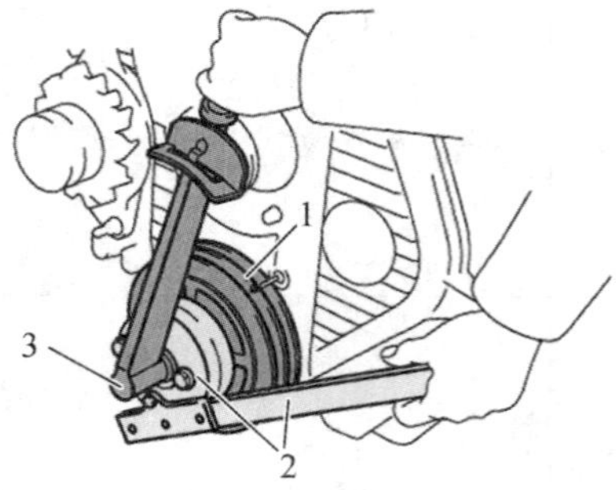
12	安装驱动皮带： （1）将驱动皮带安装到所有的皮带轮上； （2）旋紧调节螺栓以调节皮带张紧力（将锁止螺母旋紧到指定的力矩将增加皮带上的张紧力，将张紧力调节至较指定数值稍小）； （3）旋紧锁止螺母至指定的力矩； （4）检查驱动皮带张紧力	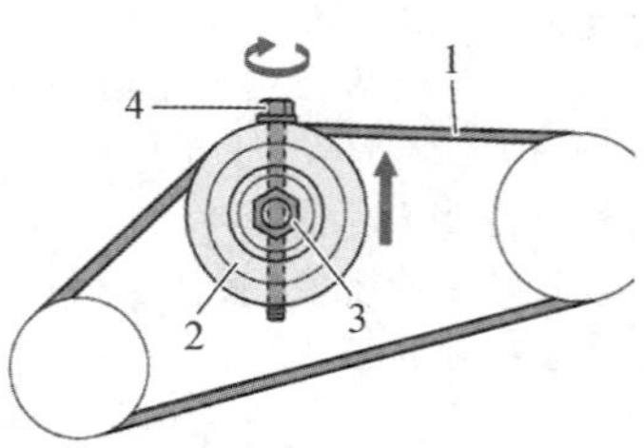

2．正时皮带的检查

随着使用时间的增加，皮带会出现各种老化及磨损（见图 4-2-7）。检查时可通过目测正时皮带的状况来判断皮带破裂、破损和整体情况。

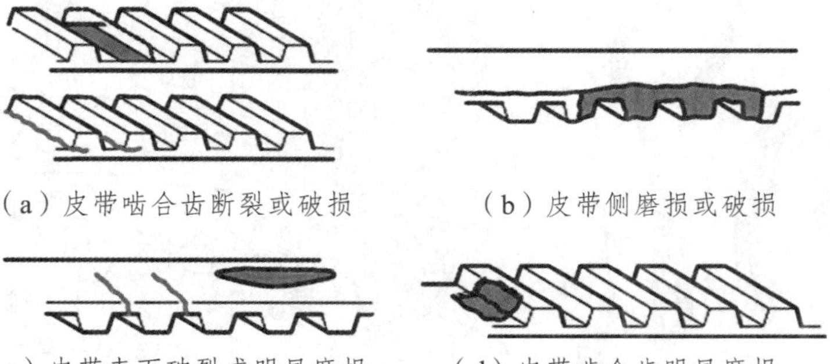

（a）皮带啮合齿断裂或破损　（b）皮带侧磨损或破损

（c）皮带表面破裂或明显磨损　（d）皮带啮合齿明显磨损

图 4-2-7　皮带的磨损类型

重新使用正时皮带时，在拆卸前应在皮带上做箭头标记和配合记号。一个是表明旋转方向；另一个是为了与每个链轮对齐，以便将正时皮带以正确的方向安装。重新安装皮带时，将旋转方向标记与拆卸时候所做的配合记号对齐（见图 4-2-8）。

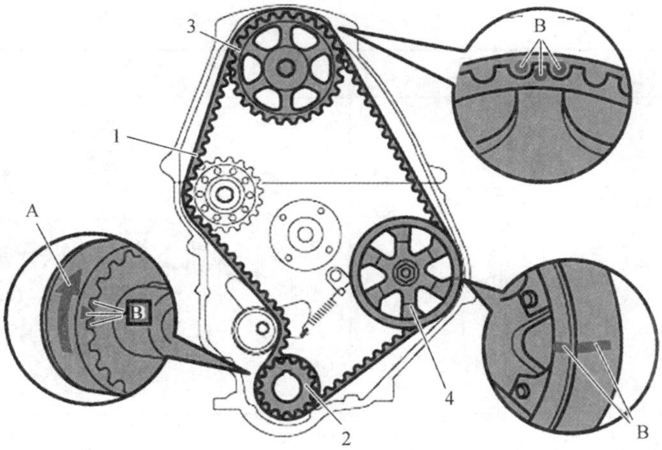

1—正时皮带；2—曲轴正时链轮；3—凸轮轴正时链轮；4—喷油泵驱动链轮。
A—方向标记；B—配合记号。

图 4-2-8　皮带安装标记

（四）正时链条的检查与拆装

正时链条是正时皮带发展到一定程度的进化产物，主要作用是驱动发动机的配气机构，使发动机进、排气门在适当的时候开启或关闭，以保证发动机气缸能够正常地吸气和排气。随着造车技术水平和工业发展的不断进步，部分发动机的正时皮带已被正时链条替代，与传统的皮带驱动相比，链条驱动方式的传动可靠、耐久性好，并且还可节省空间。整个系统由齿轮、链条和张紧装置等部件组成（见图 4-2-9），其中液压张紧器可自动调节张紧力，使链条张力始终如一，并且终身免维护。这就使其与发动机同寿命，不仅安全、可靠性得到了一定提升，而且将发动机的使用、维护成本降低了不少，可谓一举两得。

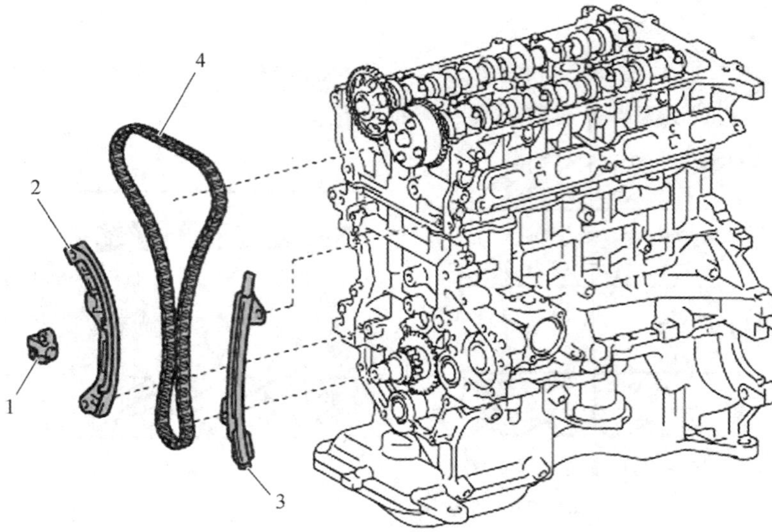

1—正时链自动张紧器；2—正时链臂；3—正时链导轨；4—正时链条。

图 4-2-9　正时链条结构

如表 4-2-7 所示为正时链条的检查与拆装。

表 4-2-7　正时链条的检查与拆装

序号	步　骤	图　示
1	拆卸正时链条盖	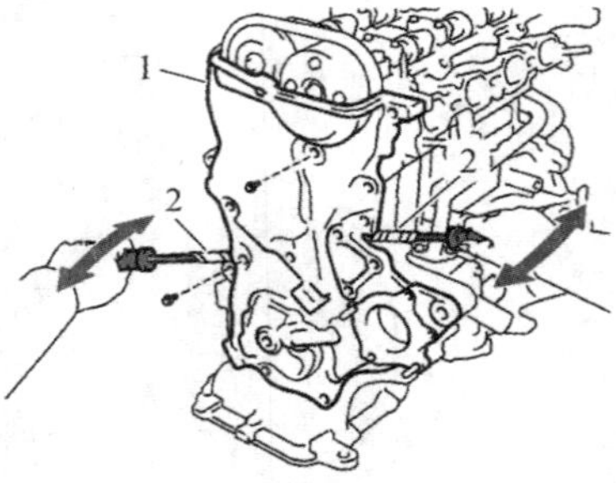
2	移动止动板 3，释放棘轮机构，按入柱塞，然后松开正时链条。正时链条张紧时拆卸链条张紧器，将造成链条张紧器弹出，存在导致人员伤亡的可能，因此需确保释放正时链条张紧力	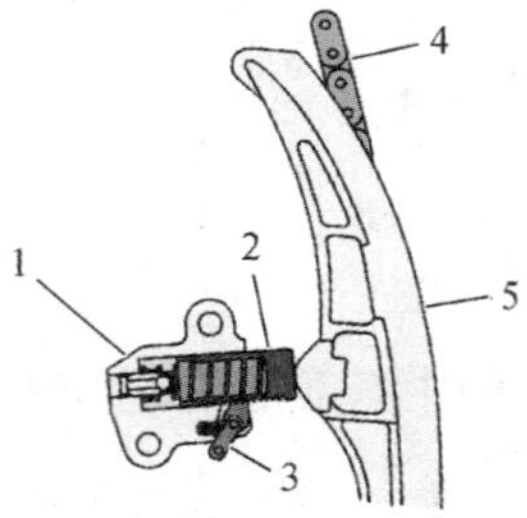
3	从 TDC（上止点）逆时针旋转曲轴 40°，使活塞向下移动。因为在拆卸链条张紧器或者链条的情况下转动曲轴可能造成气门和活塞相互干扰，所以活塞位置必须降低	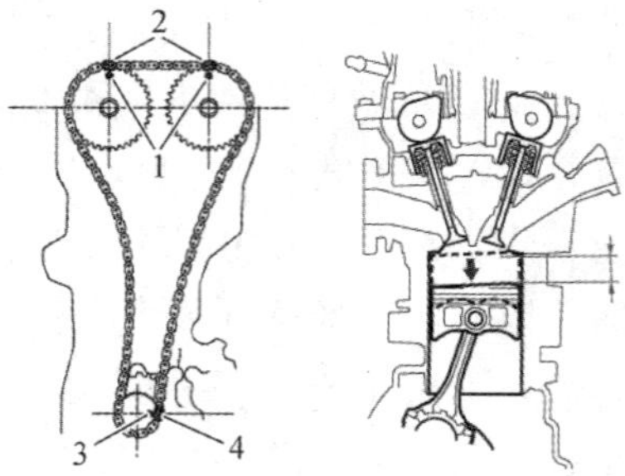

续表

序号	步　骤	图　示
4	将链条挂在墙上的卡钩上，然后通过弹簧秤施加一个恒力拉动链条。使用游标卡尺测量长度导管的参考值。由于销和衬套的磨损，间隙将增加，这样会导致正时链条整体延长，因此要测量正时链条的长度，判断其是否可以再次使用	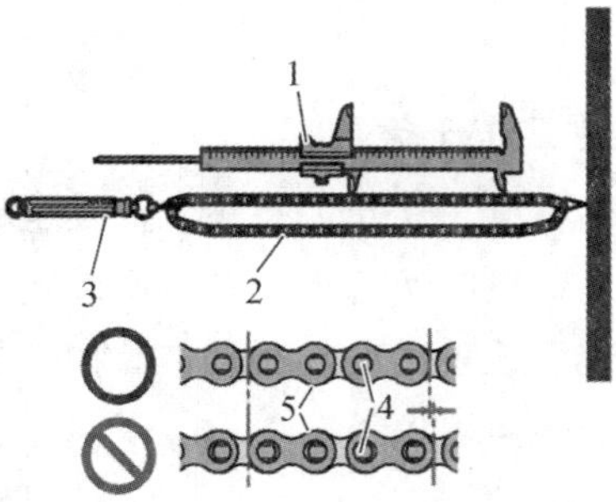
5	检查链条张紧器； 检查凸轮轴正时链轮； 检查链条张紧器滑板和减振器； 检查气缸盖固定螺栓	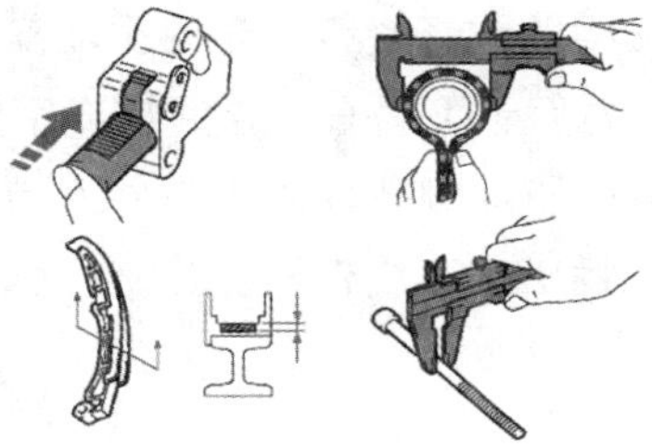
6	设定正时标记位置： （1）将正时曲轴设定于气缸的TDC（上止点）/压缩后40°～140°； （2）将进气和排气凸轮正时链轮设定于气缸的TDC（上止点）/压缩20°； （3）重新将正时曲轴设定于气缸的TDC（上止点）/压缩后20°（注意：必须按上述步骤对准正时标记，否则气门和活塞可能相互干扰；正时标记的位置因车型的不同而不同，参考相关维修手册）	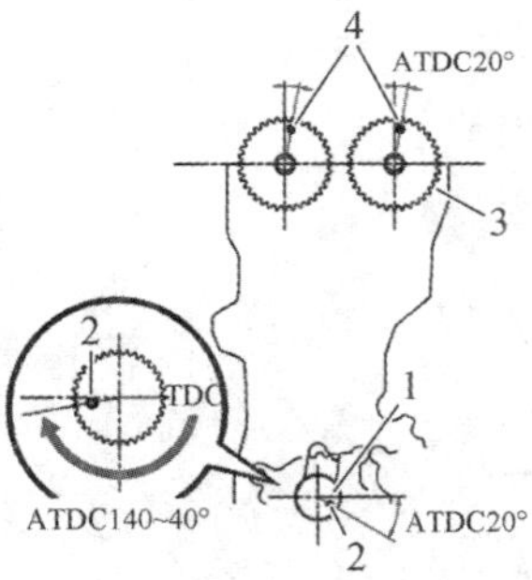
7	按照顺序将链条放在凸轮轴和曲轴链轮上，同时从正时链条减振器侧拉链条	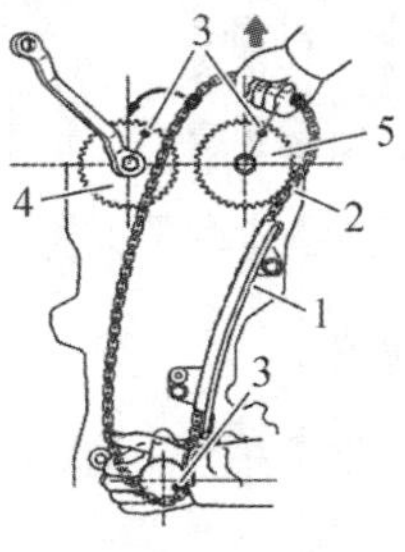
8	安装链条张紧器和链条张紧器滑板，然后顺时针转动曲轴两周，确保校准皮带轮正时标记	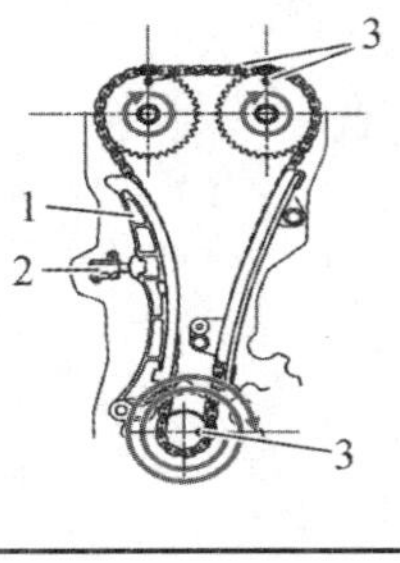

活页工单 4-2　驱动皮带系统正时功能检查

接受工作任务

一辆行驶了 7 年的轿车，行驶里程为 163 000 km。车辆行驶中伴随着一阵奇怪的异响后发动机突然熄火。车主不敢尝试再次起动发动机而是致电维修中心进行修理。初步检查发现正时皮带断裂，假如你是维修人员，将如何向车主说明故障发生的原因及今后的使用建议？

收集信息

查阅相关维修资料，学习驱动皮带的结构和工作原理，完成以下内容。

（1）对照该型轿车，查阅维修手册，找出驱动皮带所在位置（见图 4-2-10），并说明驱动皮带驱动哪些发动机附件运转。

（2）找出正时皮带所在位置、张紧方式及正时标志，如图 4-2-11 所示。

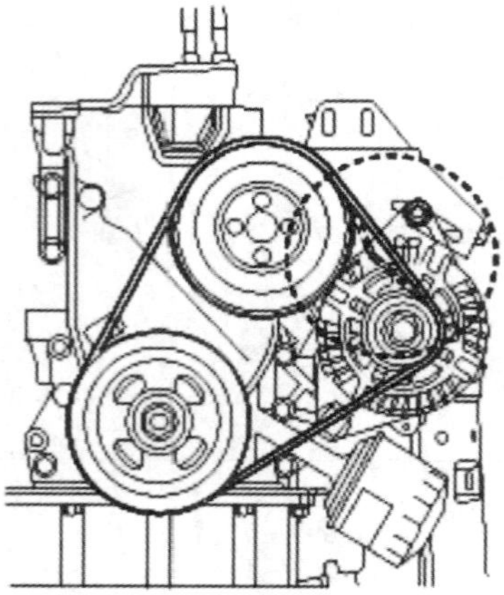

图 4-2-10　驱动皮带位置

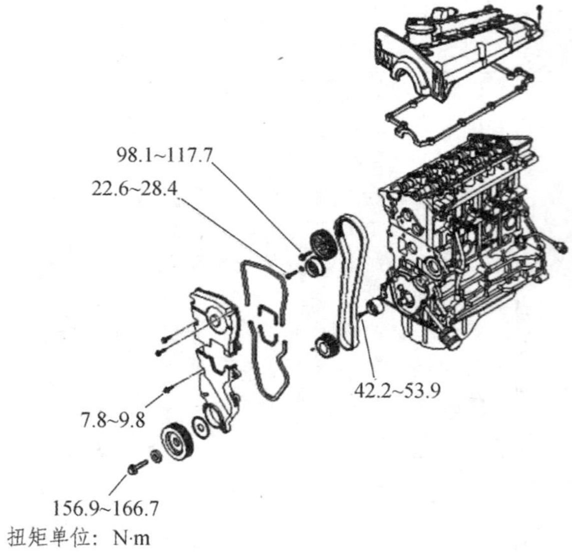

图 4-2-11　正时皮带结构

任务实施方案

分组查阅维修手册，认识驱动皮带和正时皮带的结构及工作原理，为检查和更换皮带做准备。

（1）任务分工：

（2）任务实施步骤：

（3）异常情况处理办法：

任务实施

工作前准备：使用翼子板防护盖布，以免损坏车漆表面。为避免损坏，固定部分连接器要先拔出。标记所有线束和软管，避免错接。

转动曲轴皮带轮，使得1号活塞在上止点。

驱动皮带的检查、更换与调整如表4-2-8所示。

表4-2-8　驱动皮带检查、更换与调整

拆卸驱动皮带	
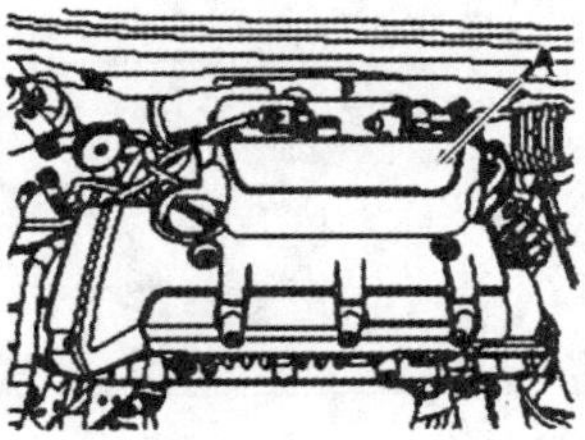	步骤1　拆卸发动机中心盖（A） 完成情况：□完成 □未完成，原因：________
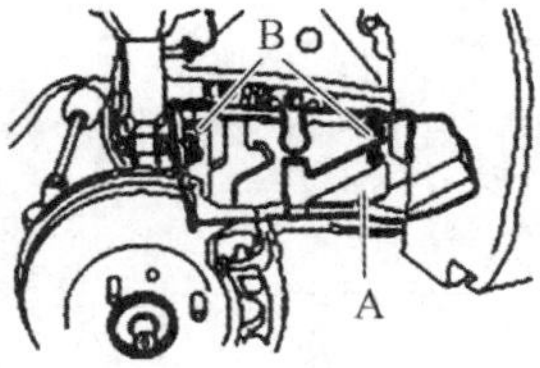	步骤2　拆卸右前轮，拧下2个螺栓（B）和右侧盖（A） 完成情况：□完成 □未完成，原因：________
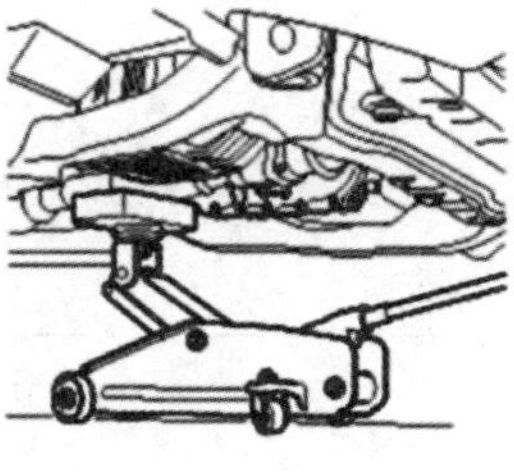	步骤3　把千斤顶置于发动机油底壳上 完成情况：□完成 □未完成，原因：________

续表

<table>
<tr><td colspan="2">拆卸驱动皮带</td></tr>
<tr><td>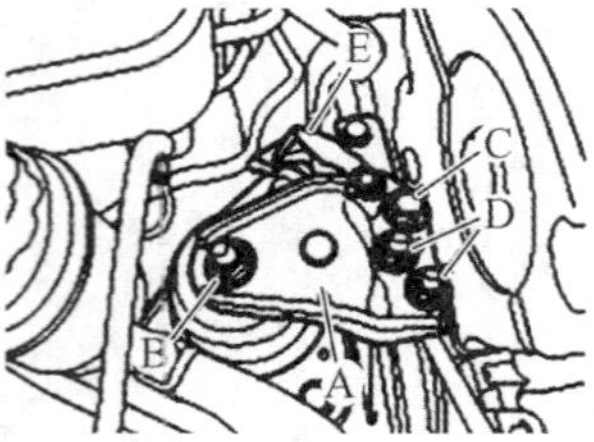</td><td>步骤 4　拆卸螺栓（C）、3 个螺母（B，D）和发动机固定支架（A），拆卸发动机搭铁线束（E）
完成情况：□完成
□未完成，原因：________________</td></tr>
<tr><td>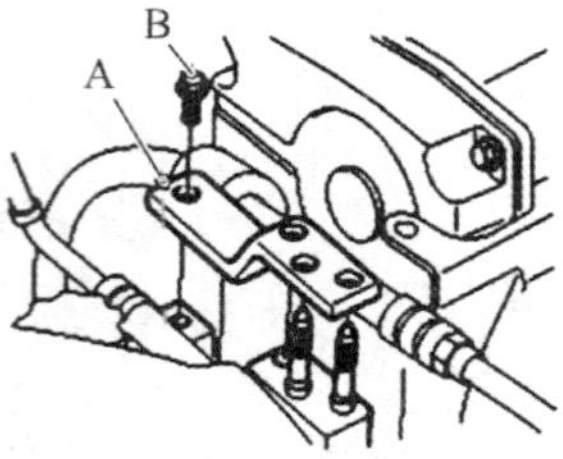</td><td>步骤 5　拆卸螺栓（B）和固定板（A）
完成情况：□完成
□未完成，原因：________________</td></tr>
<tr><td>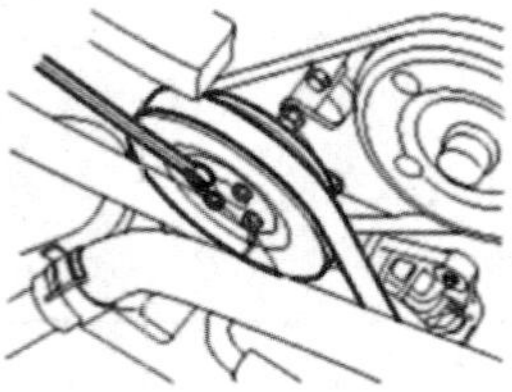</td><td>步骤 6　暂时拧下水泵皮带轮螺栓，拆下驱动皮带
完成情况：□完成
□未完成，原因：________________</td></tr>
<tr><td colspan="2">拆卸正时皮带</td></tr>
<tr><td>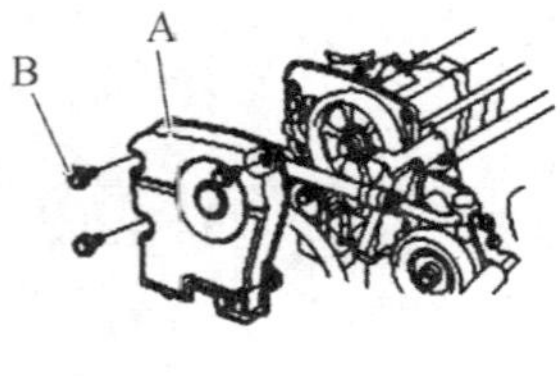</td><td>步骤 1　拆卸 4 个螺栓（B）和正时皮带上盖（A）
完成情况：□完成
□未完成，原因：________________</td></tr>
<tr><td>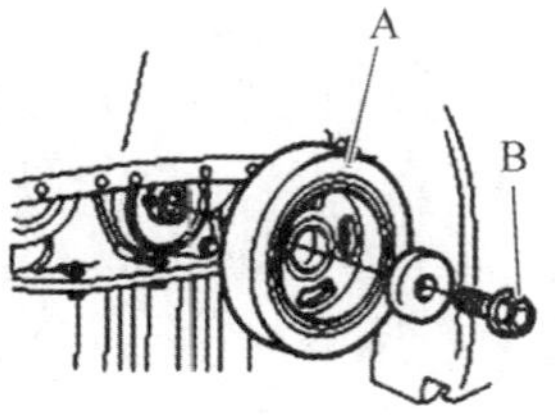</td><td>步骤 2　拆卸曲轴皮带轮螺栓（B）和曲轴皮带轮（A）
完成情况：□完成
□未完成，原因：____________</td></tr>
<tr><td>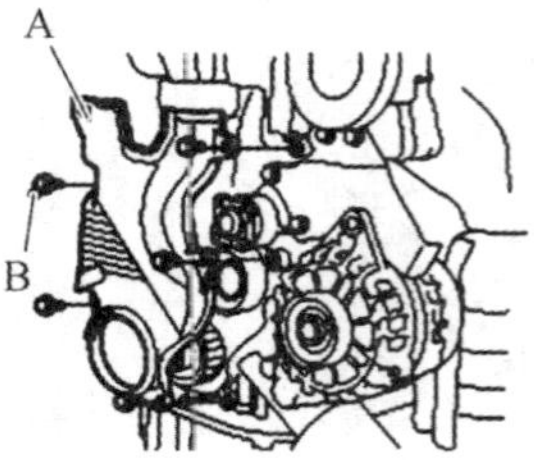</td><td>步骤 3　拆卸 5 个螺栓（B）和正时皮带下部盖（A）
完成情况：□完成
□未完成，原因：________________</td></tr>
</table>

续表

<table>
<tr><td colspan="2">拆卸正时皮带</td></tr>
<tr><td>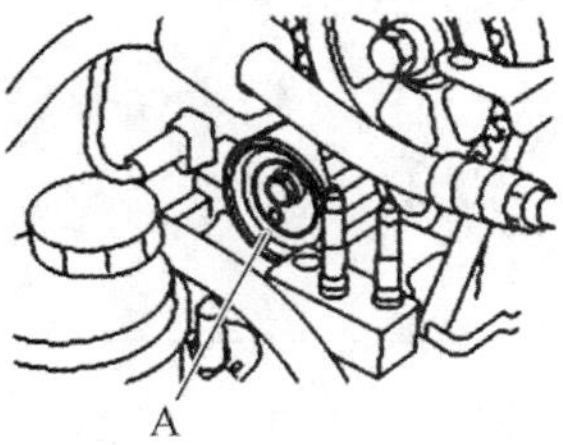</td><td>步骤 4　拆卸正时皮带拉紧器（A）和正时皮带（B）
完成情况：□完成
□未完成，原因：________________</td></tr>
<tr><td>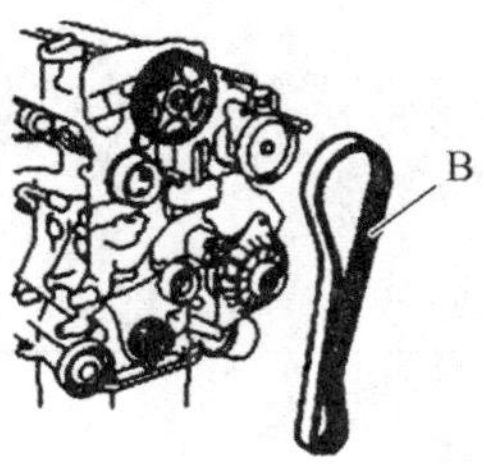</td><td>步骤 5　拆卸正时皮带（B）
技术要求：一定要顺时针转动曲轴。
完成情况：□完成
□未完成，原因：________________</td></tr>
<tr><td colspan="2">检　查</td></tr>
<tr><td></td><td>检查皮带上是否有裂纹、老化、油污等问题
完成情况：□完成
□未完成，原因：________________</td></tr>
<tr><td colspan="2">安　装</td></tr>
<tr><td>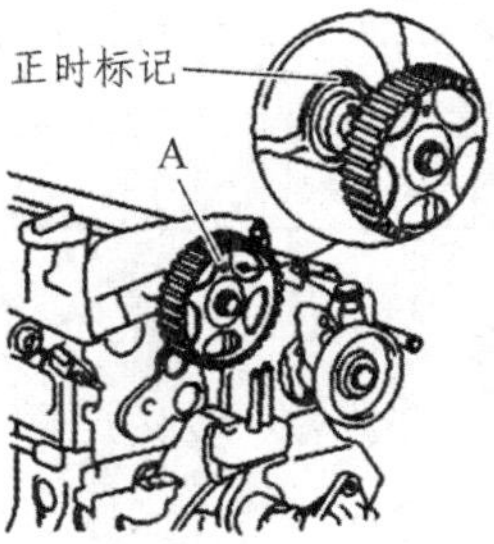</td><td>步骤 1　在活塞上止点和其压缩行程处，对正凸轮轴链轮（A）和曲轮轴链轮（B）正时标记
完成情况：□完成
□未完成，原因：________________</td></tr>
<tr><td>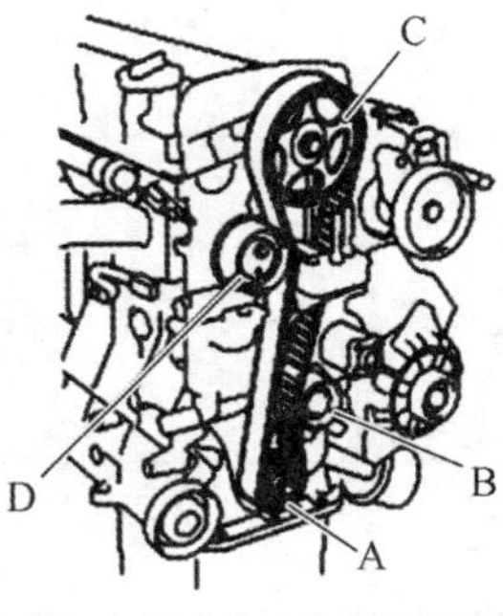</td><td>步骤 2　安装皮带，以免每个轴中央部分松弛
技术要求：安装正时皮带顺序为曲轴链轮（A）→惰轮（B）→凸轮轴链轮（C）→正时皮带张紧器（D）。
完成情况：□完成
□未完成，原因：________________</td></tr>
</table>

续表

安　装	
	步骤 3　顺时针旋转，使曲轴（前视）角度等于曲轴链轮（A）的两个齿角度（18°） 完成情况：□完成 □未完成，原因：________________
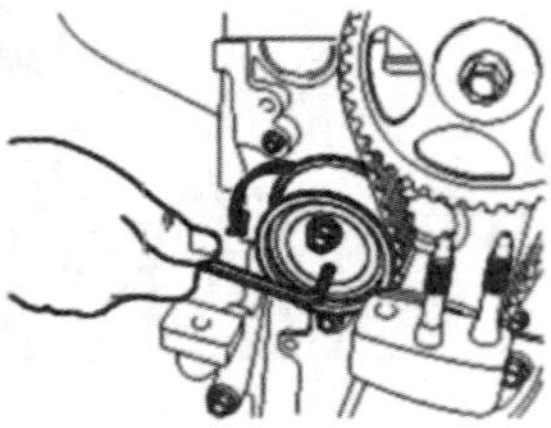	步骤 4　使用六角扳手，按照顺时针方向在正时皮带上应用张力，以使受拉部分的皮带不松弛 完成情况：□完成 □未完成，原因：________________
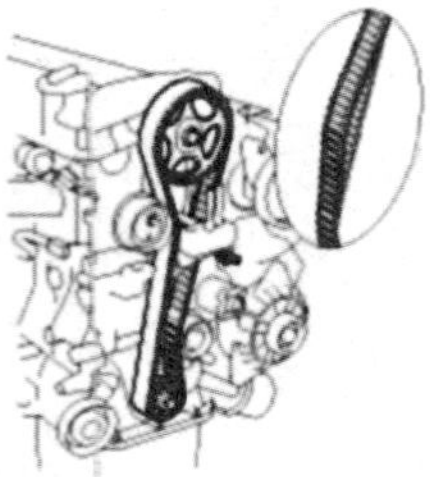	步骤 5　拧紧张紧器螺栓，重新检查皮带张力 技术要求：用约 20 N 的力水平推动正时皮带张力时，正时皮带端隙应为 4～6 mm。 完成情况：□完成 □未完成，原因：________________
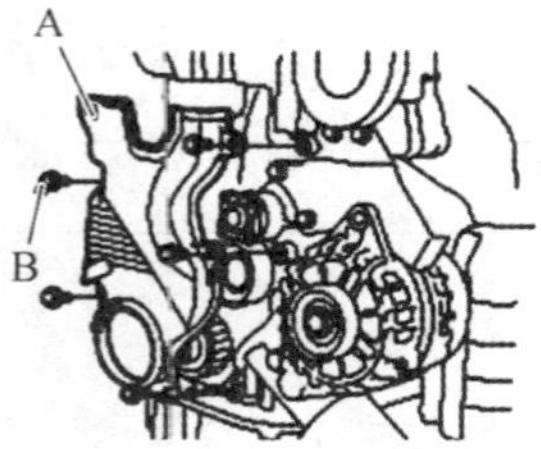	步骤 6　安装正时皮带下盖（A） 完成情况：□完成 □未完成，原因：________________
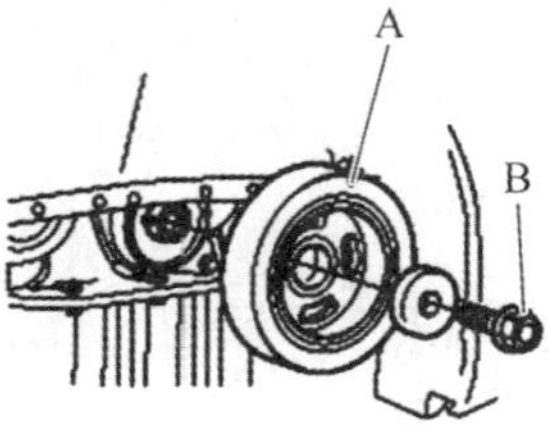	步骤 7　安装法兰和曲轴皮带轮（A） 完成情况：□完成 □未完成，原因：________________
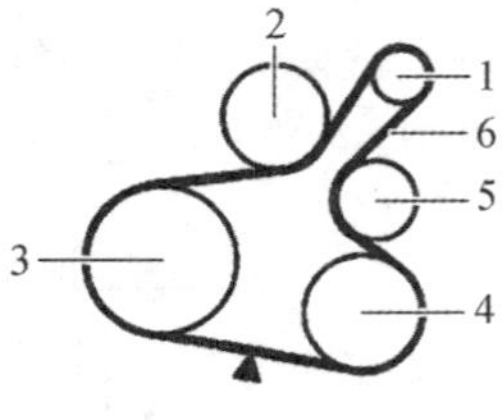	步骤 8　安装驱动皮带至所有皮带轮上，并调整张紧力 完成情况：□完成 □未完成，原因：________________

评价总结

学习任务评价表

班级____________小组____________学号____________姓名____________

<table>
<tr><td rowspan="2"></td><td rowspan="2">主要测评项目</td><td colspan="4">学生自评</td></tr>
<tr><td>A</td><td>B</td><td>C</td><td>D</td></tr>
<tr><td rowspan="5">关键能力总结</td><td>1. 遵守纪律，遵守学习场所管理规定，服从安排</td><td></td><td></td><td></td><td></td></tr>
<tr><td>2. 具有安全意识、责任意识、7S 管理意识，注重节约、节能与环保意识</td><td></td><td></td><td></td><td></td></tr>
<tr><td>3. 学习态度积极主动，能按时参加安排的实习活动</td><td></td><td></td><td></td><td></td></tr>
<tr><td>4. 具有团队合作意识，注重沟通，能自主学习及相互协作</td><td></td><td></td><td></td><td></td></tr>
<tr><td>5. 仪容仪表符合学习活动要求</td><td></td><td></td><td></td><td></td></tr>
<tr><td rowspan="3">专业知识与能力总结</td><td>1. 会检查发动机皮带的使用情况和调整皮带的松紧</td><td></td><td></td><td></td><td></td></tr>
<tr><td>2. 能完成发动机皮带的拆卸与安装</td><td></td><td></td><td></td><td></td></tr>
<tr><td>3. 能正确地对齐正时标记</td><td></td><td></td><td></td><td></td></tr>
<tr><td>个人自评总结与建议</td><td colspan="5"></td></tr>
<tr><td>小组评价</td><td colspan="5"></td></tr>
<tr><td rowspan="2">教师评价</td><td rowspan="2"></td><td colspan="4">总评成绩</td></tr>
<tr><td colspan="4"></td></tr>
</table>

教师签字/日期：

任务 3　动力系统密封功能检查

一、信息分析

通读下面文字内容和信息，标记出起动机结构与工作原理关键内容。

（1）发动机密封元件有哪些及其功用；

（2）各元件在车上的安装位置；

（3）发动机的密封性检查；

（4）发动机密封元件的更换。

二、信息来源

（1）汽车公司资料；

（2）公开出版资料；

（3）互联网查询；

（4）相关车型维修手册；

（5）法律规定。

三、信息收集

（一）曲轴前后油封的检查和更换

曲轴前后油封安装在曲轴的两端，既能够有效避免发动机润滑油渗透现象，又能够对汽车运行过程中产生的火花、尘土等起着阻隔作用，是发动机重要的密封部件。当曲轴前、后油封发生了损坏、开裂，则会导致漏油现象，既会影响车辆的正常运行，又带来了一系列的车辆安全隐患。所以，每次更换发动机润滑油时都要同时检查曲轴前后油封，若发现有渗漏则应尽快更换。

更换步骤如表 4-3-1 所示。

表 4-3-1　曲轴前后油封的更换

序号	步　骤	图　示
1	使用两根曲轴减振器安装螺栓，将油封拉出器（专业工具）的挡板安装在曲轴上	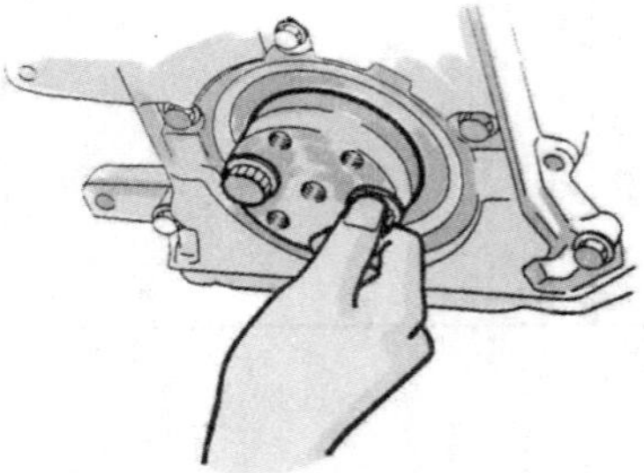
2	将油封拉出器的钩环挂在前油封的卡爪上，然后用附属的螺栓将钩环安装在油封拉出器上，最后卸下挡板上的两根螺栓，将附属的中心螺栓安装在油封拉出器并拧紧，拔出前油封	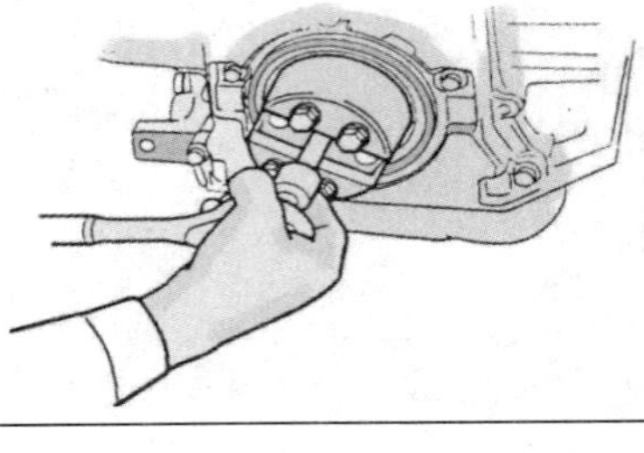

续表

序号	步　骤	图　示
3	在油封压力机的导管内插入新的前油封。在此需注意油封的方向，毛毡面应在曲轴减振器一侧	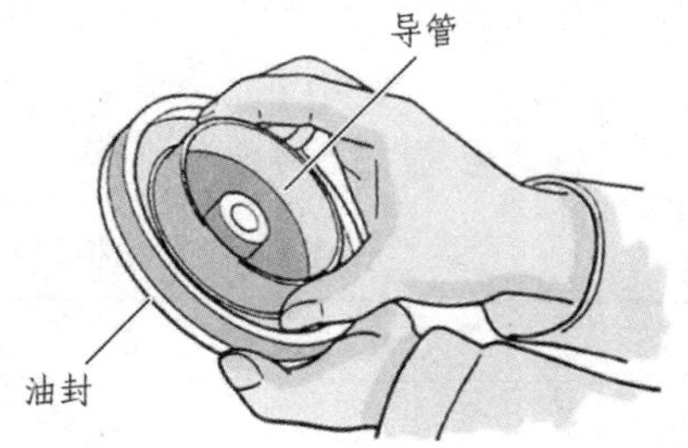
4	清理油封与气缸体接合面上的污垢，然后在油封密封部涂抹少量机油	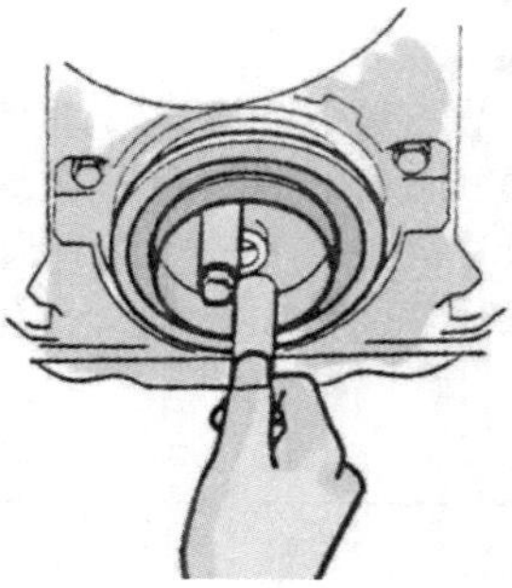
5	用附属的导向螺栓，将导管安装在曲轴上，然后将油封压力机的孔对准导向螺栓，再插入压力机	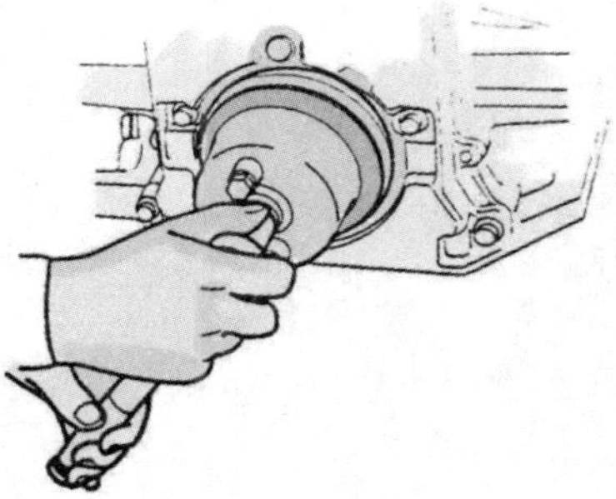
6	使用两根飞轮罩组件安装螺栓，将油封拉出器的挡板安装在曲轴上，后续步骤与前油封的拆卸一致	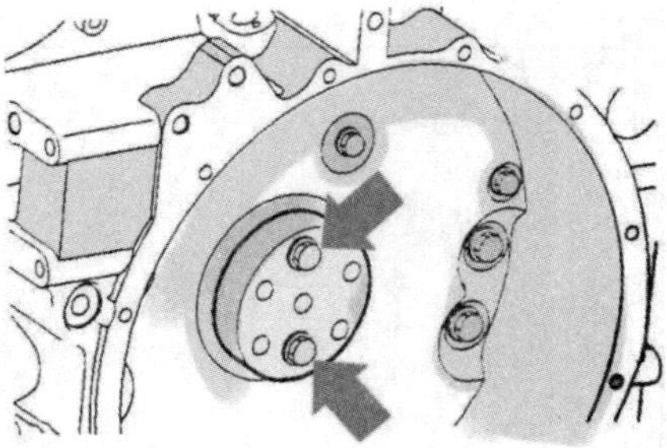
7	在油封压力机的导管内插入新的后油封。在此需注意油封的方向，毛毡面应在飞轮罩一侧。后续安装步骤与前油封的一致	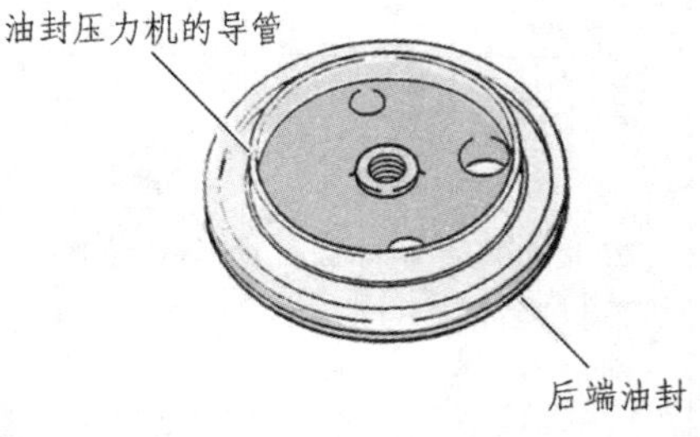

（二）发动机气缸盖罩的密封性检查及修理

发动机的气缸盖和气缸盖罩之间使用的是橡胶材质的密封垫，这种密封垫的主要作用是避免气缸盖和气缸盖罩内的润滑油泄漏出来。因此，气缸盖罩的密封性直接关系着发动机的运行状态和运行效率。

检查及修理步骤如表 4-3-2 所示。

表 4-3-2　发动机气缸盖罩的密封性检查及修理

序号	步　骤	图　示
拆卸气缸盖罩		
1	从气缸盖罩上分离 PCV 软管（A）和通气软管（B）。通过拧下锁止螺母，拆卸加速踏板拉线（C），然后从节气门连杆系上拆卸拉线末端	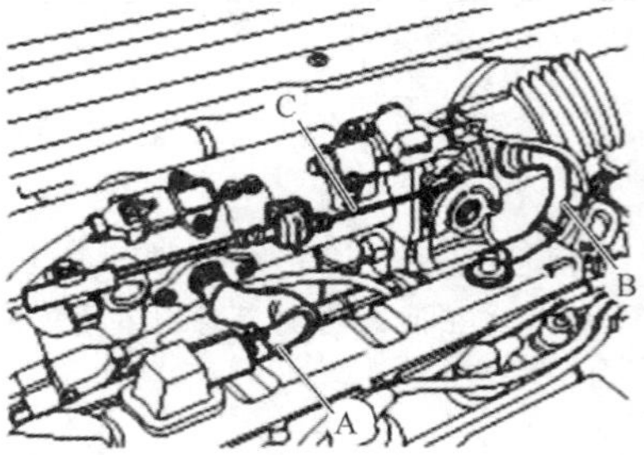
2	松动气缸盖螺栓（B），拆卸盖（A）和衬垫	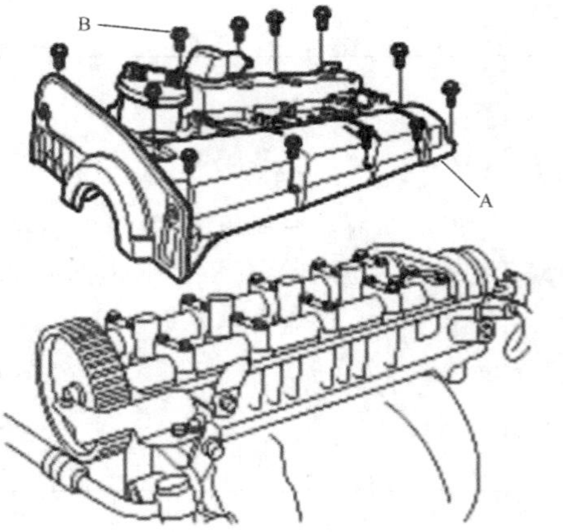
安装气缸盖罩		
3	在气缸盖罩（B）的导槽内安装气缸盖罩衬垫（A）	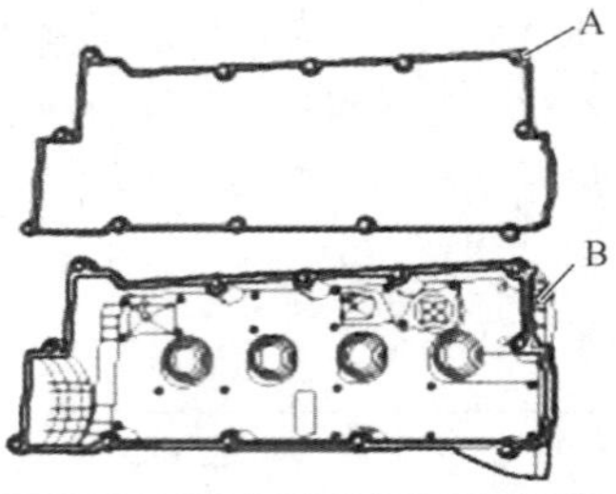
4	在凹角处盖罩衬垫上涂抹密封胶	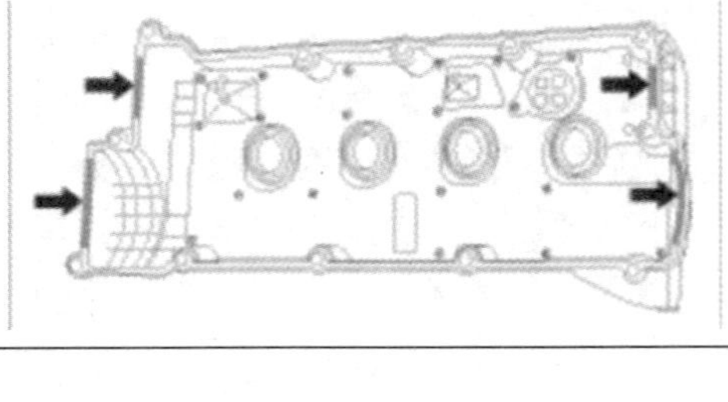

续表

序号	步　骤	图　示
安装气缸盖罩		
5	使用 12 个螺钉(B)安装气缸盖罩(A)，分若干个步骤均匀拧紧螺栓。 规定扭矩为 7.8～9.8 N · m	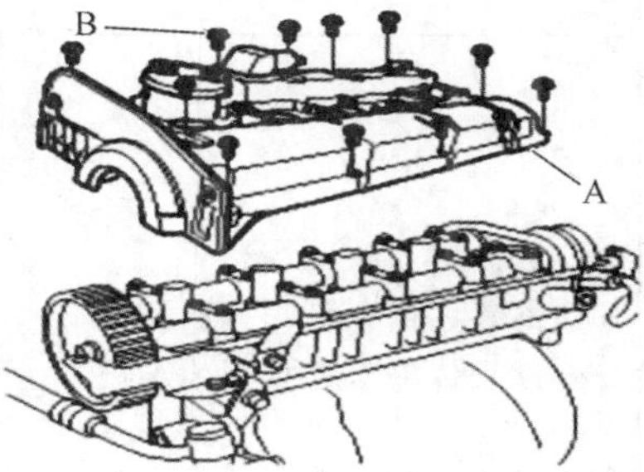

注意事项：

（1）安装端盖衬垫前，彻底清洁端盖衬垫和凹槽。

（2）安装时，确定端盖衬垫牢固安装在无间隙凹槽的角内。

（3）在涂抹密封胶前，检查接合面是否干净和干燥。

（4）装配后，至少等待 30 min 再添加发动机机油。

（三）排气歧管密封性检查及修理

排气歧管衬垫安装在排气歧管与气缸盖之间（见图 4-3-1），用于保证排气歧管与气缸盖之间的密封性，若出现漏气会导致发动机动力下降，油耗上升。检查时使发动机怠速运转，用毛刷蘸水涂于接合处，并观察水的变化情况，如水很快被吸干，表明该处漏气。发现漏气部位后，应首先拧紧该处的螺栓和螺母，若紧定后仍漏气，则在冷却后将其拆下，检查衬垫，必要时更换，同时检查进、排气歧管与缸盖的结合面是否平整。

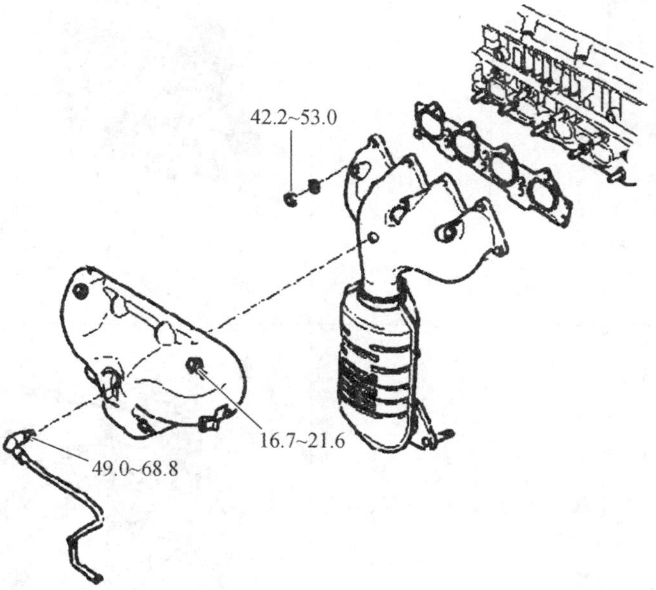

扭矩单位：N·m

图 4-3-1　排气歧管衬垫

检查及修理步骤如表 4-3-3 所示。

表 4-3-3　排气歧管密封性检查及修理

序号	步　骤	图　示
1	分离蓄电池负极端子； 分离氧传感器连接器（A）	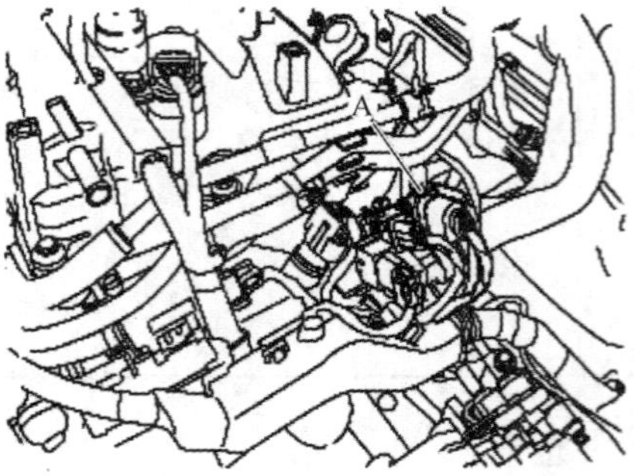
2	拆卸前消声器（A）	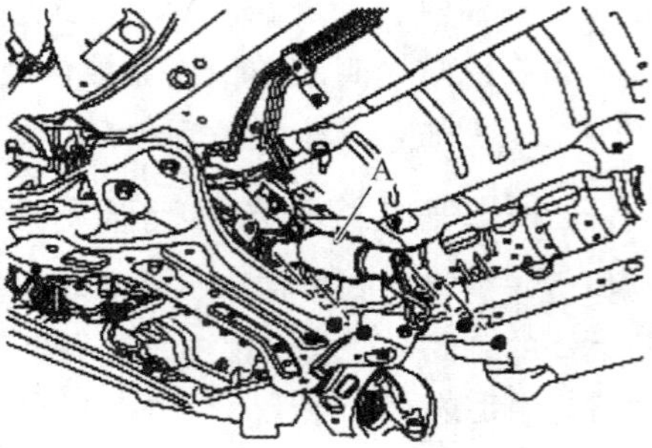
3	拆卸隔热板（A）	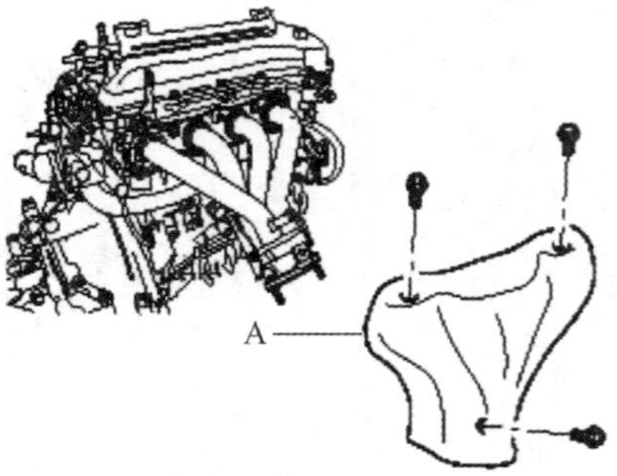
4	拆卸排气歧管拉杆，然后拆卸排气歧管（A）	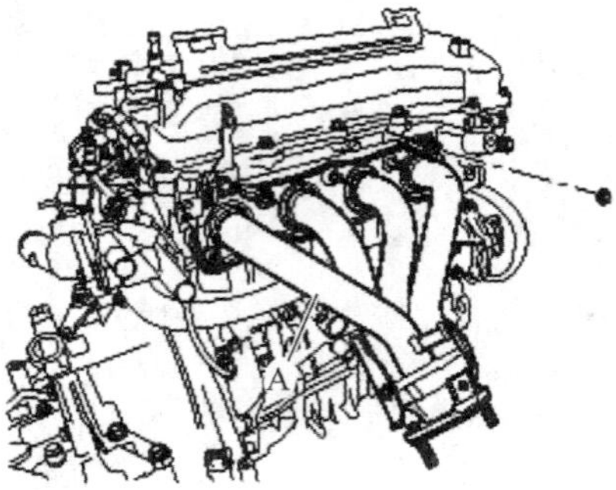

续表

序号	步　骤	图　示
5	按拆卸的相反顺序安装新歧管衬垫	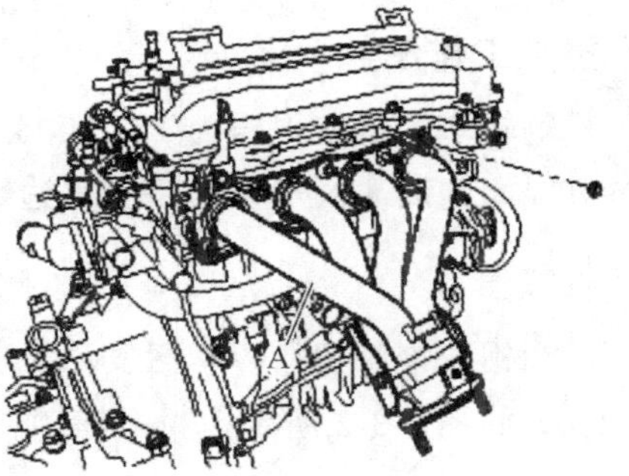

注意事项：

（1）修理或更换前，彻底检查零件。以相同方式检查新更换的零件，如有必要，应更换。

（2）要求使用 SST 时，使用指定的工具。务必小心工作安全，避免使用蛮力或非经指示的操作。

（3）要特别小心操作，以免损坏配合面或滑动面。

（4）许多零件都采用定位销来进行对正定位。更换和重新组装带定位销的零件时，应检查定位销是否安装在原位。

（5）必须用胶带或同等品封住发动机系统的开口处以免异物进入。

（6）将分解的零件有条理地标记并排列，以便故障排除和重新组装。

（7）松开螺母和螺栓时，按照基本规则，先松开最外侧的，然后是斜对角的，以此类推。如果有规定的松开顺序，应按规定顺序操作。步骤中可能使用机动工具。

（8）使用扭矩扳手拧紧螺栓或螺母直至符合规格。

（9）拧紧螺母和螺栓时，按照基本规则，从中间开始，接着由内而外的对角顺序，分步平均拧紧。如果有规定的拧紧顺序，务必按照规定顺序操作。

（10）更换新的垫片、衬垫、油封或 O 形圈。

（11）彻底冲洗、清洁并吹干各零件。仔细检查发动机机油或发动机冷却液管路有无任何限制和堵塞。

（12）避免损坏滑动面或配合面。彻底清除异物，如布屑或灰尘。组装前，充分润滑滑动面。

（13）分解或暴露任何内部发动机零件后，更换发动机机油，并更换新的机油滤清器。

（14）在排放发动机冷却液后重新加注时，应排放水道内的空气。

（15）修理后，起动发动机并提高发动机转速以检查发动机冷却液、燃油、发动机机油和排气是否泄漏。

活页工单 4-3　动力系统密封功能检查

接受工作任务

一辆轿车，行驶里程为 125 000 km，出现动力不足油耗上升的问题。打开发动机机舱可以闻到刺鼻的气味，气缸盖边缘有小量渗油，需要进行密封性检查和修理。

收集信息

查阅相关维修资料，学习发动机密封部件的结构与作用，完成以下内容。

（1）如图 4-3-2 所示，找出车辆中曲轴前后油封的位置，检查是否有漏油。

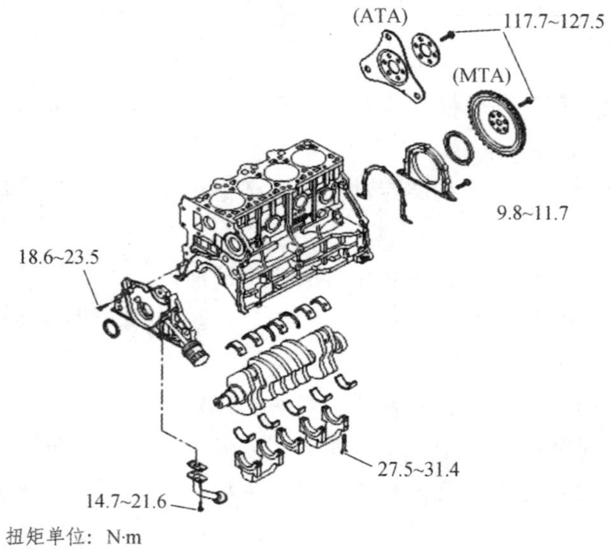

图 4-3-2　发动机装配图

（2）根据图 4-3-3，找出车辆中汽缸盖衬垫的位置，检查是否有漏油。

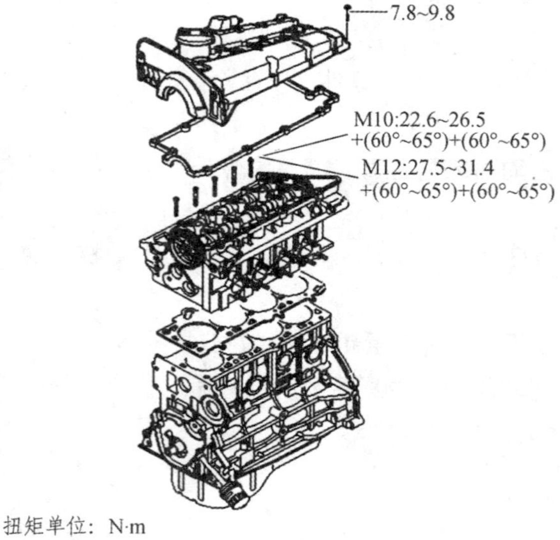

图 4-3-3　汽缸盖衬垫装配图

（3）如图 4-3-4 所示，找出车辆中排气歧管的位置，在发动机运转时检查是否有漏气。

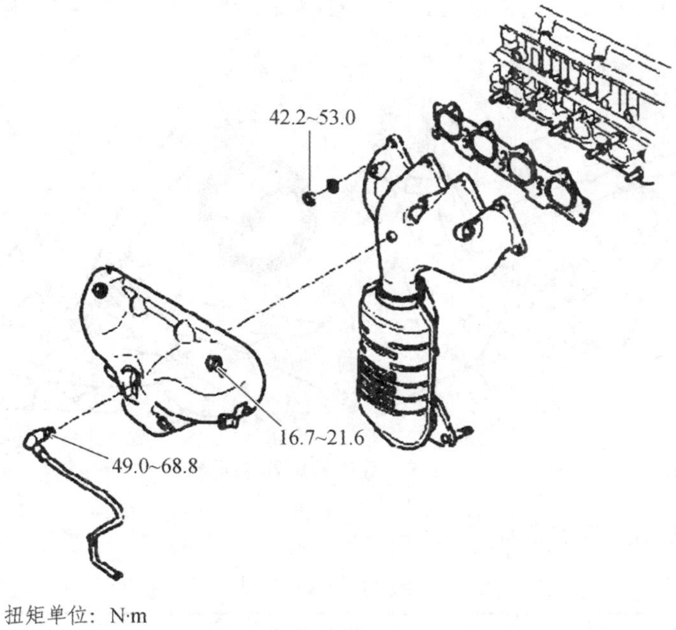

图 4-3-4　排气歧管装配图

制定任务实施方案

分组查阅维修手册，认识发动机密封元件及更换方法，为修理发动机做准备。

（1）任务分工：

（2）任务实施步骤：

（3）异常情况处理办法：

任务实施

注意事项：

为防止烫伤，在发动机很热时，切勿接触发动机、排气管、排气歧管和其他高温零部件（见图 4-3-5）。

图 4-3-5　避免接触高温部件

动力系统密封功能检查如表 4-3-4 所示。

表 4-3-4　动力系统密封功能检查

排气歧管衬垫更换	
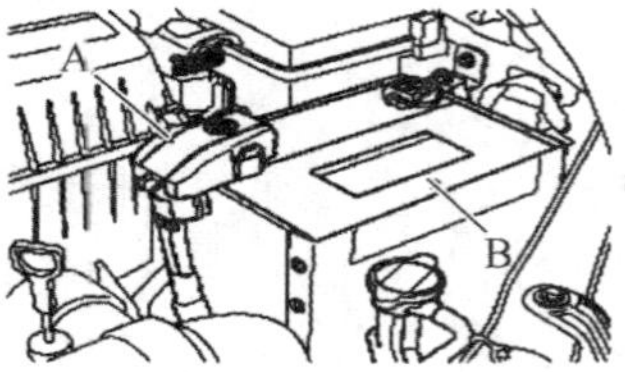	步骤 1　分离蓄电池负极端子 完成情况：□正常 □不正常，原因：________
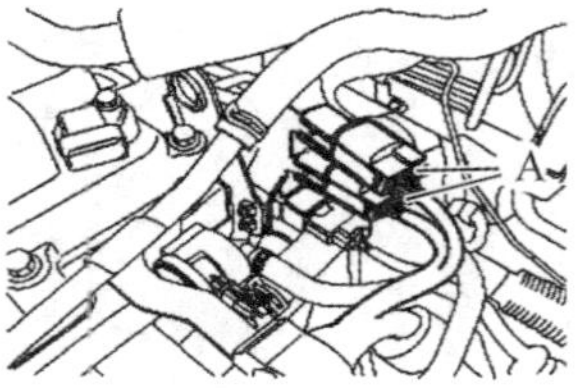	步骤 2　分离氧传感器连接器（A） 完成情况：□正常 □不正常，原因：________
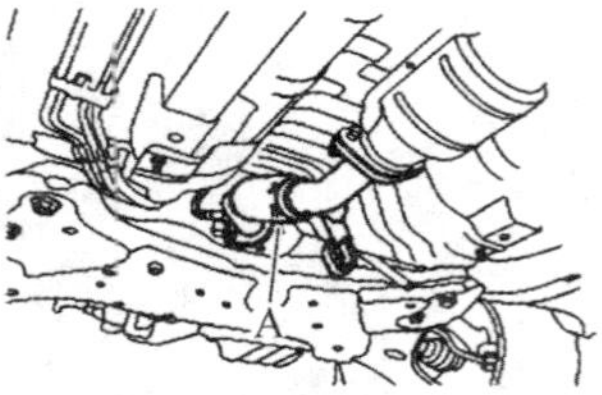	步骤 3　拆卸前消声器（A） 技术要求：注意在排气管冷却后操作，避免烫伤。 完成情况：□正常 □不正常，原因：________
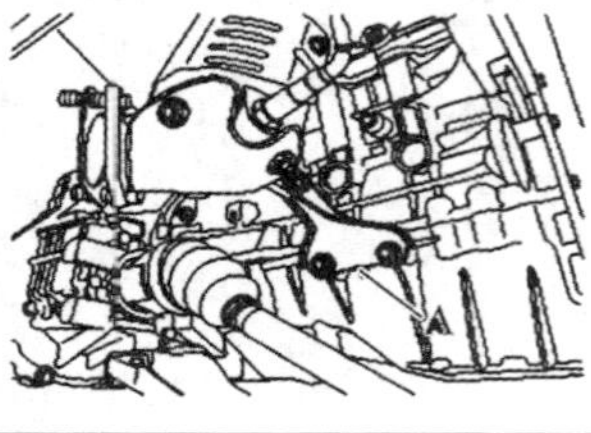	步骤 4　拆卸排气歧管支撑架（A） 完成情况：□正常 □不正常，原因：________

续表

排气歧管衬垫更换	
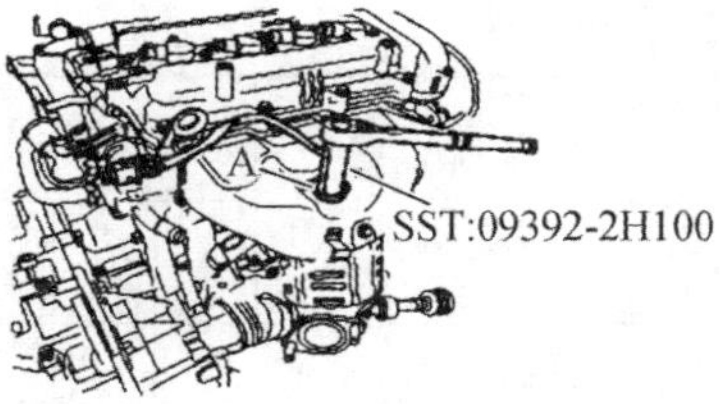	步骤 5　从支架分离连接器后，使用 SST（氧传感器套筒扳手：09392-2H100）拆卸氧传感器（A） 完成情况：□正常 □不正常，原因：________
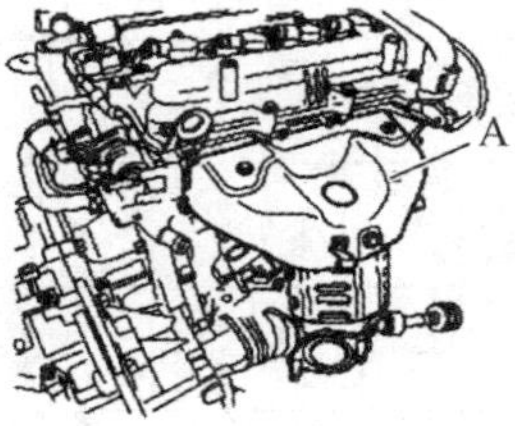	步骤 6　拆卸隔热板（A） 完成情况：□正常 □不正常，原因：________
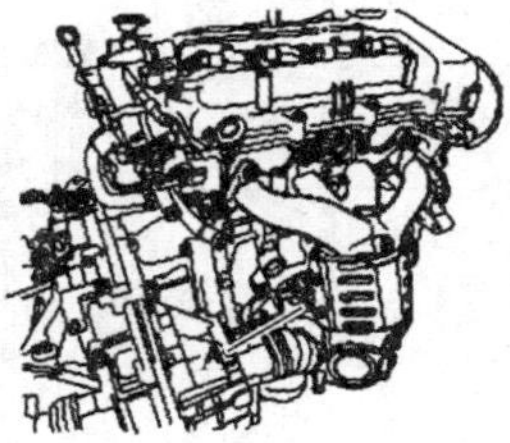	步骤 7　拆卸排气歧管（A） 完成情况：□正常 □不正常，原因：________
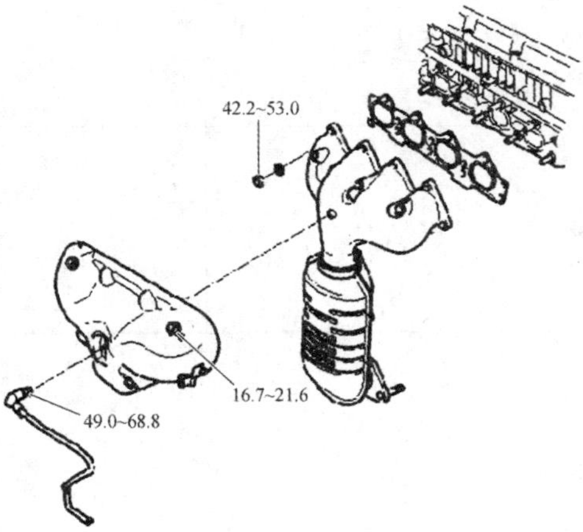 扭矩单位：N·m	步骤 8　按拆卸的相反顺序安装新歧管衬垫 完成情况：□正常 □不正常，原因：________

评价总结

学习任务评价表

班级____________小组____________学号____________姓名______________

	主要测评项目	学生自评			
		A	B	C	D
关键能力总结	1. 遵守纪律，遵守学习场所管理规定，服从安排				
	2. 具有安全意识、责任意识、7S 管理意识，注重节约、节能与环保意识				
	3. 学习态度积极主动，能按时参加安排的实习活动				
	4. 具有团队合作意识，注重沟通，能自主学习及相互协作				
	5. 仪容仪表符合学习活动要求				
专业知识与能力总结	1. 能说出发动机密封部件及其作用				
	2. 能完成发动机密封性的检查，根据泄漏位置判断故障部件				
	3. 能完成发动机密封部件的更换				
个人自评总结与建议					
小组评价					
教师评价		总评成绩			

教师签字/日期：

测评考核

项目 4　动力与驱动功能检查保养

模块：汽车动力与驱动系统综合分析技术（初级）		考核时间：50 分钟	
姓名：	班级：	学号：	考评员签字：
初评：□合格□不合格	复评：□合格□不合格	师评：□合格□不合格	
日期：	日期：	日期：	
考核项目 4　动力与驱动功能检查保养【实操考核报告】			

一、车辆信息记录

品牌		整车型号		生产日期	
发动机型号		发动机排量		行驶里程	
车辆识别码					

二、动力与驱动系统故障码读取与清除

故障灯名称	电亮情况	故障码	故障码类型	故障码诊断程序
	点亮□　不亮□　闪烁□			第　章　节　页

三、动力与驱动系统数据读取与捕捉

参数名称	不启动数值	怠速数值	高转速数值
发动机冷却液温度传感器			
发动机负荷			
进气温度传感器			
节气门位置传感器			
歧管绝对压力传感器			
燃油压力传感器			
点火正时			
氧传感器 1			
氧传感器 2			
自动变速箱油温传感器			
自动变速箱转速传感器			
凸轮轴传感器计数器			

四、动力与驱动系统动作测试

动作测试项目	检查结果	动作测试项目	检查结果
冷却风扇低速转	正常□ 异常□	冷却风扇高速转	正常□ 异常□
燃油泵	正常□ 异常□		

五、动力与驱动系统复位操作

复位项目	复位前数值	复位后数值	当前机油压力值
机油寿命复位			

参考文献

[1] 帅石金，王志. 汽车动力系统原理[M]. 北京：清华大学出版社，2021.

[2] 阳亮，杨玲玲. 汽车动力系统检测与维修[M]. 北京：机械工业出版社，2020.

[3] 陈开考. 自动变速箱原理与检修[M]. 杭州：浙江大学出版社，2007.

[4] 刁维芹. 汽车传动系统的构造与检修[M]. 北京：机械工业出版社，2019.

[5] 孔军. 图解汽车动力转向电控系统（EPS）故障检修[M]. 北京：化学工业出版社，2014.